CASTELOS DE AREIA

CASTELOS DE AREIA

Escrito por
Américo Simões
inspirado por
Clara, Francisco, Kardec, Joshua e Barbara

Barbara

CASTELOS DE AREIA
COPYRIGHT BY AMÉRICO SIMÕES

REVISÃO DE TEXTO: SUMICO YAMADA OKADA
CAPA E DIAGRAMAÇÃO: MECO SIMÕES

FOTO CAPA: GETTY IMAGES

DADOS INTERNACIONAIS DE CATALOGAÇÃO NA PUBLICAÇÃO (CIP)
(CÂMARA BRASILEIRA DO LIVRO, SP, BRASIL)

GARRIDO FILHO, AMÉRICO SIMÕES
CASTELOS DE AREIA/ AMÉRICO SIMÕES. - SÃO PAULO: BARBARA EDITORA, 2018.
ISBN: 978-85-99039-89-2
1. ESPIRITISMO 2. ROMANCE ESPÍRITA. I.TÍTULO.

| 16-0616 | CDD-133.93 |

ÍNDICES PARA CATÁLOGO SISTEMÁTICO:
1. ROMANCES ESPÍRITAS: ESPIRITISMO   133.93

BARBARA EDITORA
RUA PRIMEIRO DE JANEIRO, 396 – 81
VILA CLEMENTINO – SÃO PAULO – SP – CEP 04044-060
TEL.: (11) 2309 9050
E-MAIL: editorabarbara@gmail.com
www.barbaraeditora.com.br

TODOS OS DIREITOS RESERVADOS.
NENHUMA PARTE DESTA OBRA PODE SER REPRODUZIDA OU TRANSMITIDA POR QUALQUER
FORMA E/OU QUAISQUER MEIOS (ELETRÔNICO OU MECÂNICO, INCLUINDO FOTOCÓPIA E
GRAVAÇÃO) OU ARQUIVADA EM QUALQUER SISTEMA DE BANCO DE DADOS SEM PERMISSÃO
EXPRESSA DA EDITORA (LEI N° 5.988, DE 14/12/73).

ESSA É UMA OBRA DE FICÇÃO, ESCRITA POR MEIO DA MEDIUNIDADE, SOB A ORIENTANÇÃO
DE GUIAS ESPIRITUAIS COM BASE NAS LEIS QUE REGEM O UNIVERSO E O MUNDO ESPIRI-
TUAL.

PRIMEIRA PARTE
CASTELOS DE AREIA

1
A VIDA SEMPRE
CONTINUA

Cícero Santana foi um dos muitos brasileiros que partiu para o exterior na busca de prosperidade. Escolheu Sidney, na Austrália, para realizar seu sonho e foi lá que ele conheceu Caroline Martini numa esplêndida noite de verão, apaixonaram-se, casaram-se e, nove meses depois nascia o filho do casal – Hugo – cujos olhos azuis pareciam dois topázios valiosos. A criança se tornou a alegria dos pais e o colírio para os olhos cansados dos avós paternos.

Veio então o acidente de carro. Cícero morreu na hora, Caroline sobreviveu, ainda que em estado grave. Foi o dia mais triste para todos que amavam o casal. Hugo, com quatro anos de idade na ocasião, não fazia ideia do que realmente havia acontecido aos pais.

Só quando Caroline se mostrou mais forte para deixar o hospital e voltar para casa, é que ela soube do que realmente havia acontecido ao marido. Desde então, despertava na madrugada, gritando, desesperada, fazendo com que seus pais corressem para o quarto e procurassem acalmá-la com palavras de fé nas quais nem eles mesmos acreditavam mais.

O que mais doía em Martha e Amadeu Martini, pais da moça, eram os olhos da filha: olhos de névoa, olhos de perda, como se ela estivesse sempre olhando para trás, procurando por algo que já não existia mais.

Saudade, dor e indignação perpetuaram-se pelos meses seguintes, agravando o delicado estado de saúde de Caroline. Com sua morte, o pequeno Hugo ficou sob a guarda dos avós, que eram os únicos parentes que restavam a ele, no país em que viviam.

O avô tinha alma de anjo, pois todas as noites, mesmo morrendo de sono, era capaz de ler uma historinha infanto-juvenil para o neto.

– Vovô – disse o menino, certa vez. – O senhor me disse que o papai e a mamãe estão no céu, não disse?

Amadeu, muito pacientemente respondeu:

– Sim, Hugo, estão com Deus.

– *Tá!* Por que então eu olho *pro* céu e não os vejo? Só há nuvens, passarinhos, aviões, estrelas...

Amadeu achou graça.

– Hugo, meu neto, o céu onde seu pai e sua mãe estão, não é exatamente esse que vemos acima de nossas cabeças, é um lugar onde nossos olhos não podem alcançar.

– Hummm!?... – o menino fez uma careta e quis saber: – O papai joga futebol lá?

Amadeu tornou a achar graça do pequeno.

– Não sei, Hugo. Sinceramente, não sei. Se um dia o reencontrarmos, perguntamos a ele, está bem?

– Está bem.

Hugo se mantinha curioso para saber, com maiores detalhes, como era o lugar para onde o pai e a mãe haviam ido, e, do qual, segundo seus avós, não voltariam jamais.

Naquela noite, ao voltar para o quarto, Amadeu Martini encontrou a esposa esperando por ele, com a mesma face de derrota e tristeza, pela perda da filha.

– Anime-se, mulher. Ela agora está com Deus.

– Isso não é certo, Amadeu. Não é. Nós é que tínhamos de ter morrido primeiro, não ela, nem o nosso genro que era também tão jovem.

– Aconteceu, o que se há de fazer, Martha? Só nos resta aceitar a vida como ela é. Nas suas alegrias e tristezas. Lembrando sempre que haverá dias alegres e outros tristes ou, até mesmo, mais tristes do que já passamos anteriormente.

– Nossa filha era tão jovem, Amadeu. Tinha a vida toda pela frente.

– Você acha que eu também não sofro por isso? Sofro, sofro, sim. Mas procuro seguir em frente, pois essa é minha única melhor escolha. Prosseguindo, penso ser mais servil a Deus. Além do mais, Martha, nossa filha nos deixou um neto, um garoto de ouro. Temos de nos manter fortes e saudáveis para criá-lo, instruí-lo, substituirmos os pais que ele perdeu tão cedo. Quantas e quantas mães, abandonadas pelo marido, não têm de ser pai e mãe de seus filhos ao mesmo tempo? Muitas! E fazem isso dignamente. É melhor do que se sentar num canto qualquer, e chorar a ausência do cônjuge, ou praguejar sua partida. Entendeu, meu amor?

Ele se aproximou da esposa, envolveu-a num abraço carinhoso e concluiu:

– Nossa filha e o nosso genro não mais estão conosco, isso é fato; é triste, é, mas é a realidade, aceitemos como ela é, e cuidemos com carinho do nosso pequeno Hugo, sendo seus avós e pais, ao mesmo tempo.

Desse dia em diante, Martha Martini procurou se inspirar nas palavras do marido, para se manter forte e dedicada ao neto. No íntimo, porém, ela continuava acreditando que a vida era uma ladra de almas, sempre disposta a levar todos para a sepultura, sem pesar os bons e os maus.

Desde a perda da filha, ela nunca mais voltou a tingir o cabelo que, logo se tornou grisalho, quase por completo. Não havia mais vaidade nem a vontade de viver de antes, restavam apenas Hugo e Amadeu, quem ela tanto amava e pelos quais ela tinha de sobreviver.

Por muitas vezes, o espírito do pai do menino, visitava o garoto e o abençoava, enquanto ele, adormecido, sonhava em paz. Quando acordado, Hugo, por muitas vezes, podia ver o espírito do pai, visão que muito o alegrava e para o qual contava, sempre com muito entusiasmo, a respeito de suas brincadeiras favoritas e proezas que aprontava com o avô.

O espírito da mãe do garoto, também acompanhava o marido em suas visitas. Diante do pequeno, Caroline pedia a Deus que iluminasse seus passos e lhe desse força e estrutura necessária, para enfrentar todos os obstáculos que ele teria ao longo da vida, saindo vitorioso de todos eles.

O casal sempre voltava para o mundo espiritual, certos de que o filho, aos cuidados de Martha e Amadeu, estaria sempre em boas mãos.

Amadeu, da sala onde se encontrava lendo ou assistindo TV, escutava o neto conversando alegremente, com o que lhe parecia ser um amigo invisível, fruto de sua imaginação fértil.

Já que o menino vivia, praticamente o dia todo à sombra do avô, Martha passou a chamá-lo de Senhor Sombra, provocando risos no casal. Aos olhos da criança, o avô se tornara, sem dúvida alguma, a pessoa mais importante de sua vida; o *cara* mais legal, mais amigo e carinhoso. Tornara-se, definitivamente, o pai ideal para ele.

Certo dia, Amadeu levou Hugo para conhecer a biblioteca do bairro onde moravam em Sidney, na intenção de despertar seu interesse pelos livros que, tanto poderiam lhe fazer companhia e levá-lo ao conhecimento.

– Meu neto – explicou Amadeu, carinhosamente. – Cada livro que você vê aqui, já foi o melhor amigo de um homem.

– Melhor amigo, vovô?!

– Sim. Os livros têm esse poder. Fechados, parecem meros objetos, um tijolo frio e sem vida, mas quando abertos e lidos, ganham alma e nos transmitem conhecimento e fascínio. Toda vez que você se sentir só, procure um livro para ler e você compreenderá o quão maravilhoso eles podem ser para a sua vida.

E o menino voltou a olhar, com redobrado interesse, para os corredores do lugar, formados por estantes repletas de obras literárias. A magia do local havia se incorporado a ele.

Mais alguns passos e um livro surrado e desgastado pelo tempo, que se destacava timidamente no canto de uma das estantes, chamou a atenção de Hugo. Com muito cuidado, ele o pegou, como se fosse algo muito delicado e precioso. Era uma antiga versão ilustrada de um dos contos mais marcantes dos Irmãos Grimm.

– Posso ficar com este, vovô? – perguntou, olhando com interesse para Amadeu.

– Pode, sim, Hugo, mas é só por alguns dias. Depois, terá de devolvê-lo aqui, para que outro garoto como você possa lê-lo. Numa biblioteca como esta, emprestam-se os livros por um período de tempo, depois, os devolvemos. Diferente de uma livraria onde você compra um livro e fica com ele, pelo resto de sua vida, se quiser.

O menino pareceu entender. Partiu dali, levando o livro emprestado debaixo do braço, com um sorriso triunfante nos lábios.

Naquela noite, Amadeu pretendia ler apenas algumas páginas do livro em questão, mas Hugo, de tão empolgado, insistiu para que ele o lesse até o final. Desse dia em diante, Hugo nunca mais haveria de se distanciar da magia que a literatura propiciava a todos, algo que, no futuro, ser-lhe-ia de extrema importância para o seu equilíbrio emocional.

2
O DESPERTAR
DE UMA GRANDE AMIZADE

Aposentado antecipadamente por problemas de hérnia de disco, Amadeu Martini sugeriu à esposa uma mudança de cidade, para que pudessem respirar novos ares e, quem sabe, amortizar um pouco a tragédia que tanto marcara suas vidas. A ideia era se mudar para uma cidade litorânea, pequenina, mas extremamente aconchegante.

– Vai ser bom para o nosso neto, Martha. Um lugar de praia, cheio de sol, vida e ar puro. Vai ser também excelente para nós.

Foi mais pelo marido, do que propriamente pelas razões que ele lhe apresentou, que Martha Martini aceitou a sugestão.

Em menos de um mês, eles venderam a casa onde viveram até então em Sidney e, compraram uma em Mona Vale, para onde se mudaram com Hugo que estava verdadeiramente empolgado com a mudança.

A cidade praiana oferecia uma boa escola, um modesto hospital, uma infraestrutura considerável para os idosos, além de praias lindíssimas e muitos peixes e frutos do mar, para se alimentarem à vontade. Na cidade vizinha, a vinte quilômetros dali, havia até cinema e um mini Shopping para diversão.

A nova casa era modesta mas completa. Havia uma ampla sala acoplada à copa, uma cozinha planejada, três quartos de tamanho considerável, com guarda-roupas embutidos, dois banheiros, um lavabo e garagem para dois carros.

Visto que Hugo estava louco para conhecer a praia, Amadeu o levou, em primeira instância, deixando para depois, o que ainda tinha de fazer em sua nova morada.

Diante da vastidão do mar, os olhos do menino brilharam, maravilhados, como se estivesse diante de um mundo mágico dos desenhos animados.

– Ei, Hugo! – chamou Amadeu, sentando-se na areia. – Vou lhe ensinar a montar um belo castelo de areia.

O garoto se empolgou. Sentou-se ao lado do avô e, se pôs a ajudá-lo na construção.

– Ficou bom, não ficou? – perguntou Amadeu assim que deu seu toque final na obra de areia.

– Lindo, vovô! Muito lindo!

– Nossa vida, filho, é feita de muitos castelos de areia, lindos como este, porém, cedo ou tarde, desmoronam com a maré alta.

Aos sete anos de idade, Hugo não pôde entender o quão profundo Amadeu havia sido com suas palavras; só mesmo no futuro, ele voltaria a se recordar daquilo, absorvendo realmente seu significado.

– Podemos jogar bola agora, vovô? – perguntou o garoto, pondo se de pé.

– Uma coisa de cada vez, Hugo. Ainda tenho muito para pôr em ordem lá na casa. Não posso deixar sua avó, cuidando de tudo sozinha.

O menino fez beiço.

– Depois a gente joga, prometo!

Hugo reanimou-se no mesmo instante.

Um dia, Amadeu decidiu levar Hugo para ver os pescadores que, muito antes de a cidade se espreguiçar, lançavam suas redes ao mar para fazer dos peixes que apanhavam, seu sustento e alimento. No mar australiano se pescam bacalhau *sleepy,* saratogas, arenques, percas-gigantes, atuns, dentre outros tipos, todos muito saborosos, assados ou cozidos.

Diante dos peixes, saltitando nas redes, Hugo teve a impressão de que eles iriam voar.

– Ei, Amadeu! É seu filho? – perguntou um dos pescadores que já havia feito amizade com Amadeu.

– Não, meu neto!

– Opa!

– Esse menino quando pega uma bola, transforma-se imediatamente num craque – explicou Amadeu todo orgulhoso. – Puxou ao pai que era brasileiro, essa raça parece que já nasce com a bola no pé.

O sujeito concordou, sorrindo e admirando Hugo que se sentiu muito importante diante do seu olhar.

Quando mais um dos peixes saltou para fora da rede, o garoto tentou pegá-lo, mas ao vê-lo se debatendo todo, recuou, fazendo uma careta de nojo. Amadeu rapidamente tomou a iniciativa de devolver o peixinho para o seu devido lugar.

– Pronto! – exclamou, abrindo um novo sorriso para o neto.

Os olhos azuis de Hugo, voltaram a brilhar, tamanho o orgulho que sentia do avô.

Foi então que Amadeu avistou um menino, não muito longe dali, sentado na areia, com o olhar triste e solitário.

– Ei, Hugo, veja! Um amiguinho. Vamos até lá falar com ele?

Hugo se empolgou no mesmo instante. Ao se aproximarem do garotinho, Amadeu, com sua simpatia de sempre, falou:

– Olá! Sou o Amadeu e esse é o Hugo, meu neto.

O pequeno olhou timidamente para o recém-chegado, sem conseguir encará-lo por muito tempo.

– Olá – falou Hugo, simpatizando-se com o menino.

O garoto também lhe endereçou um olhar apático e nada respondeu.

Na esperança de quebrar o gelo entre os dois, Amadeu sugeriu:

– Ei, por que vocês não montam um bonito castelo de areia? Assim, entretêm o tempo, enquanto eu me atrevo a lançar o anzol no mar para, quem sabe, pescar uns peixinhos.

Hugo adorou a ideia.

O menino se manteve o mesmo, totalmente apático.

Hugo não se importou, sentou-se ao seu lado e começou a juntar areia para fazer o que Amadeu havia lhe sugerido.

– Foi meu avô quem me ensinou – explicou, empolgado. – Ele constrói cada castelo bonito... Ele também joga bola comigo. É muito esperto. Gosto muito dele. Você tem avô?

O menininho o olhou de relance. Hugo sorriu para ele e resolveu matar sua curiosidade:

– Você não fala?

O garotinho fez uma careta

– Fala ou não fala? – insistiu Hugo, atento aos seus olhos azuis, tão azuis quanto os seus.

Finalmente o pequenino reagiu:

– Falo. Falo, sim!

– Que bom! Como você se chama?

O garoto novamente se mostrou tímido.

– Não tem nome?

– Tenho. Tenho, sim!

– Então diga.

– Meu nome é Christopher.

– Olá, Christopher. Você veio sozinho até a praia?

– Não, estou com o meu pai. Aquele ali, ó!

– Qual deles?

– Aquele de shorts branco e boné laranja.

– Ah!!! Ele é pescador?

– Também. E seu pai, cadê?

Hugo apontou para o céu:

– Está lá!

– No céu?!

– É. Pelo menos é o que o meu avô e minha avó sempre me dizem.

– Hummm! – o menino continuou sem entender.

– Meu pai morreu num acidente. Minha mãe, logo depois. Sou criado pelos meus avós, pais da minha mãe.

– Ah! – Christopher continuou sem entender muito bem as palavras do Hugo, mas fingiu que sim. – Eu moro só com o meu pai. Minha mãe mora noutra cidade. São divorciados, sabe?

Hugo também não entendeu muito bem o significado daquilo. Christopher perguntou a seguir:

– Você sente falta da sua mãe, Hugo? Eu sinto da minha.

– Eu também sinto.

E os dois voltaram a se concentrar no céu, admirando as poucas nuvens esbranquiçadas ao longe. A seguir, Hugo perguntou empolgado:

– Você gosta de futebol? Eu adoro! Meu pai jogava um bocado. Ele era brasileiro, veio para a Austrália tentar a vida e conheceu minha mãe. De tão fanático por futebol, acabou me estimulando a jogar. Em Sidney, eu frequentava uma escolinha de futebol para crianças. Posso ensiná-lo a jogar, se quiser. Topa?

– Pode ser...

– Ei – chamou Hugo, voltando a atenção para o que fazia. – Me ajuda aqui! Vamos fazer desse castelo de areia, o mais bonito que você já viu.

Christopher finalmente se empolgou com a ideia e, desde então, ambos ficaram se divertindo um com o outro.

Quando o pai do Christopher ali chegou, Amadeu foi se apresentar a ele. Charles Connell era o nome do sujeito.

– Os garotos poderão ser bons amigos – falou Amadeu animado.

– Ah, sim! – respondeu Charles, cordato. – O Christopher está mesmo precisando de amigos. Vive comigo, praticamente o dia todo.

13

Hugo sorriu para o avô, apreciando novamente suas palavras. Minutos depois, os meninos se despediram, prometendo se rever assim que possível.

Naquele dia, Christopher Connell voltou para casa, sentindo-se mais feliz. Ter Hugo como amigo, seria muito bom para ele que vivia tão solitário com o pai que, na maioria das vezes, não tinha paciência alguma com ele.

Sonia Mendoza, mãe do pequeno Christopher, mudara-se para Sidney em busca de melhor oportunidade de trabalho e salário. O dinheiro que Charles ganhava consertando e polindo os cascos dos botes, barcos e lanchas da região, nunca fora o suficiente para ela que queria uma vida mais farta e numa cidade mais atraente, não naquele lugar que para ela, era como o fim do mundo.

Sonia queria também um marido muito melhor do que Charles, o qual sempre considerou pobre de espírito, pobre de ambição, pobre em todos os sentidos. Em sua opinião, um homem sem ambição era um inútil.

Ao pedir o divórcio para Charles, ele, de raiva, exigiu que Christopher ficasse morando com ele, mesmo depois de ela se estabilizar na metrópole. Essa era sua condição, caso contrário, ele não assinaria os papéis.

Ter de se separar do menino, filho único, razão total do seu afeto, seria extremamente doloroso para Sonia, mas ela acabou concordando com Charles, para se ver livre dele, o quanto antes. Quando estivesse em melhores condições financeiras, ela tomaria Christopher do ex-marido, simplesmente pela força do querer.

Sonia sabia, claramente, que Charles só quisera ficar com o menino, para provocá-la, dar-lhe o troco por ela ter-lhe pedido o divórcio. Amar o filho, sim, ele o amava, mas não a esse nível de apego.

Em Sidney, Sonia Mendoza conheceu um sujeito que poderia lhe propiciar uma vida menos empobrecida do que já tinha e com ele juntou os trapos.

Desde o divórcio, Charles tornou-se um sujeito ainda mais reservado, vivendo num mundo de saudades, sem nunca deixar transparecer seus sentimentos. Seus olhos, de um castanho claro esverdeado, estavam constantemente mergulhados num mundo de frustrações e rancores. Ele tentara, mas jamais conseguira cicatrizar as feridas em seu coração, deixadas pela ex-esposa. Foi como se ela houvesse partido de sua vida, deixando cravado um punhal em seu peito.

Charles dera ao filho, o nome do seu pai que havia perdido muito cedo, como tudo mais em sua vida. Por não ter nunca com quem deixar o menino, ele arrastava o garoto para todos os lugares aonde ia.

Christopher, por muitas vezes, era tirado da cama às cinco da manhã, com sono, aos berros do pai, e ai se ele o fizesse se atrasar.

Sonolento e, muitas vezes faminto, Christopher ficava sentado na areia, com os olhos presos nas ondas do mar, enquanto o pai pescava os peixes que serviriam para alimentar a ele e o filho por, pelo menos, quinze dias. Na sua outra função, Charles também levava o menino consigo e o deixava à mercê da solidão.

Adaptar-se à vida, sem a presença da mãe constantemente ao seu lado, era extremamente doloroso para Christopher que nunca reclamava do fato, pelo menos, não abertamente.

Ao chegar em casa, Amadeu contou à esposa sobre o amigo que Hugo havia feito naquele dia.

– Hugo está mesmo precisando fazer amigos da sua idade – lembrou Martha, enquanto apanhava os peixes que o marido pescara naquele dia.

– Sim, um amigo é sempre um amigo. Quem dera eu ainda tivesse os meus. Há quanto tempo que não os vejo.

– Esse é o maior problema do avanço da idade, Amadeu, varrer para longe muitas das pessoas que tanto nos fazem bem.

– É a vida, mulher. Só nos resta aceitar.

– Você tem razão, preciso deixar de ser tão dramática.

E Martha levou a sério sua decisão. Tornou-se uma mulher mais racional do que emocional. Era uma defesa, sem dúvida, para não mais se ferir com lembranças e saudades de quem tanto amou e, já não podia mais estar ao seu lado, por questões de distância ou morte. Assim, pelo menos, ela se mantinha inteira.

Nas vezes em que Hugo e Christopher se reencontraram, os laços de amizade entre os dois foram se estreitando. Christopher já não era mais tão tímido quanto antes, na presença do amigo.

Quando Hugo levou uma bola de capotão, para os dois jogarem futebol na praia, tornou-se evidente que ambos se tornariam dois craques do esporte.

Quando se cansavam de jogar, os dois pulavam no mar para se refrescarem, brincarem com as ondas, mergulharem, tornar tudo ainda mais divertido.

Por muitas vezes, Christopher pegava um graveto perdido na praia e desenhava, lindas gravuras na areia, deixando Hugo sempre maravilhado com sua facilidade para desenhar o que bem quisesse. Ele próprio tentava, por insistência do amigo, mas não tinha um bom traço como o dele.

Por ser uma cidade pequena, ambos estudavam na mesma escola e acabaram caindo na mesma classe no início do novo ano letivo. O fato serviu para fortalecer ainda mais a amizade entre os dois. Na quadra da escola, eles podiam jogar futebol com muito mais recurso, o que favoreceu o aprimoramento dos dois no esporte.

Aos dez anos de idade, depois de mais uma pelada com os amigos, Hugo e Christopher foram tomar um banho de mar para se refrescarem. Papo vai, papo vem e Hugo subitamente começou a se debater na água, como se estivesse se afogando, deixando Christopher, desesperado.

O garoto rapidamente nadou na sua direção, enlaçou o amigo e o puxou, com grande esforço, para fora d'água. Puxando-o pelos punhos, arrastou-o até a areia seca.

Ao ver que Hugo ainda estava desacordado, Christopher se curvou sobre ele e, com lágrimas nos olhos, pediu, em tom de súplica:

– Não morra, Hugo. Por favor, não morra!

O desespero fez com que o garoto chacoalhasse o amigo, freneticamente, como se fosse um boneco de pano.

– Hugo, Hugo! – Christopher o chamava, aflito.

Hugo então abriu os olhos e fez "Bú!", para surpresa e total indignação do amigo.

– Você estava fingindo?! – irritou-se Christopher, avermelhando-se todo. – Estava?!

Ao ver Christopher, fulo da vida, prestes a socá-lo de raiva, Hugo rapidamente se levantou e saiu correndo pela praia afora.

– Eu pego você, Hugo Martini! Eu o pego, seu danado! – berrava Christopher, correndo atrás dele, com toda força de que dispunha nas pernas.

Com a agilidade de um virtuoso atacante, Hugo conseguiu se esquivar dele, até tropeçar na areia e Christopher saltar sobre ele, dominando-o por completo.

– Você está acabado, Hugo Martini – falou o garoto, segurando-o firme pelos punhos.

Hugo tentou se soltar, mas o riso o fez perder a força.

– Você pensou mesmo que eu estava me afogando? – Hugo novamente riu. – Acho então que vou ser ator, ao invés de jogador profissional de futebol.

– Seu bobo! Você me assustou, sabia?

– Ah é, é?

– É, sim!

Aproveitando-se de uma breve distração por parte de Christopher, Hugo, num movimento ligeiro, virou o jogo. Conseguiu dominar o amigo pelos braços, ficando agora por cima dele.

– E agora? – Hugo o desafiou. – Como é que você vai se livrar de mim?

Nem bem fez o desafio, um caranguejo picou-lhe o dedão do pé.

– Au! – gritou Hugo, perdendo o controle sobre o que fazia.

– Bem feito! – desdenhou Christopher, endereçando-lhe um olhar maroto.

– Bem feito, é?

Dessa vez, foi Hugo quem saiu correndo atrás do amigo que, agilmente tentou se esquivar dele até cansar.

E assim era a vida dos dois: escola, lição de casa, praia, brincadeiras e muito treino de futebol. Tinham outros amigos, certamente, mas nenhum significava tanto para ambos, do que eles próprios.

Quando o treinador do maior time de futebol australiano foi passar férias na cidade, e viu os dois meninos com a bola no pé, reconheceu de imediato o potencial de ambos para se tornarem, num futuro próximo, dois craques do futebol profissional. Desde então, passou a acompanhar o progresso deles na prática do esporte, prometendo a ambos, um contrato com um grande time, no futuro, caso realmente continuassem aplicados no futebol. Isso fez com que Hugo e Christopher se empenhassem ainda mais no esporte.

3
O ESPLENDOR
DA ADOLESCÊNCIA

Aos 15 anos de idade, Hugo e Christopher se tornaram dois adolescentes cada vez mais interessados pela vida. Enquanto as veias explodiam de hormônios, por estarem no auge da adolescência, jogavam futebol como poucos e já eram considerados futuros craques pelos dirigentes do futebol profissional australiano.

Hugo comandava a bola no pé com uma leveza impressionante. Christopher, por sua vez, parecia o The Flash em campo. A prática do esporte e do surfe, rendeu-lhes um corpo escultural, de provocar arrepio nas garotas. Ambos eram, verdadeiramente, dois adolescentes bonitos e carismáticos.

Certa noite, voltando de uma festinha na casa de uma das colegas de classe, Hugo percebeu que o amigo ao seu lado, tremia de frio. O tempo realmente havia mudado, esfriara repentinamente, pegando Christopher desprevenido. Hugo tirou a malha que levara consigo, para qualquer eventualidade e amarrara na cintura e fez o amigo vesti-la.

– Não precisa – agradeceu Christopher, fingindo-se de forte.

– Como não?! Você está tremendo de frio. Vai-me dizer que é mentira? Não faça, por favor! Acho que não existe ninguém, na face da Terra, com tanta dificuldade para assumir suas necessidades e desejos do que você, Christopher.

Christopher enviesou o cenho, fazendo-se de indignado com o comentário.

– Agora é você quem vai ficar com frio – disse.

– Eu não, sou sempre muito encalorado – respondeu Hugo porque era verdade.

Um minuto de silêncio e Hugo comentou, com seu entusiasmo de sempre:

– A Vanessa me parece muito a fim de você.

– Que nada, é de você que ela gosta, Hugo. Tenta seduzi-lo de tudo quanto é jeito.

– Pois para mim, ela está focada em você, Christopher.

– Sei não.

– Pode crer!

Nova pausa e Christopher admitiu:

– Às vezes me sinto um babaca, sabe? Por eu ainda não ter *ficado* com uma garota. Estou com quase dezesseis anos e, até agora, nada. A maioria dos garotos da nossa idade já perdeu a virgindade.

– E daí, só porque todo mundo perdeu, a gente também tem de perder? Cada um a seu tempo, Christopher.

– Quer dizer então que, você ainda é virgem como eu.

– Claro! Se eu tivesse *ficado* com uma garota, eu certamente teria lhe dito. Tudo o que me acontece, eu conto pra você, Christopher. Nunca guardei segredo de nada.

– Se os *caras* da escola souberem que ainda somos virgens, vão *tirar uma* de nós.

– Que *tirem!*

– Não quero passar por isso. Vai ser uma vergonha. Ainda mais na frente das meninas.

– Então arranja uma garota *pra ficar* com você, ora! Bonito como é, será fácil!

– Ah, vá!

Risos e Hugo perguntou:

– No domingo, nós vamos ao churrasco na casa da Baby, não vamos?

– Sim, se você for...

– Quem sabe lá você não descola uma garota e resolve o seu problema...

– Não é bem um problema, Hugo.

– Mas *tá* parecendo.

Christopher corou e Hugo adorou vê-lo sem graça.

Chegando à casa do amigo, Christopher tirou a malha e lhe devolveu.

– Amanhã você me entrega – adiantou-se Hugo rapidamente. – Não vou precisar dela agora.

– Bem...

– Vá lá!

E com um aceno, Christopher partiu, caminhando silenciosamente em meio ao lugar adormecido porque já era tarde. Só depois de perdê-lo de vista é que Hugo entrou na casa. Para ele, Christopher era tal qual um irmão que deveria ser amado e protegido, sempre.

No churrasco na casa de Baby Garber, tornou-se evidente o interesse de Vanessa Harper por Christopher Connell. Hugo, durante o tempo todo, ficou a lançar olhares para o amigo, como quem diz: "Não falei que era de você que ela estava a fim?". A intimidade dos dois era tanta que, podiam se comunicar, na maioria das vezes, por um simples olhar.

Entre uma cerveja e outra, Hugo acabou se deixando envolver pela dona da casa. Baby há muito paquerava o colega de classe, tanto que se ele não a pedisse em namoro, ela faria, cedo ou tarde. Pertencia a nova geração de mulheres que preferiam tomar a atitude que outrora fora somente dos homens. Visto que Hugo não a beijaria, ela o beijou.

Entusiasmado com sua ação, ele intensificou o beijo, envolvendo-a em seus braços, pressionando seu corpo ao dela. Depois, dançaram de rosto colado e subiram para o quarto da garota, onde puderam ficar a sós e mais à vontade.

Não havia momento mais oportuno para Baby do que aquele, uma vez que seus pais haviam viajado, deixando a residência livre para ela fazer dali, o que bem quisesse.

Só quando quis ir embora é que Hugo deu pela falta de Christopher Connell. Depois de procurá-lo pela casa toda, descobriu que ele já havia partido na companhia de Vanessa Harper.

Desde então, Hugo Martini ficou ansioso para saber se Christopher finalmente havia conseguido o que tanto desejava.

Os dois amigos só foram se reencontrar no dia seguinte, segunda feira, na escola.

– E aí, *rolou?* – perguntou Hugo, explodindo de curiosidade.

Quando Christopher confirmou que sim, Hugo não se conteve, quis saber detalhes.

– Ah, Hugo, por favor!

– Conta, vai!

– E você com a Baby, *rolou?*

– *Rolou!* Subimos para o quarto dela e...

– Foi bom?

– Foi. Mas acho que poderia ter sido melhor.

– Como assim?!

– Sei lá! – Hugo deu de ombros. – Eu esperava mais e acho que ela também. Estávamos meio inseguros, sabe? Mesmo *cervejado*, eu estava nervoso. Primeira vez, *né?*

– É... Primeira vez.

Algo no tom da voz de Christopher fez Hugo olhar mais atentamente para ele. Nada mais foi dito, pois a aula teve início.

Dias depois, ao voltarem de mais uma *reuniãozinha* na casa de um colega da escola, Hugo e Christopher se dirigiram à praia, deserta àquela hora da noite, para relaxarem ao luar.

A lua crescente, brilhando modestamente num céu quase totalmente preto, era magnífica de se ver. Cada qual fez um montinho de areia para servir de travesseiro para suas cabeças e ali se deitaram e relaxaram.

Com os olhos fixos no céu, dominados pela magia do luar, ambos se silenciaram por alguns minutos. Só então, Hugo teve a coragem de perguntar ao amigo, algo que há dias o vinha intrigando:

– O que há, Christopher? Há dias venho notando que você anda estranho.

– Eu?!

– O *senhor*, sim! Pode falar! Somos amigos há tanto tempo... É algum problema com o seu pai ou com a sua mãe?

– Não há nada de errado com eles.

– Então é com você mesmo.

– Estou bem, eu juro! Se houvesse algo de errado comigo, eu lhe diria.

– Duvido. Por mais que sejamos amigos há tanto tempo, você não confia em mim plenamente.

– Confio, sim!

– Sei não...

Christopher acabou rindo e admitiu:

– É, você realmente me conhece um bocado. Só assim para perceber que ando mesmo *encanado* com algumas coisas.

– Com o quê, por exemplo?

Christopher tomou ar, como quem toma coragem e desabafou:

– Você alguma vez já sentiu medo do futuro, Hugo?

Hugo se fez sincero:

– Não, porque não penso muito no que será. Como diz a canção: "O que será, será!", não é mesmo?

Hugo riu de suas próprias palavras e Christopher continuou, sério:

– Quando me lembro de que tudo na vida pode mudar, de uma hora para outra, a qualquer segundo, entro em pânico. Você, por exemplo: num dia você tinha seus pais ao seu lado, no outro, eles morreram de acidente de carro. Comigo: num dia eu tinha os meus pais ao meu lado, no outro, eles divorciados, cada um morando numa cidade diferente. Nada mais seria igual como antes. Por essas e, por muitas outras que se vê acontecer pelo país e pelo mundo, sou levado a crer que a vida não é de confiança. É como se houvesse um ser maligno de olho em nós, pronto para virar nossas vidas de ponta cabeça, quando bem quiser. Basta nos ver felizes e satisfeitos com o que temos que tudo muda radicalmente só para nos roubar a paz e a felicidade.

– Eu entendo você.

– A vida é como um castelo de areia, Hugo. A gente constrói um lindo e, quando se distrai, vem uma onda e o destrói num segundo.

Christopher tomou ar e prosseguiu em tom melancólico:

– Hoje eu tenho você, Hugo. E amanhã?

– E amanhã ainda estaremos aqui, Christopher. Sempre juntos, amigos do peito, eternamente.

– Espero mesmo que sim, Hugo. Porque a vida, como lhe disse, é imprevisível.

– Você precisa ser um pouco mais otimista, meu caro. Meu avô diz que, mesmo diante de muitas derrotas e tristezas, devemos nos manter sempre otimistas. Não é porque se perde uma partida de futebol, que se desiste de jogar novamente, não é mesmo? Pelo contrário, é por causa da derrota que um time se empenha muito mais, para vencer numa próxima.

– É... Faz sentido. Mas é tão difícil se manter otimista num mundo caótico como o nosso.

– Ainda assim, Christopher, é a nossa melhor escolha. Por isso me empenho tanto no futebol, porque acredito em mim como jogador profissional.

– Você acha mesmo que vão contratar a gente?

– Claro que sim! Estão investindo em nós a troco de quê?

– Verdade. Mas é que se fazem tantos planos e tantas mudanças acontecem, simultaneamente que...

– Lá vem você de novo com o seu pessimismo. Tenha em mente que logo seremos dois jogadores de futebol profissional, podendo ganhar rios de dinheiro, e não pense em mais nada. Estamos treinando para isso, esta é a nossa meta e vamos atingi-la.

Christopher sorriu, sentindo-se contagiado pelo otimismo do amigo. Breve pausa e Hugo comentou:

— A Vanessa me parece cada vez mais amarradona em você, Christopher!

— Você acha?

— Não só eu, como a escola inteira. E você, está amarradão nela?

— Ela é bonita, não nego, mas...

Silêncio novamente. Um longo e inóspito até Christopher admitir:

— Naquele dia em que eu e a Vanessa *ficamos*... Bem... Eu também fiquei frustrado com a nossa *transa*. Esperava bem mais.

— O seu problema deve ter sido o mesmo que o meu – arriscou Hugo um palpite. – Não *rolou* legal, porque estávamos nervosos. Coisa de marinheiro de primeira viagem. Da próxima vez será *dez*.

— É, com certeza. A Vanessa quis de novo, mas eu fiquei com receio. E se novamente for ruim...

— Isso, Christopher, você só vai saber, tentando. O problema talvez seja a Vanessa. Talvez você não se sinta tão atraído por ela.

— Não tinha pensado nisso. Mas ela é tão linda, um corpo tão perfeito.

— É melhor então você tirar a prova dos nove. Deixar *rolar* novamente para ver o que acontece.

— Vou tentar! E você faça o mesmo.

— Eu?!

— O *senhor,* sim! Você me disse que também se frustrou com a *transa* com a Baby, lembra? Que esperava muito mais do que obteve.

— Opa! É verdade!

Risos.

— Então, tire a prova.

— Farei! Prometo!

Hugo juntou as mãos em louvor, fez cara de santo e, sem mais, despediram-se um do outro e voltaram para suas respectivas casas.

Dias depois, como haviam decidido, tanto Hugo quanto Christopher fizeram sexo novamente com suas garotas. Foi Hugo quem primeiramente procurou o melhor amigo para lhe contar as últimas:

— Eu e a Baby... Nós dois novamente...

Christopher, avermelhando-se todo, respondeu:

— Eu e a Vanessa também!

Falou tão baixo como se aquilo fosse um segredo de Estado.

– Jura?!

– Hum-hum!

– E dessa vez, foi bom? – Era Hugo quem perguntava.

– Foi, foi sim – respondeu Christopher, um tanto atrapalhado, fugindo do seu olhar.

– Mesmo?! – Hugo não sentira confiança na afirmação do amigo.

– Foi! E com você?

– Sinceramente? Ainda deixou a desejar. Quase brochei, acredita?

– Mesmo?!

– Pois é. Acho que faltou cerveja.

– No início deve ser assim mesmo – opinou Christopher com voz contida. – Depois que se acostuma, aí, sim, a coisa desanda.

– Anda, você quer dizer?

– Não foi o que eu disse?

– Não, você disse "desanda".

Christopher se avermelhou todo e procurou mudar de assunto.

– Meu pai vai viajar com a Margareth. Vão visitar um parente dela em New Castle, mas é coisa rápida. Partem na sexta e voltam no domingo à tarde. Se você quiser passar o fim de semana lá em casa, comigo, pode ser divertido.

– Christopher, acho que a gente nunca passou um final de semana juntos, digo, um na casa do outro.

– Pois é.

– Estarei lá! Vou levar umas cervejas e Elma Chips.

– Combinado.

E assim aconteceu.

4
UMA OUSADA
SEXTA-FEIRA

Na sexta à noite, os dois tomaram todas, enquanto assistiam a um filme na TV. Ficaram tão altos que, na hora de dormir, jogaram-se na cama de roupa e tudo. Então, subitamente, Hugo começou a arfar, enquanto apalpava a região do estômago.

– O que foi? – apavorou-se Christopher.

Por baixo das espessas sobrancelhas, os olhos vivos e azulados de Hugo, fitavam o amigo que olhava assustado para ele.

– Não estou passando bem – admitiu Hugo com voz falha. – Sinto-me quente, como se meu corpo estivesse pegando fogo por dentro.

– Você deve estar ardendo em febre.

– Ai... – gemeu Hugo com certo exagero.

A seguir, murmurou algo tão baixo que foi preciso Christopher se curvar sobre ele, para poder ouvi-lo.

– O que disse?

Hugo novamente gemeu e murmurou algo.

– Fala mais alto, maluco. Não estou entendendo nada.

Bem nesse momento, Hugo agarrou o amigo e o prensou contra o seu tórax.

– Hugo, solte-me!

Ele fez que "não" com a cabeça, balançando-a de um lado para o outro, com o olhar mais sapeca do mundo.

– Hugo, por favor!

Num tom maroto, o adolescente respondeu:

– Christopher Connell, se você é realmente forte, solte-se!

– Não me desafie, Hugo.

– Opa! Agora sim virou macho. Quase um He-Man!

– Hugo Martini.

– Christopher Connell.

Face a face, os dois ficaram se desafiando por meio de um olhar intenso. Christopher, ao tentar se soltar novamente dos braços do amigo, Hugo o segurou ainda com mais força.

– Me solta, Hugo, vai!

– Pelo visto você não passa mesmo de um *fracote*.

– *Fracote,* eu?!

– O *senhor,* sim!

Vermelho como o diabo, Christopher redobrou o esforço para se livrar das mãos de Hugo e quando percebeu que não conseguiria, admitiu a derrota:

– Ok, você venceu!

– Eu sabia!

Ambos sorriram um para o outro, movidos por aquela força linda que os unia, desde os sete anos de idade. O tempo pareceu parar naquele instante mágico.

Hugo então sentiu seu peito se inflamar, e o desejo há muito contido, de beijar o amigo nos lábios, foi tão certeiro, que quando deu por si, já havia derrubado suas vergonhas e seu próprio preconceito. Christopher fora pego tão de surpresa que, levou alguns segundos para se dar conta do que realmente havia acontecido.

Ao perceber que ele iria se afastar, Hugo prendeu-lhe o rosto pela nuca, até dominar novamente seus lábios com um beijo ousado.

Dessa vez, Christopher Connell recuou o rosto e o corpo com tanta força que, conseguiu soltar-se dos braços do amigo.

– Hugo, você não deveria ter feito isso – exaltou-se contrariado. – O que deu em você?

Hugo não hesitou em responder:

– Senti vontade, ora! Só isso! Queria saber como é.

– Queria saber como é beijar um *cara?* Endoidou?

– Não! Há tempos que sinto vontade.

– Você só pode estar brincando.

– Dessa vez, não! Falo seriíssimo.

Christopher voltou a corar e, ao fugir dos seus olhos, Hugo apertou firme seu antebraço e perguntou, seriamente:

– Foi bom, não foi?

Christopher voltou a encará-lo de testa franzida.

– Bom?!

– Foi, não foi? Eu gostei! E acho que você também gostou.

26

– Que nada! Foi tão rápido que nem deu tempo de sentir coisa alguma.

– Se foi muito rápido, posso repetir, para que você possa ter uma noção mais clara. Que tal?

– Hugo, o que está acontecendo com você?

O amigo lhe respondeu com muita convicção:

– Estou tentando me encontrar, Christopher.

– E desde quando você se sente perdido, Hugo?

– Desde que transei com a Baby e não gostei nem um pouco da *transa*.

– Você mesmo já me disse por que isso aconteceu.

– Disse, disse sim. Mas...

– Mas o quê, Hugo?

– Talvez eu não tenha gostado da transa, porque sou gay, Christopher. Levantei essa possibilidade outro dia.

– Hugo Martini, você não é gay. Você joga futebol, sai com garotas, bebe, fala bobagens...

– Lembrei-me disso também e relaxei. De fato, sou um *cara* que foge aos estereótipos da maioria dos gays, só que descobri que, tem muito gay por aí, mais macho do que muitos machos em geral.

– Tem?!

– Tem, sim. Por isso decidi tirar a prova dos nove, entende? Para eu ter certeza do que realmente sou.

Christopher engoliu em seco e voltou a esconder os olhos do amigo. Sem encará-lo, disse:

– Hugo, você nasceu homem, eu também e não há dúvidas quanto a isso, ok?

– Sou homem, sim, Christopher. Disso não tenho dúvidas, mas quanto a minha preferência sexual, essa eu preciso tirar a limpo. E você bem que poderia me ajudar.

– Eu?!

– É! Você foi sempre o meu melhor amigo. Sempre compartilhamos tudo.

– Mas não a esse nível, Hugo. – Christopher estava deveras chocado com a proposta do jovem. – Quer saber de uma coisa, não estou gostando nada desse papo.

– Por que, ele o assusta? – Hugo o desafiou.

– Eu...

– Você também não curtiu a *transa* com a Vanessa. Pode ser também

27

porque...

– Não termine a frase, Hugo, por favor!

– Sou estou querendo ajudá-lo.

– Não, Hugo, você só está querendo me deixar confuso.

– Desculpe.

Christopher bufou e amarrou ainda mais o cenho. Um minuto de silêncio e Hugo voltou a falar:

– E se eu for gay, Christopher? Você vai continuar gostando de mim? Vai continuar sendo meu amigo?

– Se você for gay, Hugo, iremos à igreja e falaremos com o pastor. Ele certamente irá ajudá-lo.

– Já pensei nisso também, mas eu sinceramente não sei se vou me importar com o fato de eu ser gay. Se eu for, que assim seja, ora!

Christopher não deu a devida atenção ao que o amigo dizia, cortou-lhe simplesmente as palavras para impor as suas:

– Não esqueça, Hugo, que ser gay é uma questão de opção. Se é, basta você optar por não ser, que ficará livre desse mal, rapidinho.

– Aí é que está, Christopher. Será mesmo que é uma questão de opção?

O rosto de Christopher murchou como uma flor.

– É claro que é! Todos dizem que é.

– Se fosse realmente, você não acha que a maioria optaria por não ser gay, diante do tamanho preconceito que existe espalhado pelo planeta?

– Bem... – Christopher se mostrou confuso novamente. – Acho melhor a gente dormir.

– É, você tem razão.

Christopher virou-se para o lado e lhe desejou boa noite.

– Boa noite, Christopher.

Hugo permaneceu ali, olhando para o teto iluminado apenas pelo luar que entrava pelas frestas da janela. Sentia sua língua coçar de vontade de perguntar outras coisas ao amigo. Por fim, falou, não sossegaria enquanto não fizesse:

– Christopher, faltou lhe dizer algo.

– Meu Deus, o que é dessa vez, Hugo?

O jovem limpou a garganta antes de se explicar:

– Já faz algum tempo que eu me sinto excitado, toda vez que o vejo no vestiário.

– Eu?! – a voz de Christopher falhou.

– É. É que às vezes você também me olha de um jeito...

– Que jeito, Hugo? Bobagem sua. Meu jeito de olhar para você, ainda é o mesmo desde o dia em que o conheci.

– *Tá,* tudo bem, calma.

Mas Christopher não se acalmou, sentou-se na cama, ligou a luz e disse, com grande tensão:

– É melhor você ir embora, Hugo.

O pedido deixou Hugo arrasado, jamais pensou que o amigo tão querido chegasse àquele ponto.

– Está bem – concordou ele, enfim, sem fazer alarde. – Só espero que continuemos amigos depois disso.

– S-sim, sim... – Christopher se sentia cada vez mais incomodado com a situação.

– Até!

Somente quando a porta da frente da casa se abriu e Christopher avistou a escuridão lá fora, é que ele percebeu o que realmente estava fazendo com seu melhor amigo.

– Hugo, espere!

O rapaz voltou-se para ele.

– O que foi?

– Fiquei tão desorientado com tudo que me disse que... Você não precisa ir embora, não agora, no meio da noite...

– Posso ir numa boa.

– Não. Fique.

– Quer mesmo que eu fique?

– Sim.

– Não senti firmeza.

Christopher tentou reprimir um sorriso e não conseguiu. Hugo, muito geminiano, brincou com o amigo canceriano:

– Se eu permanecer nessa casa, posso atacá-lo, enquanto estiver dormindo.

– Largue de bobagem.

– Estou falando sério.

– Por favor, Hugo.

– Vai mesmo correr o risco?

– Se você tentar me agarrar, vai levar uma na fuça.

– Pode ser que eu goste.

Christopher fez ar de mofa e jogando-se novamente na cama, falou:

– Deite-se e cale a boca.

– Se quiser, eu posso ir dormir no sofá.

– Calado!

Hugo, descontraindo-se um pouco mais, atendeu prontamente ao pedido do amigo. Por quase cinco minutos, ambos ficaram em silêncio, algo que lhes pareceu levar cinco horas para passar.

– Christopher... – chamou Hugo, quando não mais suportou o silêncio entre os dois.

– O que é dessa vez, Hugo Martini?

– Sei que está tentando dormir e não consegue. Se é por medo de eu atacá-lo, durante o sono, prometo que não farei.

– Já lhe disse que sei me defender.

– Será mesmo?

– Hugo, hoje você está impossível.

Novamente o silêncio pairou entre os dois, e um desconforto se espalhou pelo ar. Dessa vez, foi Christopher quem quebrou a quietude:

– Isso que você vem sentindo, Hugo, talvez seja porque ainda não encontrou a garota certa para você. Quando ela aparecer...

– É, pode ser.

Os dois suspiraram, fecharam os olhos e tentaram novamente adormecer.

– Christopher, só mais uma coisa – falou Hugo, quebrando o silêncio novamente. – Estou com medo de que você não queira mais ser meu amigo, depois do beijo que trocamos e de tudo o que lhe disse.

O rapaz se virou para ele e respondeu, firmemente:

– Eu jamais deixaria de ser seu amigo por isso, Hugo. Somos como irmãos.

– Eu sei.

– Se sabe, então relaxe e durma.

– Está bem. Vou tentar mais uma vez.

– Faça isso. Farei o mesmo.

Finalmente eles se aquietaram e conseguiram pegar no sono.

5

EMBALOS DE UM
SÁBADO À NOITE

Obviamente que havia um clima estranho *rolando* entre os dois, na manhã do dia seguinte. Um desconforto pairando no ar, quando ambos se levantaram.

— Bem – falou Hugo, juntando suas coisas. – Eu já vou indo.

— Já?! – surpreendeu-se Christopher a olhos vistos. – Por quê?

— Porque ontem você queria que eu fosse embora, se esqueceu? Só mudou de ideia, quando se lembrou de que já era madrugada.

— Foi precipitação da minha parte, Hugo. É que fiquei tão assustado com o que *rolou* entre nós e, com tudo o que você me disse que...

— De qualquer modo, é melhor eu ir.

— Calma aí, Hugo! Se você estivesse no meu lugar, também teria se assustado ao ouvir da boca do seu melhor amigo que ele, provavelmente seja gay. Preciso de um tempo para aceitar o fato, da mesma forma que você precisa de um tempo para comprovar o fato. Você pode pensar que é gay, mas ao transar com um *cara,* pode descobrir que não é. Que seu lance mesmo é mulher.

— Você tem razão, Christopher. Só vou ter mesmo a certeza de que sou gay, quando eu chegar às vias de fato com um *cara.*

— Pois é.

— Obrigado por ter voltado atrás. E também por tentar me ajudar diante desse dilema.

— Amigos são pra essas coisas, Hugo.

Ambos sorriram, mas não era o mesmo sorriso de antes: livre e descontraído. Havia insegurança ali, especialmente da parte de Christopher Connell.

Depois de um rápido café da manhã, com Elma Chips, pão de forma e leite, os dois foram para a praia, onde nadaram, correram e construíram castelos de areia como nos velhos tempos de criança. Tão envolvidos ficaram com tudo aquilo que o episódio da noite anterior foi brevemente esquecido.

Ao chegarem a casa, estavam exaustos e cada qual usou um banheiro diferente para tomar um banho refrescante. Depois, devoraram um espaguete com almôndegas congeladas que os dois mesmo prepararam, acompanhado de uma Pepsi de dois litros.

A seguir, empoleiraram-se no sofá para assistir a ESPN Australiana que transmitia, ao vivo, uma partida de futebol entre os times mais populares do país.

Ao término do jogo, os dois novamente saíram para correr na praia e se refrescarem no mar, o que exigiu um novo banho assim que voltaram para casa. Era hora, então, de beberem mais algumas cervejas e se descontraírem vendo TV. Só então, Hugo notou que Christopher parecia novamente tenso, certamente pelo que havia acontecido entre os dois, na noite anterior. Isso fez Hugo tomar uma decisão:

— Acho melhor eu ir para casa. Você não me parece confortável com a minha presença, portanto...

Christopher o interrompeu, seriamente:

— Não quero que vá.

— Mas você...

— Estou *grilado* é com outra coisa, Hugo. Tem a ver sim com o que *rolou* entre nós, ontem à noite, especialmente com o que você me disse a seu respeito. Referente às suas inquietações e dúvidas.

Christopher limpou a garganta e prosseguiu:

— Eu preciso lhe contar uma coisa. É sobre a minha *transa* com a Vanessa. Eu não consegui...

O jovem simplesmente não conseguiu completar a frase.

— Não conseguiu o quê, Christopher?

— Não consegui gozar. Fingi que gozei para não ficar chato. Livrei-me do preservativo, antes que ela notasse o que havia acontecido. Foi assim, nas duas vezes em que *transamos*. Isso me aborreceu muito, Hugo. Ainda me aborrece.

— Por que não me contou isso antes?

— Porque tinha vergonha. Ainda tenho. Mas como você se abriu comigo, confiou em mim para revelar suas encanações, senti que poderia confiar em você também, para falar a respeito.

— Fez bem.

32

Breve pausa e, Christopher compartilhou com o amigo, seu maior temor desde o fracasso que tivera com Vanessa.

– Hugo, será que eu também sou gay? Por isso não consegui chegar aos *finalmente* com a Vanessa? Eu vou pirar se eu realmente for gay.

– Pirar?! Não é pra tanto, Christopher.

– É sim! As pessoas não aprovam os gays, as famílias não aceitam, as religiões condenam.

– Dá pânico, eu sei, mas eu, pelo menos, estarei sempre ao seu lado, da mesma forma que eu gostaria que você permanecesse ao meu lado, caso eu realmente seja gay.

– Eu vou estar. Pode crer que eu sempre estarei.

Depois de jantarem um Miojo, os dois voltaram para frente da TV para curtir um seriado sensação do momento da HBO.

Já era por volta da meia noite quando os dois finalmente foram para cama. Foi como se estivessem retardando aquele momento, por receio do que pudesse acontecer ali, de forma tão surpreendente quanto na noite anterior.

Por alguns minutos, ambos ficaram deitados de barriga pra cima, encarando o teto encardido, envoltos por inóspito silêncio.

– Foi um dia proveitoso, não foi? – a pergunta partiu de Christopher.

– Sim. Adorei cada momento. Foi ótimo, construímos castelos de areia, como nos velhos tempos de criança.

– Foi sim.

Novo silêncio constrangedor até um dos dois tomar a iniciativa de mudar de posição na cama, concitando o outro a fazer o mesmo. Deitados agora de ladinho, um de frente para o outro, Christopher, sentindo-se um pouco mais confortável diante de tudo, comentou:

– Há quanto tempo mesmo que a gente se conhece?

– Há quase dez anos.

– Nossa até parece que foi ontem. O tempo voa.

– Se voa...

Para descontrair, Christopher perguntou:

– Como é mesmo o nome daquela música que seu avô tanto gosta e você também, por influência dele?

Hugo prontamente respondeu:

– *Amor pra ficar?*

– Essa mesma! – exclamou Christopher abrindo um sorriso empolgado.

E Hugo entoou a canção:

– Mesmo que o universo apague os seus sóis
Mesmo que voltemos à era do gelo
Nada pode mais do que o nosso amor
Esse amor que veio pra ficar
Esse amor que veio pra marcar
Esse amor que veio pra ficar
Esse amor que veio pra atravessar vidas
Muitas vidas
Ser eterno
Se perder por entre as estrelas do infinito
Em meio ao êxtase mais bonito que o amor pode alcançar...

Ouvir Hugo cantando a canção, ainda que ligeiramente desafinado, foi como uma carícia para os ouvidos de Christopher. A canção era mesmo fantástica, daquelas que tocam fundo na alma e despertam algo de bom no coração.

Olhos nos olhos, eles continuaram ao som da cantoria enquanto uma atração poderosa envolvia e unia seus corações.

Hugo então se silenciou, tornou-se sério e ousou tocar a face de Christopher sem o receio, dessa vez, de ele se zangar com ele. A seguir, novas palavras jorraram de seus lábios. Palavras tão fortes quanto verdadeiras:

– Você é um *cara* muito importante na minha vida, Christopher. Na verdade, você é o *cara*. O tal! Entende?

As palavras do amigo atingiram Christopher novamente em cheio. Foi como se o transportassem para um novo mundo com novas cores e sabores. Seus olhos se tornaram ainda mais lindos no instante em que Hugo Martini o surpreendeu, mais uma vez, com um gesto carinhoso.

– Você também é o *cara* mais importante da minha vida, Hugo. Na verdade, o único.

Ambos suspiraram enquanto sentiam o coração disparar no peito.

– Não quero que nada nos separe jamais, Hugo. Quero ter você ao meu lado para sempre. Para sempre, entende? – A voz de Christopher parecia de cristal, tão transparente e frágil que parecia que se partiria a qualquer momento.

Hugo se limitou a sorrir, enquanto lágrimas invadiam seus olhos. Christopher então o tocou, na face e disse:

– Hugo.

– Diz.

Mas Christopher não lhe disse nada, apenas tomou a iniciativa de beijá-lo, dessa vez sem pressa e sem temores. Mesmo sentindo frio em sua alma, ele se deixou entregar àquelas carícias e delícias que para ele, a vida toda, ouviu serem proibidas. Carícias que o transportaram para um mundo de imagens e sensações que jamais havia conhecido. Febris de tanta alegria, ambos se amaram pela primeira vez.

Depois disso, Hugo sabia que a vida dos dois nunca mais voltaria a ser a mesma, por isso, silenciosamente, pediu a Deus que os protegesse e os preservasse amigos, acima de qualquer coisa.

6
Um domingo
INESQUECÍVEL

Até o hálito da manhã do dia seguinte pareceu diferente para os dois adolescentes. Naquele domingo, o sol parecia mais radiante do que o normal. Hugo se mantinha acordado, deitado, observando o teto como um garoto perdido de amor, depois de finalmente ter encontrado a garota dos seus sonhos. Christopher, ainda adormecido, lembrava um anjo caído do céu; ou Eros, o deus do amor, largado num dos leitos da paixão. Ao despertar, Hugo o admirou despudoradamente, regozijando-se do prazer de vê-lo tão lindo e tão seu.

– Ei! – resmungou Christopher, espreguiçando-se todo.

– Ei, digo eu! Você sabe que horas são?

– Não faço a mínima ideia.

– Já passou do meio dia, faz tempo!

– Não pode ser.

Imediatamente ele se curvou, procurando por seu relógio.

– *Caraca!* Dormimos pra *caramba.*

– Dormimos, vírgula! Você dormiu! Eu já estou acordado faz tempo.

– Por que não me chamou?

– Porque você dormia tão em paz, que senti pena de quebrar esse seu momento tão bom.

– Obrigado.

Christopher saltou da cama, dizendo:

– Estou com uma fome!

– Também, a uma hora dessas!

Ambos se vestiram rapidamente e foram para a cozinha.

– Ufa, que bom! – exclamou Christopher, aliviado por encontrar o que comer na geladeira e na dispensa. – Ainda há ovos, podemos fazer uma omelete. E tem também o pão de forma que meu pai comprou a semana passada.

– Eu faço o café – prontificou-se Hugo, agilizando a cafeteira.

– Ótimo! – apreciou Christopher, enquanto examinava o pão. – Que pena, o pão está embolorado.

– Deixa eu ver – Hugo deu uma olhada. – Está, mas se tirarmos essa parte com o bolor, podemos comer o restante.

– Não vai fazer mal?

– Acho que não.

– Que pobreza, hein?

– Este, com certeza, não é o melhor café da manhã do mundo, mas só de estar na sua companhia, Christopher, e de ter dormido e acordado ao seu lado, para mim pouco importa.

O adolescente gostou do que ouviu e Hugo, aproveitando-se de um minuto seu de distração, beijou-lhe a face em cada ponto, cada extremidade, cada covinha.

– Veja! – exclamou a seguir. – Temos banana! Que maravilha!

– E aveia, se não me engano. – Christopher rapidamente procurou pela caixa que fora esquecida no fundo do armário. – Espero que ainda esteja na data de validade.

Os dois se sentaram à mesa estreita e pequenina que havia ali e se fartaram, na medida do possível, com o que puderam juntar para fazer um café da manhã delicioso. Mas como Hugo mesmo havia dito, só de estarem lado a lado, qualquer insuficiência era superada.

Com o dia novamente lindo para um passeio pela praia, ambos decidiram ir para lá; inspirar o ar puro e fresco do oceano, privilegiando seus pulmões com o que havia de melhor para ambos.

Quantas e quantas vezes os dois não estiveram ali, brincando de bola, construindo castelos de areia, jogando conversa fora e admirando os peixes saltitantes nas redes dos pescadores, trazidas para fora do mar?

Aquela praia fora, de certa forma, o ponto de partida para a união dos dois. Por isso, haveria de ser sempre um lugar especial para ambos, o mais querido do planeta.

Só mesmo depois de correrem, nadarem e brincarem com as ondas do mar, é que ambos voltaram para casa de Christopher.

Estavam cansados, suados, mas felizes; loucos por um almoço tardio. Uma refeição que se resumiu em dois ovos mexidos, um hambúrguer e duas almôndegas congeladas que restaram no congelador.

Não era suficiente para matar a fome de ambos, mas naquele dia, depois de tudo que haviam vivido e descoberto ao longo da madrugada, até mesmo a fome podia ser suprida pelo afeto que um trocara com o outro.

A seguir, os dois escovaram os dentes e se jogaram novamente na cama de casal do quarto de Christopher, onde ficaram abraçados um ao outro, feito concha, imersos novamente no prazer de estarem lado a lado.

Hugo não tinha vontade de partir.

– Não quero deixá-lo só – admitiu, em meio a um *cobertor de ouvido.* – Ainda que moremos tão pertinho um do outro, ainda que eu saiba que podemos nos ver a qualquer minuto, preferia ficar aqui, ao seu lado, grudado feito chiclete.

– Eu também gostaria que você ficasse, Hugo, mas meu pai logo chega e...

– Eu sei. Relaxa.

E novamente Hugo ousou beijar o amigo que, mais uma vez reagiu positivamente ao seu gesto afetuoso. O fato de que ambos se veriam no dia seguinte, na escola, fez com que Hugo tivesse finalmente coragem de partir.

Pelo caminho, de volta para a casa onde vivia com os avós, o adolescente se sentia pisando em nuvens, sob o efeito de uma droga que o desligara da realidade, quase que por total. Havia alegria demais, felicidade demais, a seta no alvo que tão inconscientemente desejara acertar.

O mar, ao longe, nunca lhe pareceu tão lindo como naquele momento. A lembrança dele ao lado de Christopher naquele final de semana tão especial preencheu novamente sua mente, provocando-lhe risos espontâneos e um furor no peito jamais sentido.

Ao chegar a sua casa, o simpático Amadeu saudou o neto com seu entusiasmo e alegria de sempre:

– E aí, Hugo? Como foi o fim de semana? Você e o Christopher se divertiram muito?

– Sim, vovô, muito! O senhor não faz ideia o quanto.

– Que bom! Aqui, eu e sua avó acabamos nos sentindo solitários sem a sua presença.

– Mas vovô, pensei que haviam apanhado a oportunidade de estarem sós, para namorarem um pouco.

– Eu tentei, Hugo! Juro que tentei, mas sua avó está cada vez mais ranzinza.

Amadeu se aproximou do neto e, ao seu ouvido, cochichou:

– Mas ela acabou cedendo. Sinal de que eu ainda tenho algum charme.

O jovem riu.

– Claro que sim, vovô! O senhor ainda está *enxutaço*.

Amadeu gargalhou e foi então que percebeu um brilho diferente nos olhos do adolescente de quase 16 anos de idade.

– Ei, você está diferente – comentou, olhando com redobrada atenção para o jovem.

– Eu?!

– Você, sim! Está com cara de bobo.

– De bobo, vovô?! Endoidou?

– Cara de bobo, é o mesmo que cara de garoto apaixonado.

– Ah, *tá!* – Hugo riu, sem corar, como aconteceria a um adolescente encabulado, por ter sido descoberto, amando.

Tomado de súbito romantismo, Amadeu comentou, com voz de apaixonado:

– Lembro-me como se fosse hoje, o dia em que vi sua avó pela primeira vez e, nossos olhares se cruzaram, acendendo algo dentro de mim. Ela tinha rosto de princesa, era a mais linda da escola. Desde então, passei a acordar pensando nela, dormir pensando nela e eu nem sabia se ela havia me visto, pelo mesmo halo de fascínio com que eu a vi e passara a carregá-la em minha memória.

Ele suspirou e disse:

– Ah, eu me sentia tão inseguro por me ver apaixonado por ela, Hugo, sem saber se ela gostaria de namorar comigo. Por sorte, ao me declarar, ela simplesmente me disse: "Poxa, Amadeu, pensei que levaria a vida toda para você me dizer tudo isso." Nessa hora eu quis morrer de vergonha.

Martha apareceu na porta e se introduziu, delicadamente na conversa:

– Isso tudo você nunca me disse, Amadeu.

– Martha?! Ouvindo atrás da porta? – Amadeu avermelhou-se todo.

– Ora, Amadeu, mesmo depois de todos esses anos, convivendo comigo, sob o mesmo teto, você ainda fica vermelho diante de mim?!

Ele riu, foi até ela e a beijou.

– Hugo, essa foi e sempre será a mulher da minha vida. Quando você encontrar a sua, meu neto, agradeça a Deus.

– Oh, sim, vovô. Com certeza.

Naquele instante, Hugo teve a nítida sensação de que ja havia encontrado o grande amor da sua vida; só que não era uma mulher, era um homem e seu melhor amigo.

Nesse ínterim, Charles Connell já havia voltado para casa.

– E aí, tudo certo? – perguntou ao filho, sem olhar diretamente para ele. Se tivesse feito, com devida atenção, provavelmente teria percebido o quanto o adolescente estava diferente e feliz.

Ao procurar na geladeira por algo para comer, Charles falou com desagrado:

– Nossa, você comeu todos os ovos? E o hamburguer, cadê?

– É que o Hugo almoçou aqui, papai. Eu tinha de lhe servir alguma coisa.

– Que comessem peixe que tem aos montes, congelado.

– Sim, mas...

– O Hugo deveria ter trazido algo para comer da casa dos avós dele, Christopher. Eles têm muito mais condições financeiras do que nós, você sabe.

– Mas o Hugo não veio de mãos vazias, papai. Trouxe cervejas, Elma Chips, bolachas.

– Menos pior.

O pai não disse mais nada, simplesmente abriu uma cerveja e como aperitivo, ficou a beliscar uma salsicha cortada em pedacinhos. Era sempre assim, uma palavra ou meia com o filho, e o mergulho nos programas de TV, deixando o rapaz de lado, como se não existissse, como se sua presença não importasse.

Aquele Christopher feliz e radiante, que passara aquele fim de semana sensacional ao lado de Hugo Martini, ja não existia mais, fechara-se num casulo frio e solitário. Restava-lhe só a lembrança do que vivera de bom, naquelas últimas 24 horas, ao lado do melhor amigo.

Foi pensando nisso que ele adormeceu naquela noite e com Hugo não foi diferente. Não mais deixaria de ser.

7
A SEGUNDA-FEIRA MAIS
EMPOLGANTE DE SUAS VIDAS

Na manhã de segunda, Hugo fora um dos primeiros a chegar à escola. Madrugara, porque se sentia tão motivado pela vida, que o sono tornara-se irrelevante para ele.

Estava tão desatento a tudo, que nem se deu conta da chegada dos demais alunos. Rabiscava, distraído, as margens do seu dever de casa, enquanto relembrava, mais uma vez, os bons momentos que passara ao lado de Christopher naquele fim de semana tão marcante de suas vidas. Só despertou ao ouvir seu nome sendo pronunciado a certa distância e com ímpeto:

– Hugo!

Ao avistar Christopher, com o cabelo meticulosamente arrepiado com gel, olhando com interesse para ele, um sorriso de satisfação se espalhou pelo rosto belo e jovial de Hugo Martini.

– E aí, tudo bem? – perguntou Christopher, dando-lhe um soquinho amigável no ombro. – Você estava tão desligado... Pensando em quê?

– Preciso mesmo dizer?

O jovem corou. E para que ninguém ali suspeitasse do que acontecera entre eles nas últimas 48 horas, trataram um ao outro como de costume. Tão delicioso quanto tudo que viveram, era fazer segredo daquilo.

No dia seguinte, ambos foram para aula com entusiasmo redobrado. Ao se verem, novo sorriso bonito *pintou* seus rostos, sinal de que estavam felizes novamente por estarem lado a lado.

– Que dia lindo, não? – perguntou Hugo, voltando os olhos para o céu e respirando fundo.

– Eu sabia que você ia me dizer isso.

– Sabia, como assim?

– Intuição! Enquanto vinha pra cá, pensando em você, disse para mim mesmo: O Hugo deve estar achando esse dia perfeito. É a cara dele: céu azul, sol dourado, ar puro...

– Christopher, você me conhece mesmo muito bem.

– Também, depois de tantos anos juntos.

– Pois é.

Risos e Christopher perguntou:

– Você já fez o trabalho de geografia?

– Estou fazendo. Pra quando é mesmo?

– Pra sexta. Eu já terminei o meu.

– Até lá eu termino.

O sinal tocou e Hugo perguntou:

– Que aula temos agora? Física?! Ninguém merece! Estava pensando em pegar um cineminha esta noite, o que acha? Podemos ir na *caranga* do meu avô. Ele não vai se importar.

– É, mas nem eu nem você temos carteira de motorista. Se a polícia nos para...

– Podemos arriscar.

– Sei não.

– Não custa nada. – Hugo nunca se sentira tão seguro na vida como nos últimos dias. – Pego você às dezoito.

– Não! É melhor eu me encontrar com você na sua casa. Se o meu pai vir a gente, saindo de carro, vai chiar.

– Você tem razão. *Te* espero lá em casa, então.

– Que filme vamos ver?

– Eu estava pensando em ver aquele novo com a Julia Roberts.

– Gosto dela. Boa ideia!

Naquela tarde, Hugo se concentrou no trabalho que deveria ser entregue na sexta. Primeiramente fez um rascunho e se alegrou com o resultado. Nada mal. Bem melhor do que esperava. Na verdade, dez vezes melhor do que esperava.

Fora um dia produtivo, terminara tudo antes da hora projetada e só lhe restava tomar um banho, vestir algo *bacana* e aguardar Christopher chegar para irem ao cinema.

Na hora exata, com pontualidade britânica, Christopher apareceu. Vestia um jeans e sua camiseta predileta, aquela que por mais velha e feia que tenha se tornado, poucos conseguem se desapegar. Os cabelos claros estavam devidamente arrepiados com gel e o perfume não era mau.

– Você *tá* um *gato,* Christopher – elogiou Hugo assim que o viu. – Literalmente, um *gato.*

– Você também, Hugo.

De fato, o jovem estava mesmo muito bonito, vestindo uma bermuda branca e uma camiseta verde azulada.

Depois de Amadeu repetir alguns conselhos importantes para a segurança dos dois na estrada, ambos entraram na *caranga* e partiram. O motor da geringonça engasgou por pelo menos umas dez, doze vezes, até pegar.

– Oba! – gritaram Hugo e Christopher, batendo as mãos no alto, como se faz quando algo de positivo acontece.

A seguir, aumentaram o rádio na FM e foram *curtindo* e cantando as canções transmitidas ali. Ao ouvirem Celine Dion cantando *Because you loved me,* os dois se esgoelaram, tornando-se naquele instante, os dois *backing vocals* mais desafinados da Austrália. Mas tudo era festa. Um bom motivo para se divertir e ser feliz.

No cinema, quando as luzes se apagaram, Hugo cochichou ao ouvido de Christopher.

– Cuidado. Não me responsabilizo por meus atos a partir de agora.

– Se comporte, estamos num lugar público e cercado de pessoas.

– Foi por isso que escolhi sentar aqui no fundão, seu bobo. Para ficarmos à vontade.

– O quê?!

Hugo riu e, enquanto pegavam a pipoca de dentro do cesto, na maioria das vezes, ele segurava a mão de Christopher, provocando-lhe sensações de prazer e vergonha ao mesmo tempo. Conclusão: os dois mal prestaram atenção ao filme, empolgaram-se mais com o que podiam fazer, a dois, no escurinho do cinema, do que propriamente com o que Hollywood tinha a lhes oferecer.

Voltaram para casa com o rádio nas alturas, admirando a noite que estava linda, repleta de estrelas e um luar sem igual. Então, Hugo deu seta para a direita, indicando que iria sair da estrada.

– Ei, onde você está indo? – quis saber Christopher, surpreso com a sua manobra.

– Levá-lo para ver a lua por um outro ângulo.

– Ah, é?

– Sim, *senhor.*

Num lugar ermo, Hugo estacionou o veículo, jogou a cabeça para trás e suspirou, aliviado. Procurando pela lua no céu, Christopher perguntou:

– Daqui não dá pra se ver lua alguma, Hugo.

O amigo riu e olhando maliciosamente para ele, respondeu:

– E você acreditou mesmo no que eu disse? Foi só uma desculpa para poder chegar aqui, onde podemos ficar mais à vontade.

– À vontade pra quê, Hugo?

– Preciso mesmo dizer?

– A gente não deve, Hugo. O que *rolou* entre nós foi apenas uma experiência, devemos esquecer o que se passou e...

Sem paciência para ouvir seu discurso demagogo, Hugo o beijou, fazendo-o se entregar totalmente para ele, em questão de segundos. Sob o intenso luar daquela noite tão mágica, os dois trocaram carícias ao som de *I finally found someone* dueto de Barbra Streisand e Bryan Adams. Foi mais uma noite marcante na vida dos dois jovens despertos pela arte do amor.

8

AMANDO EM
SILÊNCIO

No dia seguinte, logo que chegou à escola, alguns colegas foram falar com Hugo sobre a prova de matemática que haveria naquela semana, mas Hugo sequer se deu ao trabalho de fingir que os ouvia, estava tão abobado, rindo à toa, com os olhos brilhando de felicidade, que os colegas logo começaram a fazer piadas com ele.

– Alguém se deu bem ontem à noite – falou um dos colegas, dando uma piscadela maliciosa para um outro. – Está que não se aguenta em pé.

Todos riram e caçoaram de Hugo que, sequer se avermelhou diante dos comentários maliciosos.

– Quem é ela, Hugo? Diz aí! – perguntaram seus colegas em coro.

Ele gostaria de dizer, de berrar, para todo mundo ouvir, a verdade, mas não podia, por causa do preconceito e da intolerância espalhada pelo mundo. Se pudesse contaria a todos, com grande satisfação, o que estava acontecendo entre ele e Christopher e o quão maravilhoso era aquilo tudo.

Na semana seguinte, os dois decidiram matar aula para irem a uma praia lindíssima nas proximidades da cidade em que viviam. Lugar onde poderiam se curtir mais à vontade e ficar, até mesmo nus se quisessem. Não foram num sábado nem num domingo, porque o lugar aos finais de semana ficava lotado de visitantes e o tempo poderia não estar tão bom quanto naquele dia.

Não deu outra, com a praia vazia os dois tiraram a roupa e se jogaram ao mar. Deslizaram por sobre as ondas, rindo muito e se divertindo à beça. Depois, andaram pela praia e foram relaxar ao sol. Christopher deitou-se de costas e Hugo ficou ao seu lado, sentado, com o queixo apoiado nos joelhos, admirando o amigo que, naquela posição, lembrava um anjo caído do céu.

Quando Christopher se deu conta do que ele fazia, voltou-se para ele e perguntou:

– O que está se passando por essa cabecinha, hein?

– Bobagens, melhor guardar só pra mim.

– Ah, é?

– Sim. – E abrindo um novo sorriso para o adolescente, Hugo acrescentou: – Já lhe disse o quanto eu acho bonito os seus lábios? São perfeitos. Rosados. Macios. Deliciosos...

– Não, Hugo, você nunca me disse.

– Pois é. Entre uma torta de limão e eles... Eu fico... Com a torta de limão!

– Ah, é, seu safado?!

Christopher não deixou por menos, saltou sobre Hugo e disparou a lhe fazer cosquinhas pelo corpo todo, deixando o jovem vermelho de tanto gargalhar.

– Para! Para!

Levou tempo até que Christopher tivesse realmente pena do rapaz.

– Ufa! – suspirou Hugo, aliviado.

Os dois então se deitaram lado a lado, de barriga para cima, com os olhos atentos ao infinito. Ao longe, as ondas do mar morriam na praia, provocando um som agradável aos ouvidos dos jovens. O murmúrio das gaivotas a voar por ali, também caía bem aos seus ouvidos. Alguns minutos de silêncio e Hugo se abriu mais uma vez com o amigo querido:

– Tenho pensado muito em nós, Christopher. Em tudo isso que está acontecendo com a gente.

– É uma fase, Hugo. Vai passar.

– Você quer mesmo que passe, Christopher?

– É claro que sim, Hugo! A gente não pode viver dessa forma para sempre. Somos homens.

– Sim, Christopher, somos homens – como se ele precisasse lembrá-lo disso.

A resposta do jovem foi como um banho de água fria nas suas emoções e planos para o futuro. Num tom repentinamente melancólico, Hugo comentou:

– Este lugar me dá a certeza de que não se precisa ter muito na vida para se ser feliz. Basta um lugar lindo desses, eu e você, juntos, e o resto que se exploda.

– E o futebol, Hugo? E o nosso sonho de ser rico e famoso como Johnny Warren e Craig Johnston?

– Nem isso é tão importante para mim, Christopher. Não depois que... Deixa *pra* lá.

E para recuperar o clima alegre entre os dois, Hugo jogou um punhado de areia na barriga tanquinho de Christopher que rapidamente revidou. Logo, os dois estavam a rolar pela areia úmida, numa inocente e divertida brincadeira.

A vida nunca fizera tanto sentido para Hugo Martini e Christopher Connell como nos últimos dias, apesar de Christopher ainda não ter se dado conta do fato.

Na escola, nos dias subsequentes, havia momentos em que Hugo precisava se controlar para não agarrar Christopher, abraçá-lo e beijá-lo na frente dos colegas de classe, de tão atraído que se sentia por ele. Durante os treinos de futebol, ao vê-lo sem camisa, suado e avermelhado pelo esforço físico, a tentação piorava.

Por sorte, quando um gol era marcado, os jogadores do mesmo time tinham por hábito, saltar uns sobre os outros, abraçando e beijando a face daquele que marcara o gol. Com isso, Hugo podia amenizar seu desejo, sem levantar suspeitas sobre a paixão que sentia por Christopher.

Depois de mais um treino de futebol, voltando para casa, lado a lado, os dois puderam novamente conversar abertamente.

– Estou a fim de *ficar* com você, Christopher – admitiu Hugo, com desejo transparente na voz.

– Hugo, seu bobo, você já está comigo – retificou Christopher, bem-humorado.

– Não desse jeito, seu bocó.

– Ah! – Christopher riu. – Esqueça! Não temos lugar para isso e, mesmo que tivéssemos, não seria certo a gente *ficar* novamente.

– Vai me dizer que você não está a fim?

– Não, juro que não! – a voz dele falhou.

– Sei...

Um minuto de silêncio e Hugo teve uma ideia:

– Podíamos ir *pra* sua casa, afinal, seu pai só volta à noitinha e...

– Lá não, Hugo! Pode ser perigoso.

– Por favor, Christopher – Hugo fez beicinho e foi o suficiente para convencer o amigo.

– Está bem, Hugo. Se você insiste.

– Como se você também não quisesse. Já está aí, babando de vontade.

E Christopher se avermelhou todo de vergonha, e puxando-o pelo braço, Hugo o desafiou para uma corrida.

– O último que chegar é a mulher do sapo!

E ambos dispararam a correr, jogando gargalhadas ao vento, até chegarem ao destino desejado. Ali, pouco importou quem chegou em primeiro lugar. Depois de rápida inspeção, visto que só havia eles na casa, ambos se agarraram e se beijaram, como se suas vidas dependessem daquele afeto tão necessário à alma humana.

– Adorei! – suspirou Hugo após se amarem.

– Foi tão bom assim?

– Bom assim, Christopher?! *Tá* tirando uma de mim? Foi ótimo! Vai me dizer que não foi bom pra você?

– Foi...

– Foi?!

– Aconteceu tudo tão rápido, Hugo, que não tive tempo de notar. Se repetirmos a dose, aí, talvez, eu possa lhe dizer com mais precisão.

– Sei... – zombou Hugo, finalmente compreendendo a piadinha do amigo.

Ver Christopher mais solto e mais empolgado com o que estava acontecendo entre os dois, fez Hugo ficar mais confiante desde então.

No dia seguinte, após o treino, lá estavam os dois novamente se amando, vigiados apenas pelos olhos sedutores da paixão. Pelos dias subsequentes, a história se repetiu e, cada vez melhor, aprofundando o elo que os unia pelo infinito do amor. Chegou o momento então, em que Hugo decidiu compartilhar com Christopher, o que estava realmente sentindo em relação àquilo tudo que se passava entre os dois.

– Christopher, eu tenho algo muito sério pra lhe dizer, não dá mais pra adiar.

Diante da seriedade do amigo, Christopher sentiu receio do que estava por vir. Com toda certeza na voz, Hugo afirmou:

– Christopher, eu sou gay. Não tenho mais dúvidas quanto a isso.

Christopher gelou e seu estado foi transparente. Tudo o que conseguiu dizer, foi:

– Ainda é muito cedo pra você saber, Hugo...

– Não, Christopher, não é mais.

– Então é melhor irmos falar com o pastor e...

– Não preciso disso, porque não me importo em ser o que sou.

– Ser gay, Hugo, é imoral, indecente, um pecado mortal. É o que todos dizem.

– Errado, Christopher, errado é a guerra que mata milhares de soldados, devastando o coração de muitas mães, destruindo lares e mais lares... Imoral, é o estupro, a pedofilia e o abuso sexual. Indecente, é se mostrar diante do outro como sendo moral e dentre quatro paredes, fazer tudo o que julga ser imoral.

– De onde foi que você tirou essas conclusões?

– Venho refletindo um bocado ultimamente a respeito, Christopher.

Os olhos do adolescente se tornaram ainda mais avermelhados de tensão. Com voz trépida, ele falou:

– Ser gay não é legal, Hugo. Todos que são, são eternamente achincalhados pelos outros nas escolas, pelas ruas ou no futebol!

A resposta de Hugo soou novamente rápida e precisa:

– Nada pode ser pior do que amar e não ser correspondido, Christopher. Amar e não poder viver esse amor intensamente.

– Hugo, suas palavras me assustam cada vez mais. Você está me assustando cada vez mais.

E para deixá-lo ainda mais perturbado, Hugo lhe perguntou, com todas as letras:

– Depois de tudo o que vivemos, você chegou a alguma conclusão a seu respeito?

Diante da vermelhidão cobrindo sua face, Hugo simplesmente disse:

– Relaxa, não precisa responder nada não.

– Eu não sou gay, Hugo. Não é porque eu e você *ficamos,* que sou um...

– Relaxa. Perguntei por perguntar. – Breve pausa e Hugo perguntou: – Só me diz uma coisa, com sinceridade. Se você fosse gay, apaixonar-se-ia por mim, como eu... me apaixonei por você?

Christopher novamente se viu sem chão.

– O que foi que você disse?

– Pois é, Christopher... Esse é o meu maior problema agora. Na verdade, nem sei se é um problema.

– Hugo! – exaltou-se Christopher no mesmo instante.

– É isso mesmo o que você ouviu, Christopher: estou apaixonado por você.

O jovem perdeu a cor.

– Eu tinha de lhe dizer, porque nunca guardamos segredo um do outro.

E diante do estado desesperado do amigo, Hugo falou, com pesar:

– Pelo visto, o fato de eu ter me apaixonado por você, incomoda-o profundamente, não?

– É que... – Christopher estava visivelmente atordoado. Procurando por palavras dentro de si que nem sabia se existiam. Tudo o que conseguiu dizer foi: – Isso que vivemos um com o outro, foi apenas uma experiência, Hugo, nada mais. Já lhe disse isso.

– Para mim foi bem mais do que isso, Christopher. Foi a descoberta, um encontro como o meu verdadeiro eu. Com quem sou, na alma.

– Tudo isso vai passar , pode crer.

Hugo deu de ombros.

– Você não respondeu a minha pergunta. Se você fosse gay, apaixonar-se-ia por mim, como eu me apaixonei por você? Sim ou não, Christopher?

O adolescente abaixou os olhos e virou a cabeça de lado.

– Pensei que me amasse como eu o amo. Sei lá, seus olhos me diziam isso. Mesmo sem ter certeza, confesso que desejei que fosse verdade.

– Eu o amo, Hugo, mas como um amigo, um irmão. Nada além.

– Está bem, Christopher. Não vou mais aborrecê-lo com esse tema.

– Por favor.

E diante do clima chato que ficou entre os dois, Hugo achou melhor partir.

– Eu já vou indo.

– É melhor! Vai que meu pai volta mais cedo para casa e...

– Até amanhã na escola, Christopher.

– Até amanhã, Hugo.

O tom de tristeza era nítido na voz de ambos.

Nos dias que se seguiram, a relação dois ficou visivelmente estremecida, Hugo tentava levar adiante, tudo numa boa, como antes, mas Christopher não parecia querer que isso acontecesse. Foi no vestiário, após mais um treino de futebol, quando restaram apenas os dois no local, que Hugo ousou novamente abordar o assunto.

– Eu estava com medo, na verdade, apavorado de me declarar para você e você se voltar contra mim, como vem acontecendo. Mas eu tinha de tentar, não conseguiria mais conter dentro de mim, meus sentimentos por você, Christopher.

O amigo ouviu tudo calado, sem interromper por um segundo sequer.

– Só queria que tudo voltasse às boas entre nós, Christopher. Pelo menos em relação a nossa amizade.

As palavras de Hugo atingiram Christopher Connell em cheio, mais uma vez. Tanto que ele pareceu temporariamente sem ação. Hugo então lhe disse adeus e ao lhe dar as costas, Christopher o segurou pelo braço e quando Hugo pensou que ele iria esmurrá-lo, ele simplesmente o beijou.

Foi como se o beijo os transportasse para um novo mundo, com novas cores e sabores. Então Christopher, com lágrimas nos olhos, contemplando amorosamente o amigo, desabafou:

– Não sei por que isso foi acontecer com a gente, Hugo. Por que exatamente comigo, só sei que... Eu também me apaixonei por você. Não quis admitir antes, porque ainda me custa aceitar que sou gay. "É uma fase, vai passar", disse eu para mim mesmo, ainda que soubesse que era mentira. Mas não quero mais fugir do que sinto, porque quanto mais eu tento, mais dor eu provo.

– Haverá sempre dor enquanto lutarmos contra o amor, Christopher. Com o amor não se luta, entrega-se. Porque é o amor é o bem mais precioso da vida.

– Eu sei, você sabe, e os outros?

– Deixe os outros para lá, Christopher. Pensemos em nós, somente em nós, pelo menos por ora.

– Se eu pudesse, eu já teria gritado para todo mundo ouvir: "Hugo Martini, eu o amo!". E o amo mesmo, Hugo. E não é de agora. Toda vez que eu o via no vestiário, suado, depois do futebol ou na praia, eu já me sentia atraído por você. Quando você me beijou naquela noite, no fundo, você realizou o que eu tanto queria e não encontrava forças para fazer.

Um sorriso vitorioso iluminou a face de Hugo que disse, radiante:

– Eu sempre soube, no íntimo, que você também me queria.

– Sim. Ainda que seja errado, arriscado e recriminado por todos, eu o quero.

– E serei seu. Ou melhor, já sou.

E sem mais declarações, Hugo puxou Christopher para fora do vestiário e quando lá fora, correram para casa do jovem onde podiam se entregar ao amor que os unia.

– Nunca tema o nosso amor – salientou Hugo, naquela tarde de reconciliação e declarações profundas. – Jamais se esqueça de que fazemos amor, não guerra. Amor é *pra* ficar, guerra é *pra* matar. Por isso, nunca se envergonhe do nosso amor. Nunca!

Christopher assentiu, sorrindo lindamente para o jovem cujo destino fez dele o seu melhor destino.

Naquele dia, Hugo voltou para casa sentindo-se novamente tranquilo e realizado. Saber que tudo entre ele e Christopher voltara às boas, que Christopher também o amava reciprocamente era bom demais.

Ele o amava sem saber ao certo o que era o amor.

Ele o queria, sem saber ao certo o que era o querer.

Se boa parte do mundo se empenhava em mergulhar o amor no esquecimento, no ódio, na intolerância, no preconceito e no racismo, ele faria o contrário. Faria amor, não guerra. Amor, sempre, guerra, jamais! Assim ditava sua alma. Assim ditava Deus.

Assim que Amadeu viu o neto chegando, esbanjando bom humor e entusiasmo, soube, definitivamente, que ele estava amando.

– Pelo visto, o amor está no ar.

– O que disse, vovô?

O homem riu:

– Disse que o amor está no ar, Hugo. Em outras palavras, que você anda caidinho por uma garota. Quem é ela, Hugo? É bonita?

E o adolescente sentiu vontade de dizer ao avô, que estava mesmo amando, que na verdade ja encontrara o grande amor da sua vida. Porém, achou melhor preparar o terreno, antes de compartilhar com ele, sua grande conquista.

9

MARGARETH MITCHELL

Mais uma tarde e lá estavam os dois jovens apaixonados na casa de Christopher, entregues ao amor, à paz, ao nirvana tão almejado pela alma humana. Só foram despertos por um barulho vindo da pequena varanda da casa, sinal de que havia alguém ali. Pânico total.

Lá fora, Margareth Mitchell, namorada de Charles Connell, apalpava os bolsos à procura da chave da casa. Ao descobrir um furo no bolso, percebeu que a mesma poderia ter deslizado para dentro do forro. Com certa dificuldade, ela a apanhou. Esse pequeno imprevisto deu tempo suficiente para Christopher e Hugo se vestirem e se posicionaram de frente para porta.

– Olá! – exclamou Margareth, surpresa por encontrar Christopher ali tão quietinho. – Pensei que não tivesse ninguém em casa. Estava tudo tão silencioso que... Você acredita que meu bolso estava rasgado e a chave...

Só então ela percebeu a presença de Hugo.

– Hugo, meu querido, tudo bem?

– Olá, Margareth. Tudo joia e você?

– Bem, também.

Só então ela se deu conta da tensão que transparecia na face de Christopher.

– Tudo bem por aqui? Aconteceu alguma coisa? O Christopher está com cara de quem viu um fantasma.

O rosto do adolescente se avermelhou ainda mais e Hugo, na esperança de descontrair o ambiente, falou com forçoso bom humor:

– O Christopher pensou que fosse um ladrão. Imagine só!

– Christopher, meu querido – continuou Margareth indo até a cozinha. – Vim trazer uns biscoitos *pra* vocês. Fui eu mesma que fiz. Deem-me um desconto se não estiverem bons, afinal, é a primeira vez que os faço.

Ou melhor, a segunda. A primeira tentativa foi desastrosa. Parecia pedra.

Ela riu e Hugo riu com ela. A seguir, ele cheirou o recipiente onde se encontravam os biscoitos e disse:

– Hum... O cheiro está bom!

– Prove, Hugo!

– É pra já! – empolgou-se o adolescente.

Voltando-se para Christopher, Margareth perguntou:

– E você, Christopher? Não vá fazer desfeita dos meus biscoitos, por favor!

– Não, Margareth. É claro que não.

– Acho bom.

Hugo foi o primeiro a provar e admitir:

– Está uma delícia!

– Fala sério?

– Seriíssimo, Margareth. Parabéns!

Os biscoitos estavam mesmo deliciosos, confirmou Christopher, após a segunda mordida:

– Bom mesmo, Margareth! Aprovado!

– Obrigada, meus queridos.

Ela esticou o rosto na direção de Christopher, para ganhar um beijo seu, e, depois na direção do Hugo, para também ser beijada por ele.

– Fui às alturas agora! Uau! – exclamou Margareth, lançando uma piscadela maliciosa para cada um dos jovens. – Ser beijada assim, por dois rapagões lindos como vocês... Hum!!! Que seu pai não nos veja, Christopher!

Ela novamente riu, fazendo os dois rirem com ela. Ainda assim, Christopher continuava tenso, receoso de que Margareth suspeitasse do que ele e Hugo estavam fazendo, antes de ela chegar.

Lançando um olhar ali e outro acolá, Margareth deu uma espiada no quarto do rapaz, como quem não quer nada. Christopher rapidamente se pôs a explicar, porque sua cama estava bagunçada e suas roupas jogadas ao chão.

– Não sou uma inspetora, Christopher – adiantou-se Margareth com bom humor. – Tampouco uma madrasta má de conto de fadas. Relaxe! A mim você não deve explicação alguma. Acho que nem seu pai se importa com o jeito que você organiza seu quarto. Importa-se?

– Não! Não mesmo, Margareth! – Christopher corou, enquanto Hugo se divertia com seu estado, endereçando-lhe olhares maliciosos e satíricos.

– Bom, eu já vou indo – anunciou Margareth abrindo um novo sorriso para os adolescentes. – Só passei mesmo para trazer os biscoitos. E Christopher, não precisa guardá-los para o seu pai. Você e o Hugo podem comê-los todos. Depois trago outros para o Charles.

Com uma piscadela amigável, Margareth Mitchell despediu-se dos jovens que a acompanharam, até o lado de fora da casa. Sem mais cerimônia, ela seguiu seu rumo, enquanto Hugo permanecia ao lado de Christopher, tentando pegar sua mão, algo que deixou Christopher muito irritado e sem graça. Subitamente, o jovem girou nos calcanhares e adentrou sua morada. Hugo, surpreso com sua reação, foi atrás dele.

– Christopher!

O rapaz estava transtornado:

– Margareth desconfiou de nós, Hugo!

– Que nada.

– Desconfiou, sim!

– Não, mesmo!

– Eu sabia que isso ia acabar mal. – Christopher, andando de um lado para o outro, desnorteado, completou: – E se ela nos pega na cama, Hugo? Me diz!

– Bem... Eu não sabia que ela tinha as chaves da sua casa.

– Pois é, eu também havia me esquecido disso.

– Margareth é muito legal. Ainda que tenha percebido alguma coisa, não dirá a ninguém. Não me parece ser do tipo de pessoa que adora pôr os outros em confusão. Tampouco me parece ser preconceituosa.

Christopher pareceu não ouvi-lo, cravando as mãos nos cabelos, num gesto de desespero, vociferou:

– Se ela conta pro meu pai!

– Christopher, calma! – Hugo o pegou pelo braço e pediu, firmemente: – Relaxe, *cara!*

Christopher, quase chorando, admitiu:

– Nunca senti tanto medo na vida como senti há pouco, Hugo.

– Não precisa ter medo.

– Mas eu tenho. Só não havia me dado conta do quanto, até minutos atrás. Não é só medo, Hugo, é pavor! Pavor de que alguém descubra sobre nós. Pavor do que vão falar de nós, pensar de nós...

– A princípio, eu também tive medo, não vou negar. Mas ao seu lado, Christopher, ao seu lado eu me sinto forte e capaz de enfrentar qualquer tipo de preconceito.

– Somos jogadores de futebol, Hugo, com grandes chances de nos tornarmos profissionais, se descobrirem que eu e você... – Christopher se arrepiou. – Nossa, não quero nem pensar. Poderemos perder a maior oportunidade das nossas vidas, tudo por causa...

Hugo o interrompeu:

– Por causa do amor imenso que sentimos um pelo outro? Eu pelo menos sinto por você, Christopher. Um amor que atinge as alturas!

– Mas e o futebol, Hugo?

– Não é porque dormimos lado a lado e fazemos amor, que deixaremos de conquistar as nossas metas, Christopher. Quaisquer metas!

– Só que futebol é coisa de homem, Hugo. Pra homem! Gays não tomam parte, gays não participam.

– Há gays também no futebol, Christopher. Você não os vê, tampouco se fala a respeito, porque são enrustidos.

– Sei não, Hugo.

– *Tô* falando!

Breve pausa e Hugo sugeriu:

– Precisamos mesmo é de um lugar para nos amar, sem correr o risco de sermos interrompidos. Onde possamos ficar à vontade, *de boa!*

– Só se for no mato! – respondeu Christopher impaciente.

Hugo mordeu os lábios, pensativo, procurando por uma solução que por mais que ansiasse, não vinha ao seu encontro.

– Eu ainda vou descobrir um local ideal para nós, Christopher. Deixa comigo!

Sem mais, os dois se despediram e Hugo voltou para a casa, tentando localizar, em pensamento, o tal local ideal para ele e Christopher se encontrarem e se amarem, sem correr riscos de serem flagrados por qualquer um e a qualquer hora. Passou a noite pensando naquilo, mas foi somente no dia em que ele e Christopher voltavam do treino do futebol, que ele finalmente encontrou o que tanto procurava. Seus olhos brilharam, excitados.

– O que foi? – estranhou Christopher sua repentina parada.

– Já sei! – respondeu Hugo, radiante. – Já sei onde podemos nos amar, sem sermos descobertos. Você me disse, certa vez, que seu pai tem as chaves do trailer do Senhor Taylor, não disse?

– Sim. Ele as guarda para qualquer emergência.

– Pois então...

– Então?!...

– É o lugar perfeito para fazermos nossos encontros.

– No trailer do Senhor Taylor?! Aquela velharia?!

– É. A gente dá uma *faxinada* no lugar e... Lá ninguém vai nos aborrecer, Christopher. É o lugar ideal.

– Será?

– Acredite.

– É... Podemos tentar.

– Podemos e vamos tentar! Onde estão as chaves? Onde seu pai as guarda?

– Em casa.

– Então, vamos lá pegá-las!

E Hugo disparou a correr, seguido por Christopher, contagiado pelo seu entusiasmo. Depois de apanharem o que precisavam e alguns produtos de limpeza, os dois seguiram até o veículo que não estava tão sujo quanto esperavam encontrá-lo.

– Pensei que isso aqui estaria uma imundície – comentou Christopher, sendo interrompido a seguir, de forma surpreendente por um beijo relâmpago de Hugo Martini.

A seguir, nada mais foi dito senão palavras de afeto, desejo e paixão. Ali, ambos se amaram, impulsionado pelos hormônios fervilhantes do apogeu da juventude. Só mesmo quando seus corações retomaram o ritmo normal, é que ambos voltaram à realidade.

– É um trailer até que espaçoso – comentou Christopher, inspecionando o veículo.

– É, sim – concordou Hugo, ainda sob o efeito do nirvana. – Saiba que eu viveria com você, num trailer desses, numa boa, pelo resto da minha vida. A vantagem de morar num, é que poderíamos visitar qualquer canto do país, sem precisar de hotel ou pousada.

– Que ideia tentadora, Hugo.

– Não é?

Dessa vez foi Christopher quem tomou a iniciativa de beijar o companheiro.

– Já pensou, nós dois, lado a lado, viajando de trailer pelos quatro cantos da Auastrália? – comentou Hugo, empolgado. – Não somente da Austrália, mas do mundo todo!

– Opa! Modesto, você.

– *Pra* que ser modesto, Christopher, se podemos ser grandes?

– Hum...

– E tem mais! Depois de eu e você ganharmos fama com o futebol profissional, não vamos rodar a Austrália e o mundo num trailerzinho chumbrega como esse. Não, *senhor!* Nós vamos comprar o mais confortável e equipado trailer do planeta para isso. O melhor!

57

– Você acha mesmo que podemos chegar a tanto, Hugo?

– Sim, Christopher, pois não somos nós somente, que precisamos de um contrato com um grande time, eles também precisam de jogadores bons como nós.

– Isso é verdade.

– Quase tudo o que eu digo é verdade, Christopher. Aprenda isso.

– Ah, é?

– Sim!

Num movimento rápido, Christopher agarrou o amigo e o dominou, como faria um exímio lutador de UFC. Dessa vez, Hugo se deu por vencido.

Novo beijo, novo sorriso, e mais um nirvana foi alcançado pelos dois.

Ao perceberem que já era noite, ambos, com todo cuidado possível deixaram o trailer. A precaução foi tomada para não serem vistos por algum passante que, pudesse questionar o que ambos faziam ali, trancafiados em propriedade alheia.

– Relaxa – falou Hugo, descolado como sempre. – Se alguém nos vir, vai pensar que viemos aqui pra fumar um baseado. Se questionarem, você diz que veio à mando do seu pai, para saber se estava tudo certo com o veículo.

– É... Você tem razão – concordou Christopher, ao perceber que seriam explicações plausíveis.

E para irritar o amigo-amante, mais uma vez, Hugo falou:

– Christopher, eu sempre tenho razão. Aprenda isso, por favor!

Christopher, avermelhando-se todo, explodiu numa gostosa gargalhada.

10
LOUCOS E
APAIXONADOS

Na balada do fim de semana, lá estavam Hugo e Christopher sob os olhares atentos das garotas que eram simplesmente loucas para namorá-los.

– Esse Hugo só quer saber de se divertir, só quer saber de aventuras! – comentou uma das meninas, já cansada de tentar seduzi-lo.

Os mesmos comentários foram feitos em relação a Christopher.

– O Christopher segue na mesma *vibe* do Hugo. Só quer saber de *ficar, ficar...* Não quer nada sério com nenhuma de nós.

– Sorte daquelas que conseguirem fisgá-los.

– Ou má sorte! – retrucou a outra. – Porque lindos como são, serão sempre assediados por mulheres. E como homem nenhum se segura diante de uma bela cantada... Babau!

E as amigas concordaram, desapontadas.

Enquanto isso, na pista de dança improvisada na garagem da casa onde ocorria o bailinho, Hugo e Christopher dançavam uma música romântica, cada qual com sua garota da vez. Dois pra lá, dois pra cá, e pelos olhos, ambos se admiravam discretamente à distância, compreendendo, por meio do olhar, o que cada um estava pensando a respeito do outro naquele instante. Falavam pelos olhos a respeito do amor imenso que crescia e explodia no peito de cada um, como fogos de artifício em virada de ano à beira mar.

Assim que tiveram oportunidade, os dois, discretamente foram para o banheiro da casa e se fecharam ali. A sós, podiam se abraçar e se beijar, feito namorados loucos de amor. Sussurravam, para que ninguém nas proximidades pudesse ouvi-los.

Ficaram ali, por aproximadamente vinte minutos, até realizarem seus fetiches mais apropriados para o local. Quando saíram, foram surpreendidos por Baby Garber, olhando interrogatoriamente para ambos.

– Vocês por acaso estão usando drogas? – perguntou a garota, sendo o mais direta possível.

Hugo e Christopher se entreolharam.

– Não! – foi Hugo quem respondeu e secamente.

– Então, o que faziam trancafiados no banheiro?

Hugo fez uma careta:

– Baby, como você é xereta.

– Sou?!

– Eu e o Christopher estávamos *mijando*. Sabe o que é isso?

Dessa vez foi a garota quem fez uma careta.

– *Tá* contente, agora? Fui!

E puxando Christopher pelo braço, Hugo o conduziu de volta à pista de dança, onde cada um pegou uma nova garota para dançar de rosto colado.

Desde o dia em que os dois se descobriram apaixonados um pelo outro, tornou-se surpreendentemente difícil para ambos, concentrarem-se nas aulas; até mesmo nas das matérias de que mais gostavam.

Christopher sabia que, Hugo, por muitas vezes, mantinha-se olhando para ele, concentrado em seu perfil, ainda que de forma discreta, o que lhe era prazeroso e ao mesmo tempo, não, pois lhe tirava a concentração e os professores poderiam notar. Todos então saberiam da intimidade crescente entre os dois, e o que vinham fazendo quando a sós, sob o domínio do desejo.

Ao tentar reprovar Hugo por aquilo, num local e hora mais adequados, Hugo mais uma vez *desmontou* Christopher enquanto ele falava. Embaralhou seus cabelos, fez careta, provocando-lhe risos e suspiros. Christopher até que tentou se manter sério diante de suas criancices, mas não conseguiu. Por fim, beijou-o e se fez sincero como ele novamente:

– Não adianta! Você não tem jeito mesmo.

– Só você para me dar jeito, seu bobo.

– Só eu, mesmo?

– Só! E sou o *cara* mais feliz por saber que só você tem esse poder.

E antes que Christopher pudesse dizer mais alguma coisa, Hugo lascou-lhe um novo beijo, deixando-o novamente rendido aos seus encantos.

Semanas depois, durante uma aula vaga, Christopher tocou uma canção para Hugo no teclado que era usado durante as aulas de música na escola. Tocar teclado era outra grande paixão do adolescente, no qual vinha se tornando cada vez melhor. Ao ouvirem o som, Baby Garber e Vanessa Harper juntaram-se aos dois e por conhecerem a letra da canção, puderam cantá-la enquanto Christopher a executava no instrumento. A letra dizia:

Eu te busquei por tanto tempo
E te encontrei em meio ao vento
Que Deus soprou por um momento mágico, místico, lindo
Infinitamente zen, meu bem...
Quando eu te sinto é que eu tenho coragem
Pra dizer que te amo, que você é a minha paz.
Quando eu te sinto é que eu me sinto à vontade
Pra dizer que te amo... Que sem você não dá mais.

Tão envolvidas ficaram as garotas com a cantoria que nem notaram a troca de olhares entre os dois amigos, muito menos perceberam que aquilo era uma forma de declaração de amor da parte de Christopher para Hugo.

11

SONIA MENDOZA

Sonia Mendoza estava mais uma vez na cidade para rever o filho adorado. Ter de viver longe dele não lhe era nada fácil. Um exercício contínuo de paciência e introspecção da alma.

– Christopher, meu filho! – exclamou a mãe, abraçando o jovem que já estava dezoito centímetros mais alto do que ela. – Que saudade!

– Também estava, mamãe. Não sabia que vinha. Pegou-me de surpresa.

– Quis mesmo lhe fazer uma surpresa, Christopher – Ela afastou o rosto para vê-lo melhor. – Você cresceu e está ainda mais bonito.

O sorriso dele, tímido e inseguro, fez a mãe pensar que ele havia se apaixonado por uma bela e interessante jovem.

– Incrível, como o tempo voa. Ontem você era um bebê. Um garotinho lindo e arteiro. Hoje, já é um homem barbado.

O abraço se repetiu ainda mais forte e, lançando um olhar de desprezo para o interior da casa, Sonia perguntou, com descaso:

– Por onde anda o imprestável do seu pai?

– Trabalhando como sempre.

Ela pareceu não ouvi-lo, simplesmente mudou de assunto:

– E o futebol? Cada vez mais craque? Como vão as negociações para o contrato seu com um grande time?

– De vento em popa, mamãe! Dirigentes de um dos times mais importantes do país estiveram aqui na semana passada, exclusivamente para ver eu e o Hugo em campo, durante uma partida. Depois demonstraram ainda mais interesse em nos contratar.

– Contratar você e o Hugo?

– Sim! O Hugo é tão bom jogador quanto eu, ou até melhor. Acredite!

– Nenhum outro é melhor do que você, Christopher. Não seja modesto.

Nisso, ouviu-se a voz de Hugo soar dentro da sala.

– Nesse ponto sua mãe tem toda razão, Christopher.

Mãe e filho se voltaram para a porta da frente da casa.

– Desculpe, a porta estava aberta e... – Hugo, sorrindo esplendidamente foi até Sonia e a cumprimentou: – Como vai a senhora?

– Bem e você?

– Bem também – respondeu o jovem, lançando um olhar maroto para Christopher que, corou até a raiz dos cabelos. Ainda mais quando Hugo lhe deu um soco amigável no deltóide, como fazem as novas gerações.

Sonia já conhecia Hugo Martini de longa data, mas nunca antes se incomodara com a amizade dele com o filho. Pareciam muito mais íntimos do que da outra vez em que os vira juntos. Mais íntimos e mais carinhosos um com o outro.

A hipótese de os dois estarem tendo um caso raiou no céu dos seus pensamentos, fragilizando Sonia por inteira. A suspeita lhe pareceu algo semelhante ao inferno. Não podia ser verdade. Ela só podia estar imaginando coisas.

Contudo, se o filho estivesse realmente tendo um romance com seu melhor amigo de infância, ela não suportaria chorar em segredo mais essa desventura. Lutaria contra, com todas as garras, pois já estava cansada de ser vítima das mais cruéis reviravoltas da vida, muitas das quais, suportara calada, mais por orgulho do que propriamente por honra.

Despertando de suas mais pungentes preocupações, Sonia Mendoza procurou respirar fundo para manter a calma. Era o melhor, pelo menos por ora.

O plano de ficar junto com Christopher naquela manhã, havia ido por água abaixo, percebeu Hugo ao encontrar Sonia na casa do namorado. Por isso, ele logo inventou uma desculpa para explicar sua ida até lá e partiu.

Levava consigo, o olhar desconfiado que Sonia mantivera sobre ele, durante os poucos minutos que estivera na sua presença. Teria ela desconfiado dos dois? Impossível. Eles agiram tão naturalmente. Sempre foram amigos... Que ela não perturbasse Christopher com aquilo. Se fizesse, ele poderia pirar.

Assim que se viu novamente a sós com o filho, Sonia, com fingida alegria falou:

– Agora me fale das garotas, Christopher. Já deve estar interessado numa, não é mesmo? Como se chama, onde se conheceram? Conte-me tudo!

Para proteger a si mesmo, bem como a Hugo, que tanto amava, Christopher decidiu fazer uso de uma mentirinha para o próprio bem:

– Vanessa! O nome dela é Vanessa, mamãe, e ela é um encanto de garota. Nos conhecemos na escola já faz algum tempo.

– Quer dizer que já estão namorando, é isso? – Sonia nem esperou o filho confirmar. – Que maravilha! Sou louca para ter netos! Pelo menos dois. E conto com você para isso, Christopher. Porque você é meu único filho. Nunca se esqueça disso!

– Eu sei, mamãe.

– Acho bom mesmo você saber. Agora venha cá e me dê um abraço.

Em meio ao abraço, Sonia respirou um pouco mais aliviada.

– E quanto ao tal do Hugo? – perguntou ela a seguir. – Ele também já tem namorada?

– Não, que eu saiba.

– Hum... – murmurou a mulher, maldosamente. – Estranho, não acha? Ele já está com dezesseis, dezessete anos de idade e ainda não tem uma garota.

– Estranho por que, mamãe? Outros amigos nossos, da mesma idade ou até mais velhos do que nós também não namoram.

– Acontece, filho, que homem que não namora, algum problema tem. Se for feio, é até compreensível que tenha dificuldades para conquistar uma garota. Mesmo assim, se ele for homem de verdade, não tardará a encontrar uma. Agora, quando o jovem é bonito e saudável que nem o Hugo, e não se vê ele com garota alguma é porque ele realmente tem problema...

– O Hugo não *transa* drogas, mamãe. Se é isso o que a senhora está pensando, relaxe!

– Antes fossem drogas, Christopher. Antes fossem!

O rosto bonito do rapaz escureceu.

– Antes fossem?!

– Sim, porque drogas é algo que se resolve fácil, diferente de... Vou me fazer bem mais clara com você do que estou sendo. Esse tal de Hugo, por acaso, é gay?

– O Hugo?!

– Ele próprio! Ele, por acaso, é *bicha, viado, boiola?* Responda!

– Não! Não, que eu saiba.

A hesitação do filho, a vermelhidão cobrindo seu rosto, e seu tremor nos lábios, foram o suficiente para Sonia compreender que o garoto mentia. Hugo de fato era gay e Christopher tentava protegê-lo, por serem amigos há muito tempo. Ou Hugo já dera em cima de Christopher e só agora ele percebia a gravidade daquilo.

— Christopher, meu filho, você e esse tal Hugo já... — ela enviesou o cenho e fez cara de nojo. — Você e ele já... Eu nem consigo terminar a frase.

— Não, mamãe. É claro que não!

— De qualquer modo, quero que se afaste dele. Sinto que ele não é boa companhia para você. Na verdade, ele pode ser uma péssima influência na sua vida.

— Mas eu e o Hugo somos amigos de longa data. Desde os sete anos de idade.

— Não importa! Não quero mais vê-lo na sua companhia.

— O que vou dizer para ele, quando ele perceber que o estou evitando?

— Não sei, invente uma desculpa, vire-se! Contanto que se afaste dele.

O jovem não demorou mais do que dez segundos para concordar com a mãe:

— Está bem, mamãe, vou fazer o que me pede.

Sonia, com pesar tamanho voltou a falar:

— Esse mundo está perdendo a noção do ridículo, Christopher. Com os gays recebendo apoio e mais apoio da mídia e dos defensores dos direitos humanos, o planeta está virando uma pouca vergonha. Isso não é certo, filho. Não é! Homem nasceu para amar uma mulher e a mulher para amar um homem, ponto final. Dois homens ou duas mulheres, juntos, são um pecado mortal, uma afronta a Deus, um pacto com o diabo. Mais uma das artimanhas do demo para destruir a dignidade humana. Por isso, Christopher, cuidado com todo jovem que lhe pareça gay, ou que seja realmente assumido. Caso tentem se aproximar de você, evite-os a todo custo. Eles vão querer levá-lo para o mau caminho, destruir sua honra e dignidade. Não permita! Corte sempre o mal pela raiz. Gays só querem anarquizar a sociedade e destruir as famílias, não merecem respeito.

O adolescente novamente engoliu em seco. As palavras da mãe causaram tão grande impacto em seu interior, que ficarem ecoando por toda noite, até mesmo pelos sonhos que teve naquela madrugada.

Visto que partiria no dia seguinte, Sonia Mendoza foi atrás de Hugo em sua casa, naquele mesmo dia, para ter uma palavrinha com ele. Ao vê-la em frente a sua morada, a mulher fez sinal para ele se aproximar.

– Dona Sonia, a senhora aqui?! – assustou-se o jovem. – Aconteceu alguma coisa com o Christopher?

Sonia respondeu secamente:

– Não, Hugo, mas pode acontecer, se você não se afastar dele!

O adolescente arregalou os olhos, tomado de apreensão e a mulher completou, severa:

– É isso mesmo o que você ouviu, moleque! Quero vê-lo fora da vida do meu filho, o quanto antes!

– Eu e o Christopher somos amigos há tanto tempo, ele é como um irmão para mim.

Ela simplesmente ignorou sua defesa:

– Você não vai levá-lo para o mau caminho, não vou permitir!

– Calma, Dona Sonia. O que foi que eu fiz?

– Vi muito bem o modo como olhou para o meu filho, quando esteve na casa dele. Não sou boba. O meu filho é homem, ouviu? Homem! Se você quer difamar sua vida, faça por si só.

A mulher estava furiosa.

– Por isso, deixe o Christopher em paz! Não é um pedido, é uma ordem!

Sem mais palavras, Sonia Mendoza partiu, deixando Hugo boquiaberto com sua aparição e reação. Ao voltar-se para trás, Hugo avistou o avô, sob o batente da porta da frente da casa, olhando curiosamente na sua direção.

– O que deu nela, Hugo? Por que estava tão histérica? – perguntou Amadeu olhando com atenção o semblante do neto – É a mãe do Christopher, não é? Por que ela o quer longe do filho dela?

– Essa mulher é uma louca, vovô!

Amadeu se fez direto mais uma vez:

– Você e o Christopher, por acaso, estão envolvidos com drogas?

– Não, vovô, é claro que não! Somos esportistas, sabemos o quão nocivo seria o uso de drogas para o nosso desempenho nos jogos.

– Bom ouvir isso de você, Hugo. Muito bom, mesmo. Mas há tantos jovens perdidos por aí, no mundo das drogas que são capazes de convencer muitos outros a tomar parte dessa loucura...

– Eu sei, vovô. Mas o senhor pode ficar tranquilo, sei bem como evitá-los.

– Então, o que tirou essa mulher do sério?

– Acho que ela está com receio de eu ser o único contratado pelo time de futebol profissional que está interessado em mim e no Christopher.

– Ah, sim! Pode ser isso mesmo! Tomara que isso não aconteça. Porque se apenas um de vocês dois for contratado, sua amizade com Christopher pode ser destruída por causa disso.

Hugo se arrepiou:

– Não, vovô, isso nunca! Nada vai me fazer brigar com o Christopher. Caso ele seja contratado e, eu não, aceitarei o fato numa boa. Torcerei pelo sucesso dele.

– E ele, Hugo? Como reagirá se for você o único contratado?

– Creio que da mesma forma que eu, vovô. Somos *parsas*. E tem mais, vovô, só vou assinar com um time profissional, se o Christopher também assinar. Caso ele não seja contratado, não o farei.

– Seria mesmo capaz de jogar para o alto, uma oportunidade dessas, por causa de um amigo?

– Para mim, vovô, o Christopher é bem mais do que um amigo. É um irmão de alma.

E os olhos de Hugo se encheram d'água.

12
SUSPEITAS

Uma hora depois, Charles Connell voltava para sua casa, depois de um dia exaustivo polindo e consertando os cascos dos barcos dos pescadores da região.

– Sonia! – espantou-se ele, ao encontrar a ex-esposa ali, aguardando por sua chegada. – Cadê o Christopher?

– Saiu! Foi buscar algo no supermercado para mim. Pedi que fosse, para que eu pudesse conversar a sós com você.

– Sobre o quê?

– Assunto do seu interesse. Tanto seu quanto meu.

Ele estudou minuciosamente o semblante da mulher que disse, sem delongas:

– Quero falar do nosso filho, Charles. Do nosso filho!

– Desembucha!

Ela precisou respirar fundo para ter coragem suficiente para abordar o assunto:

– Você não notou nada de estranho com o Christopher, ultimamente?

– Algo de estranho? O quê, por exemplo? Se é sobre drogas, duvido que ele esteja envolvido com alguma. O Christopher é muito certinho, muito *cabeça no lugar*. Completamente careta. Sou capaz de pôr a minha mão no fogo por ele.

– Antes fosse isso, Charles. Antes fosse!

As mãos de Sonia se crisparam de ansiedade.

– Então diga logo o que é, mulher – tornou Charles impaciente. – Tenho mais o que fazer!

– Tem pai que é cego, mesmo! – respondeu Sonia com raiva do sujeito.

– Cego?!

– É, Charles. Cego! Aquele rapaz, o tal do Hugo. O que anda sempre com o Christopher.

– Sei. O que tem ele? É boa gente, pode estar certa disso. Foi criado pelos avós, é um garoto e tanto.

– Você não acha estranho que ele e o Christopher vivam colados um ao outro, o dia todo?

– Garotos dessa idade sempre têm seus melhores amigos e... – ele parou no meio da frase. – Espere aí, onde você está querendo chegar?

– Exatamente aí onde você pensou.

Houve uma pausa apreciável antes de Charles Connell voltar a falar.

– Bobagem sua, Sonia! – O tom de Charles era abertamente incrédulo.

– Será mesmo?

– É obvio que é! – retrucou ele enfezado. – Você é quem está imaginando coisas. Com essa sua mente...

– Espero mesmo que tudo seja fruto da minha imaginação, Charles – adiantou-se Sonia com redobrada impaciência. – Porque se não for...

Charles se enfezou ainda mais:

– É óbvio que é, sua tonta! É só você olhar para o Christopher e para o Hugo, para saber que os dois são machos. Só praticam coisas de macho, se portam como machos.

Ela bufou.

– Um dos motivos que me fez deixar esse menino com você, Charles, foi para que ele não crescesse sem a presença de um pai ao seu lado, o que muito poderia prejudicá-lo no futuro. – Explicou ela austeramente. – Se mesmo assim, ele não cresceu como um adolescente normal, a culpa é sua, Charles. Mais uma vez, a culpa é toda sua!

O queixo do homem tremeu de raiva. Havia amargura e exasperação em sua voz ao dizer:

– Você é quem quis ir embora desta casa, destruiu o lar do nosso filho e a culpa é toda minha? Sei...

Ela respondeu como um raio:

– Fiz isso para ter uma vida mais digna. Inclusive para o meu filho no futuro.

– Grande vida essa que você desejou para si, Sonia.

– Uma ambição sadia nunca fez mal a ninguém. Você não tem ambições porque para realizá-las é preciso empenho e trabalho. É preciso realmente pôr a mão na massa e você, meu caro, nunca gostou de pegar verdadeiramente no batente.

– Cale sua boca, vai!

Ela se sentou e seu rosto empalideceu, enquanto seu corpo tremia por inteiro. O silêncio caiu pesadamente sobre os dois. Houve uma longa pausa até que ela voltasse a encarar o ex-marido e dissesse:

– Se for mesmo verdade o que eu penso, Charles... Você vai dar um jeito no nosso menino. Vai cortar o mal pela raiz, o quanto antes. Vai separá-lo desse amiguinho dele e pô-lo na linha. Está ouvindo? Não vou aceitar um filho... Eu nem consigo dizer a palavra.

A mulher sacudiu a cabeça, em sinal de impotência. Charles Connell, com os olhos brilhando de pura incredulidade voltou a defender o filho:

– Sonia, o Christopher é homem. Macho de verdade Pode ter certeza disso!

– Espero mesmo que seja, Charles. Depois de tudo o que já passei nessa vida, ter um filho... Não vou aceitar. Não, mesmo!

– Ele não é *viado,* pode estar certa disso. *Viados* se portam como mulher. Tem trejeitos... Não falam, miam, e andam rebolando.

– É, nesse ponto você tem razão.

– É obvio que eu tenho razão! Você *tá* se *encanando* com algo que não existe.

– Deus queira que eu esteja mesmo errada. Só de pensar que meu filho poderia ser...

– Mas não é!

– Mesmo assim, fique de olho nos dois, é tudo que eu lhe peço.

Assim que ela se foi, Charles Connell acendeu um cigarro e fumou, pensativo, por um momento silencioso.

Quando Christopher voltou para casa, encontrou o pai sentado na pequena e humilde varanda, bebendo vodca no gargalo da garrafa como tanto lhe aprazia.

– Cadê a mamãe?

– A *jararaca* já foi.

– Nem me esperou?! Que estranho...

– Sua mãe não bate bem, Christopher.

O adolescente levou o que comprara para dentro da casa e só voltou à varanda, porque o pai o chamou.

– Christopher, sente-se aqui.

Charles lhe ofereceu um banco.

O filho, ainda que receoso do pai, aceitou o convite. A seguir, Charles lhe esticou a garrafa de cerveja para que ele tomasse um gole.

– Beba!

Diante da indecisão do adolescente, o pai insistiu, severo:

– Beba!

O jovem, sempre submisso ao pai, acatou a ordem. O gosto era ardido, mas o teor logo acalmou seus nervos. Assim ele disse:

– O que será que deu na mamãe? Pediu-me para ir ao supermercado para ela e nem esperou pelas compras.

O pai não lhe respondeu, simplesmente lhe endereçou um olhar severo e questionou:

– Você e o Hugo não estão, por acaso...

O espasmo no olhar do adolescente foi notável. Então, sua mãe havia compartilhado suas suspeitas com seu pai. E agora?

Charles repentinamente gargalhou:

– É lógico que não! Só mesmo a tonta da sua mãe para pensar numa coisa dessas. Imagine só, meu filho que eu criei como macho, fazendo indecências com outro macho. Só mesmo na cabeça doentia da sua mãe, para passar uma ideia dessas. Não sei por que ainda me espanto com ela, ela nunca teve mesmo a cabeça no lugar.

Christopher guardou silêncio, enquanto o pai suspirava de alívio, diante de suas próprias conclusões.

– Você é macho, Christopher! Macho como eu, seu avô, seu bisavô e todos os nossos ascendentes. Macho e ponto final! É, ou não é?

Ainda que em pânico, o rapaz conseguiu responder à pergunta:

– Sim, papai, é claro que sim!

– É isso que eu queria ouvir. Sei também que o Hugo é macho, pelo menos me parece ser; mas se não for, e ele, por acaso, der em cima de você... Uns socos bem dados na cara e no estômago serão mais do que suficientes para fazê-lo não mais se meter a besta contigo. Ouviu?

– Ouvi, sim, papai.

– Que bom! Não tenho mesmo por que me preocupar, pois sei bem o filho que criei.

Horas depois, Sonia Mendoza chegava a casa onde vivia com seu segundo marido, em Sidney. Não levou muito tempo para que George Romero percebesse que a esposa estava tensa e emocionalmente abalada com algo.

– Ei, *belezura*, o que foi? Você não me parece nada bem, o que houve?

71

Ela, seriamente pensou em ocultar do marido, o que tanto a aborrecera na sua visita à Mona Vale, mas não conseguiu. Acabou se abrindo:

– Tive um contratempo com o meu filho. Algo que me deixou bem chateada.

– Algum problema de saúde?

– Não, não!

– Drogas! São sempre elas a conturbar a vida dos filhos e, consequentemente, dos pais.

– Antes fossem!

– Deus meu, o que pode ser pior do que ter um filho viciado?

Ela tomou ar e, com raiva, explicou:

– O Christopher tem um amigo muito ligado a ele, desde os seis, sete anos de idade. Os dois cresceram juntos, estudam juntos, estão sempre unidos...

– Um amigo do peito é sempre um amigo do peito, Sonia.

– Exceto se ele for gay.

– Gay?! – George enviesou o cenho.

– Sim, estou quase certa de que Hugo Martini é um *viadinho* de merda e andou dando em cima do meu Christopher. O Christopher é tão bobo, tão bobo que... Fui mesmo uma tola em ter concordado que ele ficasse morando com o inútil do pai dele. O que eu podia esperar de um filho, criado por um homem sem cultura, incapaz de qualquer coisa?

– Calma Sonia, você apenas supõe que o rapaz seja gay, não tem certeza, não é mesmo?

– Nem preciso ter. Estou certa de que é, sim! Um garoto problemático, criado pelos avós, perdeu os pais ainda menino...

– E daí?

– E daí que os avós não devem ter-lhe dado uma educação devida.

– Você não acha que está julgando demais as pessoas?

Sonia deu de ombros e bufou. George arriscou mais um palpite:

– Se esse tal de Hugo for mesmo gay e o Christopher não, nada entre os dois vai acontecer. Pode estar certa disso.

Sonia novamente bufou, enquanto seus olhos se avermelharam ainda mais de tensão.

– Agora... – continuou George com cautela. – Vamos supor, apenas supor, tá? Que o Christopher também seja gay. Isso faria com que você o amasse menos?

Sonia explodiu:

– O que é isso, George?

– Só estou perguntando. Calma!

– Os filhos dos outros até podem ser *viado* se quiserem, o meu, não! Não seria justo! Já nasci pobre, meu primeiro marido é um fracassado, sem ambição, sem vida e sem dignidade; tive de recomeçar minha vida noutra cidade, enfrentando o desconhecido, para viver com um pouco mais de conforto e prosperidade, o que me obrigou a viver longe do meu filho que tanto amo... Minha cota de desafios impostas pelo destino, já foi mais do que o suficiente. Por isso, não aceito ter um filho gay. E não terei. Nunca!

– Eu entendo você, Sonia. Esse é o pensamento da maioria dos pais deste mundo.

– Quero ter netos, George. Quero também dizer, para qualquer um na rua, o quanto eu sinto orgulho do meu filho por ele ser homem, verdadeiramente homem.

– Quer dizer que se ele for gay, você não sentirá orgulho dele?

– Não! Só mesmo, pena! Não por uma questão religiosa, mas porque não é isso que eu quero para ele.

– Para ele ou pra você, Sonia?

– Ora...

– Responda-me: para ele ou para você?

– Para nós dois!

Ela bufou e George Romero se achegou a ela.

– Pare de fazer tempestade em copo d'água, Sonia!

– Se o problema fosse com o seu filho, George, aí você entenderia o meu desespero.

O sujeito achou melhor não dizer mais nada. Sabia que a esposa só ouviria opiniões que compactuassem com as suas. Calado, ele pouparia a ambos de qualquer desgaste inútil. Para encerrar o assunto, ele apenas lhe sugeriu:

– Só vou lhe dar um conselho, Sonia. E acho bom você segui-lo à risca. Comporte-se no seu trabalho, senão vai perdê-lo. E as gorjetas lá, valem a pena, você sabe.

– Por que está me dizendo isso?

– Porque é uma lanchonete frequentada por muitos gays. Se eles souberem o quanto você é preconceituosa, perderá fregueses e até mesmo, o próprio emprego.

– George, eu já lhe disse! Os filhos dos outros até podem ser *viados* se quiserem, só o meu que não! Simples assim. Agora, se é uma questão de opção sexual, por que esses *viadinhos* insistem em fazer a opção errada?

Isso é que mais me revolta. É muita burrice.

– Talvez porque não seja uma questão de opção, Sonia.

– Como não?!!

– Por acaso, você já soube de alguém cuja vida lhe perguntou: "Você opta por ser gay ou heterossexual?". Nunca houve essa pergunta, as pessoas simplesmente se descobrem gays. Se fosse mesmo uma questão de opção, diante do tamanho preconceito que existe no mundo, a maioria, certamente, optaria por não ser gay para não sofrerem. Há alimentos que você não gosta desde criança, muitos nunca provou, só de vê-los, dá ânsia. Isso mostra claramente que já nascemos com nossos gostos definidos.

– George, você é *viado*, por acaso?

– Sonia?!

– É que você sabe tanto sobre gays, defende tanto essa pouca vergonha, que já estou ficando desconfiada.

– Defendo os negros também e, nem por isso sou preto. Defendo cachorros desamparados em geral e, nem por isso sou cachorro.

Ela fez beiço.

13
Insegurança

Desde o alerta do pai e da mãe, Christopher não quis mais continuar seu romance com Hugo. Na manhã de segunda, durante as aulas, passou a evitar o *amigo* de todas as formas e, durante o treino do futebol, só lhe dirigia as palavras necessárias, referentes ao treino.

Hugo não se aguentou calado por muito tempo e assim que deixaram a quadra onde treinavam, foi atrás do jovem e disse:

— Christopher, o que está havendo? Pode me responder.

— Minha mãe suspeita de nós e agora meu pai, também suspeita, porque ela encheu a cabeça dele a nosso respeito. Ela não aprova, ele não aprova, ninguém aprova uma relação como a nossa, Hugo. Entende?

— A única coisa que eu entendo, de verdade, Christopher, é que eu amo você e você me ama, ponto. Ou você deixou de me amar, por causa do que seu pai ou sua mãe pensam a respeito de um relacionamento como o nosso?

— Antes pudesse. Seria mais fácil. Acredite!

— Devemos renunciar ao nosso amor, por causa desse novo empecilho?

— Amor, Hugo?! É amor mesmo o que sentem dois *caras* como nós?

— Claro que sim, Christopher! E você sabe muito bem disso. Não seja ignorante, por favor! Sempre o achei muito inteligente.

— Acho mesmo é que devemo-nos afastar um do outro, como minha mãe sugeriu. Mesmo porque, uma relação como a nossa está condenada ao ostracismo, já que nenhum casal gay pode viver abertamente numa sociedade como a nossa. Apesar de todo progresso alcançado nos últimos tempos, o preconceito ainda fala mais alto.

Hugo foi novamente perspicaz na sua resposta:

– Deixe que o amor fale mais alto, Christopher, não o preconceito. E ouça meu plano. Sua mãe não mora aqui, certo? Só aparece por essas bandas, uma ou duas vezes a cada seis meses, correto? Quando ela vier, afastamo-nos um do outro. Fingimos que não temos mais a mesma ligação de antes e ponto.

– Pensei nisso também, Hugo, mas ela pode descobrir a nossa armação. Com certeza vai perguntar ao me pai sobre nós, se temos nos visto e ele confirmará que sim.

– Mas Christopher, estudamos juntos, na mesma classe, treinamos futebol, também lado a lado, é impossível deixar de nos vermos.

– Eu sei. Mas...

O rapaz abaixou a cabeça e quando voltou a encarar Hugo, seus olhos estavam tristonhos e lacrimejantes:

– É melhor mesmo darmos um tempo, Hugo. Por favor.

– Não precisa ser assim, Christopher. Nós dois podemos ser mais fortes do que tudo, acredite.

Ao tentar tocá-lo, Christopher se afastou.

– Ficou louco?! Alguém pode nos ver.

– Calma.

– Não consigo.

– Vamos redobrar os cuidados.

– Vamos mesmo é dar um tempo, Hugo. Por favor!

Sem mais, Christopher se afastou, estugando os passos, deixando Hugo entristecido mais uma vez, por ver os dois se separando novamente, por causa do preconceito. Em todo caso, se era de um tempo que Christopher precisava para aceitar os fatos e a vida que poderiam ter juntos, ele lhe daria esse tempo. Dali, Hugo voltou para casa, prometendo a si mesmo, manter o bom humor e a esperança de que tudo entre eles voltaria às boas em breve.

Chegando a casa, a fim de ficar só, Hugo disse ao avô que tinha de estudar e, por isso, ficaria em seu quarto, dando conta das obrigações. Amadeu estava tão entretido com o jogo de futebol pela TV que nem notou que o neto estava entristecido com algo.

No seu quarto, Hugo trancou a porta e tentou se concentrar nos estudos. Ao perceber que não conseguiria, vasculhou suas bugigangas até encontrar seu velho *diskman* onde colocou seu CD favorito de roque para tocar. O seu e de Christopher. Ambos gostavam tanto do álbum, que sabiam de cor a letra de todas as canções que ele continha. Mesmo desafinados, muito desafinados, sempre que podiam, cantavam cada uma delas juntos com o cantor, a toda voz.

Deitado na cama, Hugo aconchegou sua cabeça no travesseiro, pôs os fones de ouvido e deixou o volume no máximo, a ponto de arder os tímpanos, pelo simples propósito de silenciar as vozes que perturbavam sua mente. Que alívio seria, se o som naquela altura pudesse interromper seus pensamentos, desviando seu foco daquilo que tanto o preocupava.

Mais alguns minutos e começou a tocar a única faixa romântica do CD, uma daquelas de arrebentar o coração dos românticos e apaixonados. Quantas e quantas vezes, ele e Christopher não cantaram aquilo, em tom debochado, olhando um para o outro? Agora, no entanto, a canção não era nada agradável de ouvir, era triste e melancólica.

Ah, como ele gostaria de ter Christopher para sempre, sem que ele tivesse medo de ser feliz ao seu lado, pouco se importando com o que qualquer um pudesse pensar a respeito dos dois como namorados, amantes e apaixonados.

Isso fez Hugo desligar o *diskman* e orar, para que tudo entre os dois voltasse às boas o quanto antes. A seguir, foi tomar seu banho. Nada como um para relaxar. Naquela noite, entretanto, teve dificuldades para dormir, só conseguiu mesmo, quando vencido pelo cansaço. Mesmo assim despertou às cinco da manhã, quando um pesadelo o fez saltar estabanadamente da cama. Atordoado, tentou recuperar o sono, virando de um lado para o outro na cama. Por fim, levantou-se e foi tomar um novo banho.

No café da manhã, a avó lhe perguntou:

– Você dormiu bem? Está com cara de quem passou a noite em claro.

Para não preocupá-la, Hugo mentiu, esperando não ser pego na mentira.

– É claro que dormi, vovó.

O tom e o olhar inseguro do adolescente, voltado para Martha Martini, não a convenceram. Amadeu, também se preocupou com o jovem ao vê-lo naquela manhã.

– Hugo! Você está bem? Parece-me tão branco.

– É, vovô... – para o avô ele não conseguiria mentir. – Hoje não estou mesmo num dos meus melhores dias.

– Algum problema? Posso ajudar? Eu e sua avó estamos aqui para isso.

– É por causa da prova de física que vou ter essa semana. Não gosto de física, nunca gostei, por isso, estudar a matéria é sempre um martírio

77

para mim.

– Converse com a professora. Peça ajuda.

– Vou tentar. Obrigado pela dica.

Hugo chegou à escola naquele dia, ansioso para rever Christopher. Se meio dia longe dele já fora difícil de enfrentar, um dia inteiro seria insuportável. Uma semana, então, um caos. Durante todas as aulas, Christopher se manteve sério, evitando o *amigo* como fizera anteriormente quando se desentenderam. Ao final do treino de futebol daquele dia, Hugo não mais se aguentou. Assim que deixaram a quadra, seguiu Christopher e disse:

– Sei que me pediu um tempo e que lhe prometi dar esse tempo, mas... Preciso lhe falar.

– Hugo, isso foi ontem.

– Eu sei, mas... Ouça-me!

E Christopher ouviu.

– Quero muito que saiba que o nosso amor foi o que de melhor aconteceu em minha vida nos últimos tempos. Onde quer que eu vá, estou pensando em você, revendo seu corpo encaixado ao meu, como peças de um quebra-cabeça que quando juntas, na posição correta, revelam uma linda figura.

– Por favor, Hugo... Não fale assim.

– Falo, porque é o que sinto. Não vou mentir, não quero que haja mentiras entre nós.

Um respiro e ele completou:

– Eu entendo sua mãe, seu pai, qualquer um que reaja contra um relacionamento gay. Não é fácil aceitar o que sempre se ouviu dizer que é errado. Mas por amor e, com amor, Christopher, nós podemos fazê-los compreender que a gente realmente se ama e que isso não é o fim do mundo. Tampouco, uma vergonha. Acredite!

Christopher engoliu em seco e Hugo foi além:

– Por isso lhe peço, do fundo do meu coração: não se afaste de mim. Não se afaste de nós. Eu amo você, você me ama. O que a gente mais quer, é ficar juntos. Portanto...

As palavras de Hugo atingiram Christopher em cheio mais uma vez.

– Você é fogo – admitiu ele, rendendo-se novamente ao amor que os unia.

Hugo sorriu, feliz novamente, deu um soquinho amigável no ombro do amigo e disse:

– Venha, vamos sair por aí... Como duas pipas ao vento.

Sendo assim, ambos seguiram até a casa de Hugo, onde apanharam duas bicicletas e saíram pedalando, com Hugo à frente, falando alto, rindo e esbanjando felicidade. Uma hora depois, foram para o trailer onde se amaram mais uma vez, trocando palavras de amor, afeto e paz.

14
APAIXONADOS

Desde que ele e Christopher Connell haviam reatado o namoro, Hugo Martini voltou a dormir feliz, os treinos voltaram a render e a cada novo jogo, ambos continuavam se destacando no time do qual faziam parte. Nas festinhas na casa dos colegas, eles continuavam tirando as garotas para dançar, algo que muito os divertia e até os excitava.

No baile de formatura do terceiro colegial da escola que frequentavam, que se realizaria na quadra coberta do próprio colégio, os dois combinaram de ir juntos. Christopher chegou à casa de Hugo exatamente na hora marcada.

Ao ver o jovem, vestindo o terno emprestado do pai, que muito alinhava seu corpo, os olhos de Hugo brilharam.

– Você ficou excelente, Christopher. Tá um *gato*.

– Não é *pra* tanto!

– Falo sério, olhe-se no espelho e me diga, se você mesmo não se *pegaria*.

E mais uma vez Hugo fez Christopher rir.

– Eu me pegava! – admitiu Hugo falando de si sem modéstia.

Novos risos e, num movimento rápido, o jovem puxou o *amigo* para um lugar discreto e escuro perto da casa e confessou:

– A minha vontade agora é de lhe dar um beijo daqueles...

E antes que Christopher protestasse, Hugo fez o que pretendia.

– O baile, Hugo... – murmurou Christopher, quando o adolescente lhe deu um respiro.

– O baile?!

– É. Precisamos ir.

– É mesmo?

– É!

– O baile pode esperar, Christopher – murmurou Hugo por entre os mil beijos que derramava por sobre a face linda do namorado.

– Pode?

– Pode, não pode?

– Acho que sim.

A voz de Christopher soou dormente, e ao se projetar novamente, soou entorpecida:

– Hugo...

– Que o baile se exploda, Christopher! Nada vale mais do que estar com você. Pensando melhor: Que o mundo se exploda! Contando que eu e você estejamos juntos...

Mais uns beijos e Christopher se fez firme:

– Agora, venha! Aqui podemos ser vistos.

E finalmente Hugo cedeu. Ajeitou o terno e seguiu ao lado do jovem que já podia chamar, orgulhosamente de namorado.

Meia hora depois, os dois chegavam ao baile já tomado de jovens e pais dos formandos. Tanto Christopher quanto Hugo tiraram suspiros da maioria das garotas que se encontravam ali.

Não demorou muito para que ambos tirassem uma garota para dançar e se juntassem à pista de dança, já tomada de casais de todas as idades, dançando descontraidamente as canções que se tornaram populares no passado e na atualidade, tocadas por uma banda formada de alunos do próprio colégio.

Ao avistar Vanessa Harper, Christopher dispensou a garota com que dançara até então e fez dela sua parceira.

– Christopher, você está muito bonito – elogiou a jovem com sinceridade.

– Você também, Vanessa.

Vanessa se sentia realizada nos braços do jovem por quem era intimamente apaixonada. Estava tão entregue ao momento que nem se dava conta dos demais que dançavam ao seu redor.

Hugo também havia trocado de garota. Em seus braços se encontrava Baby Garber naquele momento, sentindo-se a tal por estar com o rapaz mais desejado do baile.

A próxima canção a ser tocada pela banda foi *Dream a Little Dream of Me,* gravada por Doris Day e regravada pelo grupo The Mamas & The Papas em 1968, uma das favoritas de Hugo. Por esse motivo, ele apertou Baby ainda mais forte contra seu peito, imaginando que ela fosse Christopher, com quem volta e meia trocava olhares a distância, olhares discretos, mas que diziam tudo a respeito do amor crescente que um sentia pelo outro.

Durante as músicas mais agitadas, muitas delas, sucessos dos anos 70, a *galera* se soltou e dançou descontraidamente, rindo muito e cantando alto as letras das canções. Durante o intervalo para a banda descansar, tocaram-se alguns sucessos do ABBA, The Carpenters, Bee Gees e Donna Summer. Mas quando tocou a versão original de *Endless Love* com Diana Ross e Lionel Richie, Hugo pensou no quanto a letra da canção traduzia seus sentimentos por Christopher.

Já era tarde quando os dois voltaram para suas casas, sob um luar intenso, mágico e apaixonante.

– Foi bom – comentou Christopher, feliz pela noite que teve.

– Foi, mas poderia ter sido muito melhor se nós...

E num repente, Hugo arrastou Christopher para um local discreto onde o beijou à vontade, expressando todo o desejo que sentia por ele. Pelo resto do caminho, seguiu cantando uma canção que ambos gostavam muito de entoar juntos:

Estava em busca de mim
Como sempre, sempre em busca de mim
Até errar de caminho
E ir parar no seu olhar
Também sozinho
Buscando um caminho pra se encontrar...
Que sorte que errei de caminho
Que sorte, diz você, por ter ficado sozinho...
Que sorte...
Nada nunca mais foi o mesmo
Hoje sigo a vida em meio a beijos
Trechos dos poemas que você declama pra me encantar
Todo dia como se a gente tivesse acabado de namorar

Apesar de tudo entre os dois ter voltado às boas, Christopher se mantinha tenso, com medo de que um de seus colegas, suspeitasse do que vinha acontecendo entre ele e Hugo. Percebendo sua tensão, Hugo, certo dia, quis brincar com o jovem. Durante um treino, deu-lhe uma palmada na nuca, surpreendendo Christopher, deixando-o vermelho como um pimentão.

– Um mosquito! Matei! – exclamou Hugo, fazendo uma de suas caretas mais divertidas.

– Um mosquito?! – Christopher arfou, avermelhando-se ainda mais, e provocando riso nos colegas de time.

Christopher queria simplesmente matar o Hugo naquela hora, pelo vexame que ele o havia feito passar. Ao partirem do treino, naquela tarde, Christopher se recusou a falar com o jovem novamente. Hugo, por mais que tenha tentado não rir da situação, explodiu numa gargalhada efusiva.

– Desculpe-me – pediu ele quando conseguiu se controlar. – Se você tivesse visto a sua cara.

Mais uns segundos de puro riso e Hugo se conteve:

– Pronto, passou! – e depois de respirar fundo, começou a assoviar maliciosamente, enquanto olhava para o perfil sério de Christopher, evitando encará-lo de todo jeito.

– Ei – Hugo o chamou. – Foi apenas uma brincadeira. Perdoe-me, vai!

Visto que Christopher se manteria carrancudo, Hugo o ameaçou:

– Se você não me perdoar, agarro você agora, na frente de qualquer um e a situação vai ser muito mais *vexamosa*. Pode crer!

– Engraçadinho você – falou Christopher pela primeira vez. – Divertindo-se as minhas custas.

– É que você estava tão tenso... Relaxe.

– Estava mesmo. Ou melhor, ainda estou. O medo de que descubram sobre nós...

– Há algo muito pior do que isso, Christopher.

– O que, por exemplo?

– Eu ficar longe de você e você de mim, por qualquer motivo que seja. Já pensou? É ou não pior? Portanto...

O rapaz teve de admitir, para si mesmo, que Hugo novamente tinha razão.

Dois anos haviam se passado desde que ambos haviam se apaixonado um pelo outro, por isso, combinaram de comemorar a data no trailer onde eles sempre se encontravam às escondidas. Compraram um champanha para brindar a ocasião tão especial entre os dois. Quando Hugo chegou ao local, vestindo uma camisa azul claro de mangas compridas e jeans desbotados, contrastando lindamente com seus olhos azuis, Christopher beirou o nirvana.

– Você está lindo – elogiou com voz de apaixonado.

– Você também – admitiu Hugo, olhando intensamente para o namorado, trajando uma camisa verde claro e uma bermuda bege, combinando muito bem com seu Reebok branco para ocasiões especiais.

Seu sorriso agradável lentamente se ampliou, até que não era mais simplesmente um sorriso, tornara-se algo mágico. Então seus lábios se aproximaram dos dele, trêmulos de emoção e o beijaram, como se aquele beijo pudesse uni-los pela eternidade. Com os olhos turvos pelas lágrimas, enquanto sua mão lhe acariciava suavemente os cabelos, Hugo confessou:

– Esses dois últimos anos foram certamente os mais felizes da minha vida.

E os olhos de Christopher simplesmente brilharam de amor e desejo, paixão e alegria.

Surfe, pescaria, camping, cinema e shows ao ar livre nas cidades vizinhas, caminhadas, trilhas, futebol, praia, baladas, quantas coisas eles haviam aproveitado juntos naqueles dois anos de namoro intenso e apaixonante.

Então a porta do trailer se abriu, repentinamente, porque haviam se esquecido de trancá-la e Charles Connell entrou. O que viu, atingiu-lhe o peito como um enfarto. O filho, seminu, com a cabeça deitada sobre o peito do amigo, envolvido em seus braços, enquanto Hugo beijava-lhe os cabelos.

O choque foi tremendo para os três.

– Pai! – exclamou Christopher, dando um salto.

Charles nada conseguiu dizer, tamanho era o baque.

– Não é nada disso, pai! – Christopher tentava se explicar, enquanto Hugo procurava ocultar sua nudez.

Charles, fuzilando o filho pelo olhar, segurava-se para não agredi-lo, tamanha a revolta.

– Pai! – repetiu Christopher em pânico.

Sem mais, Charles deixou o trailer e quando lá fora, grunhiu de raiva, ódio e revolta. Christopher vestiu-se tão rápido quanto Hugo e foi o primeiro a deixar o veículo.

– Papai! – tornou ele, assim que avistou Charles, tomando o rumo da casa onde viviam.

Hugo tentou dizer alguma coisa, mas o namorado, com um gesto de mão, pediu para ele se calar.

– Eu falo com ele. Só eu, sozinho. É melhor você ir!

Foi de fato o que melhor lhes pareceu naquele momento.

15
IGNORÃNCIA

Pelo caminho de volta a sua casa, Hugo, por diversas vezes, pensou em voltar, receoso do que Charles Connell pudesse fazer ao filho. De tão furioso que estava, poderia até mesmo matá-lo. A inquietação o devorava por dentro, aquilo não poderia ter acontecido, não daquela forma. Se Charles Connell um dia tivesse de saber sobre os dois, que fosse por meio de uma conversa civilizada.

Qual seria a reação de Christopher depois daquilo, isso era outro ponto a preocupá-lo. Ele temia ver o mundo de sonhos e fantasias que ele almejava para os dois, transformado em miragens num deserto sem fim.

Ao chegar a sua casa, o avô rapidamente se preocupou com o neto.

– Ei, mocinho, o que houve?

Hugo tentou mentir para Amadeu, para não preocupá-lo, mas não conseguiu. Gaguejou e nada saiu.

– Ei, calma! Sente-se aqui.

– O pai do Christopher... – desabafou Hugo, finalmente. – Ele se desentendeu com o filho e *tá* uma fera.

– Como você sabe? Estava junto dele, por acaso?

– Estava.

– O que será que o Christopher aprontou? – E olhando bem para o adolescente, Amadeu Martini disse: – Hugo, meu neto, você me jurou que vocês não fazem uso de drogas.

– E não fazemos mesmo, vovô. Já lhe disse isso!

Amadeu reforçou sua opinião sobre o vício:

– Drogas são um caminho sem volta, Hugo. Já perdi alguns amigos por casa delas.

– Eu sei, vovô. Pode ficar tranquilo. O problema entre o Charles e o

Christopher é que o Charles bebe muito e quando isso acontece...

– Este é outro grande problema de todos na humanidade, filho. Bebidas alcoólicas devem ser consumidas com moderação, em excesso podem causar danos irreversíveis a si próprio e a terceiros.

Breve pausa e Hugo tomou coragem de perguntar:

– O que é pior, vovô, em sua opinião, ter um filho envolvido com drogas ou gay?

– Ora, Hugo, que pergunta!

– É que estávamos debatendo isso outro dia na escola. Pesquisas mostram que muitos pais preferem ter um filho viciado ou alcoólatra a um gay. O senhor acha mesmo que isso possa ser verdade? É tão desumano.

– Nada mais no mundo me surpreende, Hugo. A maldade das pessoas continua intensa, em diferentes níveis, desde que o mundo é mundo. Intolerância, raiva, inveja, ódio e preconceito continuam permeando os alicerces da humanidade. Quando muitos afirmam que o que falta na humanidade, atualmente, é Deus no coração, concordo, pois Deus, sendo tão benevolente, é capaz de despoluir o espírito humano. Fazê-lo ser menos intolerante, raivoso, invejoso e preconceituoso.

Martha Martini entrou a seguir. Diante do seu olhar entristecido e lacrimejante, Hugo se assustou:

– Vovó, o que houve?

– Ouvi, sem querer, o que contou para o seu avô, Hugo. Que para muitos pais, segundo consta, eles preferem ter um filho alcoólatra ou viciado a um homossexual. Pior mesmo é perder um filho como eu perdi sua mãe; se esses pais soubessem a dor que é, jamais falariam um absurdo desses.

O rapaz se levantou e abraçou a avó. Ele também chorou em seu ombro.

Charles Connell continuava inconformado com o que descobriu sobre o filho. Criara-o sozinho com uma forte presença masculina e, mesmo assim... Como ele poderia ter se envolvido com um rapaz, tendo sido criado dessa forma? Como podia ter feito aquilo, sendo um jogador de futebol? Esporte de homem, de macho. Aquilo não fazia sentido. Além do mais, dera-lhe o nome de seu pai, que havia perdido muito cedo, como tudo mais em sua vida. Ele tinha de honrá-lo, não denegri-lo.

– Papai... – chamou Christopher, trêmulo de medo, parado sob o batente da porta da frente da casa em que viviam.

Charles tirou o catarro da garganta e cuspiu longe.

– Estou enojado – admitiu, com asco.

– Papai...

– Você e o Hugo...

– Eu e o Hugo, nós...

– Cale sua boca, seu *viadinho* de merda.

– Não fale assim, pai.

– Não criei filho meu pra ser *viado*. Eu não! – Charles era pura cólera e, tirando o cinto, completou, furioso: – Eu vou lhe dar uma lição, uma lição bem dada, *pra* você nunca mais esquecer que o que fez foi errado.

– Não, pai! Não!

E quanto mais o jovem suplicava, mais e mais o pai lhe dava cintadas. Por mais que se protegesse com as mãos, por muitas vezes, o cinto acertava-lhe a face. Sua pele sangrava, ardia e queimava de dor. Quando achou que a surra lhe fora suficiente, Charles Connell parou, enxugou o suor que escorria pelo corpo devido ao esforço que fizera e, disse, entre dentes:

– Se você não se afastar daquele *viado* por bem, fará por mal! Se eu pegá-los juntos novamente, eu mato os dois, ouviu? Mato os dois!

Sem mais, o pai se retirou para o quarto, sacudindo a cabeça, enquanto lágrimas de desespero e revolta escorriam por sua face. Fechou-se ali, batendo a porta com toda força. Depois de mais um gole de vodca, jogou-se na cama e procurou dormir.

No dia seguinte, ao acordar para ir trabalhar, Charles Connell encontrou o filho caído no mesmo local onde o deixou na noite anterior, coberto de sangue e em choque. Nem um pingo de arrependimento sentiu por vê-lo naquele estado.

Ao se encontrar com a namorada, no bar/restaurante da cidade onde ela trabalhava, Margareth Mitchell percebeu, de imediato, que algo de muito grave havia acontecido a Charles. Ele não queria falar a respeito, apenas disse que havia se desentendido com o filho e nada mais.

Pressentindo que algo de muito ruim havia acontecido a Christopher, Margareth pediu permissão ao gerente do estabelecimento para se ausentar, por uma hora ou mais, e correu até a casa do rapaz. Por ter as chaves, conseguiu entrar e, ao ver Christopher, estirado ao chão, desfalecido e todo ensanguentado, horrorizou-se.

Imediatamente chamou uma ambulância. Christopher era como se fosse um filho seu, uma das criaturas mais doces e amorosas que já conhecera em toda vida. Era lamentável vê-lo naquele estado. O rosto lindo e jovial havia sido destruído pelo ódio do próprio pai, o que era mais triste e ultrajante naquilo tudo.

Os médicos nunca puderam consertar inteiramente as fraturas da mão direita do rapaz. Sendo assim, ele nunca mais voltaria a tocar como antes, o teclado que tanto gostava. Essa fora sua primeira perda, a de muitas que ainda viria ter ao longo da vida.

Horas depois, ao confrontar Charles sobre o ocorrido, a resposta dele deixou Margareth ainda mais chocada diante de tudo.

– Christopher teve o que mereceu. Só assim é capaz de tomar jeito na vida. Meu pai me ensinou a ser homem na base do cinto. Aprendeu o mesmo com o pai dele que, certamente, aprendeu com o pai dele e, assim, sucessivamente.

– Charles, você acha mesmo que é surrando um filho que se educa? Surrando até quase levá-lo à morte?

– Acho! Com o meu filho, eu me entendo, Margareth. Eu o educo do jeito que eu achar melhor. O dia que você tiver o seu, aí você educa do jeito que lhe convier.

– Nada do que ele tenha feito justifica o que você fez, Charles. Saiba que posso entregá-lo à polícia por isso.

– Pois me entregue. Se eles forem realmente machos como eu, hão de me dar razão pela surra que dei naquele... filho da mãe.

Ele ia dizer *viado,* mas rapidamente substituiu a palavra por outra, por não querer que Margareth, nem ninguém soubesse do verdadeiro motivo que o levou a espancar Christopher daquela forma brutal. Mas Margareth Mitchell sabia, há muito que sabia do amor que unia Christopher a Hugo, que fora sempre seu melhor amigo desde criança.

Sem mais, ela partiu, verdadeiramente decepcionada com a reação do namorado. Seu próximo passo foi informar Hugo do acontecido.

Assim que soube, o rapaz correu para o hospital.

– Margareth! – exclamou o jovem, ao encontrá-la na sala de espera da UTI.

Os dois se abraçaram.

– Obrigado por ter me avisado.

– Você e o Christopher foram sempre tão amigos, Hugo... Eu tinha de avisá-lo.

– Eu não deveria tê-lo deixado sozinho com o pai – explicou Hugo, extremamente arrependido. – Sabia que ele poderia matá-lo.

– Pois é. Jamais pensei que o Charles chegasse a esse ponto. Sempre foi meio bronco, sem dúvida, mas nunca agressivo dessa forma.

Quando Hugo pensou em se abrir com ela, contar-lhe tudo o que se passava entre ele e Christopher, Margareth falou primeiramente:

– Eu sei, Hugo... Sei bem porque o Charles espancou o filho até quase a morte. Ele não me disse, mas eu sei. E não aprovo nem um pouco o que ele fez. Nenhum motivo é justo para qualquer nível de agressão. Além do mais... – ela se segurou para não chorar. – O que você e o Christopher sentem um pelo outro é amor e, amor é a coisa mais digna que existe nesse universo.

– Que bom que você nos compreende, Margareth. Obrigado, mais uma vez.

O abraço carinhoso entre os dois se repetiu.

– Você quer vê-lo, não quer? Vou pedir permissão à enfermeira-chefe. Mas se prepare, a aparência dele é pavorosa. É de cortar o coração.

– Mesmo assim, Margareth, eu quero vê-lo, preciso vê-lo, por favor!

Minutos depois, Hugo se aproximava do leito onde Christopher Connell estava prostrado, entubado, tão sem vida quanto um morto. Margareth se manteve ao seu lado, para lhe dar apoio diante daquele momento tão difícil.

– Se a gente não tivesse se esquecido de fechar a porta do trailer... – murmurou Hugo sem conter as lágrimas. – Nada disso teria acontecido.

– Não se recrimine, Hugo, cedo ou tarde, Charles teria de saber. Vocês não podem viver como dois marginais, tendo de esconder, 24 horas por dia, um amor tão lindo como o que sentem um pelo outro. Não é justo. A maldade é que deve ser sufocada e banida; a violência também, mas o amor... O amor tem de ser explícito para servir de exemplo aos que preferem fazer guerra ao invés de amor.

Hugo tocou de leve o braço do namorado e disse, baixinho, enquanto as lágrimas rolavam por sua face triste e amargurada.

– Estou aqui, Christopher. Você vai sair dessa. Precisa sair. Para que juntos possamos ser felizes, novamente.

16
A LÁGRIMA
NÃO É SÓ DE QUEM CHORA

Quando o jovem recebeu alta do hospital, Margareth estava ao seu lado e foi na sua companhia que ele voltou para casa. Ela não o deixaria regressar sozinho, não depois do que Charles fizera com ele.

Diante dele, inclusive, ela fez um alerta:

– Se você tocar nele, mais uma vez, Charles, eu o entrego à polícia. E farei sem pesar.

– Não tenho medo de você, Margareth.

– Acho bom ter – sentenciou ela bem segura do que dizia.

O sujeito não se deixou intimidar e quando ela partiu, cuspiu de lado e disse, com raiva:

– Ela pensa que me mete medo, coitada. Ainda está pra nascer a mulher que vai me dizer o que devo fazer ou não.

Ao notar a presença do filho, parado e cabisbaixo num canto da sala, Charles Connell novamente o olhou com repulsa. Queria mesmo era expulsá-lo da casa e só não fez, por perceber o escândalo e a vergonha que seria para ele, se todos descobrissem o verdadeiro motivo que o levara a tomar aquela atitude.

Em sua opinião, a verdade deveria ser ocultada de todos, a todo custo, especialmente de Sonia. Se ela soubesse, faria dele o único culpado por aquela desgraça.

As horas seguiram sem que o pai dirigisse ao filho uma palavra sequer. Pelo visto, seria assim por tempo indeterminado. Ambos jantaram naquela noite, com os olhares afundados no prato e prestando atenção ao noticiário da TV. Christopher quase não tocou na comida. Limitava-se a revirar os alimentos com o garfo, como se estivesse procurando por algo que jamais estaria ali. Mil questões perturbavam sua mente, enquanto a TV continuava a poluir o ambiente com notícias ruins.

Ao término do jantar, ainda que incerto se deveria ou não, Christopher perguntou:

– Posso tirar a mesa?

O pai se limitou a assentir e quando o adolescente se levantou para fazer o que pretendia, Charles, ríspido e autoritário, dirigiu-se a ele pela primeira vez, desde que ele voltara para casa.

– Só vou lhe dizer uma coisa, moleque. Se eu souber que você e aquele *viado* continuam de *teretete* na escola, você sai da escola, ouviu?

– E vou estudar aonde, papai? Não tem outra escola na cidade, não uma com ginasial.

– Ficará sem estudo. E se eu também souber que você e aquele depravado continuam amigos, durante os treinos de futebol, você também abandona o futebol.

– Mas eu adoro o futebol, papai. O futebol é a minha vida e tenho grande chance de ser contratado por um time profissional. Se eu for, poderei ganhar um bom dinheiro e, com isso, melhorar a nossa condição de vida.

– Isso para mim não importa. Não sou como sua mãe que nunca se satisfez com nada do que possuo. Para mim, tudo que possuo já é mais do que o suficiente para eu viver com dignidade. Se serve para mim, há de servir também para você.

– Mas papai...

– O aviso está dado. Quem avisa amigo é.

Depois do alerta do pai, o medo cresceu violentamente no coração de Christopher Connell. Ele sabia o quanto os estudos eram importantes para ele, tal qual o futebol que poderia sustentá-lo no futuro próximo.

Era Hugo ou a escola, Hugo ou sua ascensão no futebol, Hugo ou seus pais, felizes e orgulhosos de sua pessoa. Christopher novamente se recordou das palavras da mãe: "Sou louca para ter netos. Pelo menos dois. E conto com você, Christopher. Porque é meu único filho, não se esqueça disso."

A felicidade de sua mãe estava em suas mãos. A honra de seu pai, também. A paixão doentia por Hugo deixara o pai decepcionado com ele e, também deixaria a mãe, caso soubesse que suas suposições eram reais.

Não havia escolha, ele tinha mesmo de se afastar de Hugo, e, dessa vez, sem recaídas, sem reconciliações. Não só para alegrar os pais, mas para evitar também que o pai cumprisse o que lhe prometera, tomado de fúria: "Se você não se afastar daquele *viado* por bem, fará por mal! Se eu pegá-los juntos novamente, eu mato os dois, ouviu? Mato os dois!".

E aquele se tornou o maior objetivo de Christopher Connell desde então.

17
REVIRAVOLTAS E REVELAÇÕES

Ao ver Christopher de volta à escola, Hugo se sentiu menos aflito. Procurou sorrir para ele que se mostrava o mesmo de sempre diante de todos, apenas um pouco mais reservado do que o normal.

– Como vão as coisas? Você está melhor? – quis saber Hugo, juntando-se a ele.

– Sim. – O tom gélido de Christopher não agradou Hugo.

– Podemos conversar, depois do treino?

– Melhor não.

– Não?! Como não?

Nesse momento, Vanessa Harper se juntou a eles e Christopher passou a lhe dar toda atenção. Sua atitude caiu como uma martelada no estômago de Hugo, pois o *amigo* nunca lhe fora tão indiferente como naquele instante.

Durante o treino de futebol daquela tarde, Hugo estava tão desconcentrado que recebeu diversas reprimendas do treinador. No vestiário, Christopher sequer tomou banho para poder partir dali o quanto antes. Hugo foi ao seu encalço, alcançou-o na metade do caminho para sua casa.

– Precisamos conversar – disse, aflito.

Christopher pensou em ignorá-lo, apertando o passo, ou correndo para longe, mas o bom senso o fez parar e encará-lo. Foi firme ao dizer:

– Você tem razão, Hugo. Precisamos mesmo conversar. Tenho um pedido a lhe fazer, um muito sério: afaste-se de mim.

Hugo simplesmente riu na cara dele:

– Não, você não me pediria isso de novo, Christopher.

– Pois dessa vez é pra valer!

O pedido, reforçado, atingiu Hugo em cheio novamente:

– Por que está fazendo isso comigo, Christopher? Por que está fazendo isso com a gente?

A resposta dele foi imediata:

– Por quê?! Você ainda me pergunta por quê?

– Desde o início nós sabíamos que não era certo o que estávamos fazendo e insistimos no erro.

– Insistimos no nosso amor, Christopher. No amor verdadeiro que sentimos um pelo outro.

– Nunca foi amor, Hugo. Tratou-se apenas de uma experiência, uma indecência, um pecado mortal.

– Fizeram uma lavagem cerebral em você, foi?

– Depois da surra que tomei do meu pai, percebi definitivamente o quanto eu estava errado. Se eu tivesse ouvido o alerta da minha mãe, me afastado de você como ela me aconselhou, não teria apanhado tanto. Tampouco teria causado tanto desgosto para o meu pai. Nem a ele nem a minha mãe, caso um dia ela saiba que ele nos pegou juntos no trailer. Por isso...

Hugo lamentou tudo o que ouviu:

– Não pode ser. Há mais de uma semana você dizia que me amava, agora, quer me ver distante.

– Porque eu não estava raciocinando direito.

– Raciocinando?!... Que papo cabeça é esse, Christopher?

– Chega, Hugo! Não insista, por favor!

– Pois não vou insistir, mesmo! Saiba, porém, que você acabará sozinho se continuar agindo assim. Sozinho e infeliz.

– Terminou? Tchau!

– Tchau!

Cada um seguiu uma direção oposta. Para Hugo, o rosto de Christopher lhe roubava o pensamento. Sua falta de sinceridade provocava-lhe náusea. Para Christopher, ele havia feito o melhor pelos dois. Ainda que lhe doesse na alma, ter de se separar do *cara* que ele tanto amava, fazia aquilo para protegê-lo. Se lhe dissesse a verdade, que seu pai havia ameaçado os dois, caso os pegasse juntos novamente, Hugo haveria de ir tirar satisfações com Charles e, aquilo, poderia terminar em morte. Se Charles fora capaz de quase matá-lo numa surra, não hesitaria em fazer o mesmo, caso fosse contrariado.

Pelo caminho, a fim de espairecer, Hugo decidiu ir até a praia para, quem sabe, tomar um banho de mar e refrescar as ideias. Sentia seu corpo arder até a alma, como se estivesse preso a um inferno invisível de chamas. Isso fez com que ele corresse para dentro da água, não se importando com a profundidade ou correnteza do mar, com nada além do desejo de querer abafar a dor que sentia com tudo aquilo.

Horas depois, Amadeu Martini consultava mais uma vez o relógio digital sobre a estante da sala. Dezenove horas e nem um sinal do neto. Martha também estava preocupada. Dispensando novas conjecturas, o homem partiu em busca do adolescente pelas redondezas. Assim, foi dar na praia onde o encontrou sentado, com o rosto todo riscado de lágrimas.

– Hugo – chamou o avô, aproximando-se dele com cautela.

O chamado trouxe o jovem de volta à realidade à sua volta.

– Vovô – ele tentou sorrir, mas a tristeza não lhe permitiu.

– Estava preocupado com você, filho – completou Amadeu, achegando-se a ele. – O que houve? O que o aborrece tanto?

Sem coragem para encarar Amadeu, Hugo fechou os olhos e abaixou a cabeça.

– Sou seu avô, Hugo, você pode contar comigo, sempre. Confie em mim.

O jovem fixou os olhos num ponto distante e tentou dizer:

– É tão difícil para eu falar a respeito, vovô.

– Tenho todo tempo do mundo para você, meu neto. Fale quando se sentir pronto para falar.

Hugo fechou os olhos até espremê-los e derramar novas lágrimas. Até então, nunca havia se dado conta do quanto lhe era difícil falar sobre ele e Christopher, para alguém tão próximo e querido como o avô. Por fim, ele conseguiu articular meias palavras para se expressar:

– Eu e o Christopher, vovô... Eu e ele...

– Brigaram?

– Também.

– Não se preocupe. Amigos verdadeiros superam desentendimentos. Pode crer!

– Não é bem isso, vovô...

– O que é então, Hugo?

– Eu e o Christopher nos amamos... É isso! Nos amamos!

Amadeu, sorrindo, respondeu:

– Então será muito mais fácil para vocês voltarem às pazes, superarem o desentendimento.

Hugo finalmente teve coragem de encarar o homem ao seu lado, para poder se explicar melhor; fazê-lo entender o que ele talvez jamais conseguisse.

– Eu e o Christopher, vovô, nos apaixonamos um pelo outro já faz algum tempo. Desde então, nos tornamos namorados, entende? Dois *caras* que se amam. Que se beijam, se tocam...

O avô absorveu a informação sem demonstrar nenhum choque. Apenas disse:

– Hugo, meu neto, é natural ficar confuso nessa idade, mas isso passa com o tempo.

– Não vai passar, vovô. Pensei o mesmo no começo, mas não adianta, sou louco pelo Christopher.

Amadeu novamente ouviu suas palavras sem julgar.

– Se isso não passar, Hugo, é porque assim deve ser. Devemos aceitar.

Breve pausa e Hugo explicou:

– O pai do Christopher pegou a gente juntos e deu uma surra nele. Foi isso o que verdadeiramente aconteceu naquela noitc, em que eu cheguei em casa, esbaforido. Eu só o deixei sozinho, naquela hora, porque ele insistiu muito. Parti contra a minha vontade. Queria ter ficado ao lado dele, para defendê-lo, vovô.

Hugo enxugou as lágrimas no dorso das mãos e prosseguiu:

– O Christopher apanhou tanto do pai, tanto, que foi parar no hospital onde ficou internado por dias. Depois disso, não quer saber mais de mim. Deve estar assustado, temeroso de que o pai faça novamente alguma coisa de ruim contra ele, caso a gente volte a namorar. Só que ele me ama, eu o amo e...

Amadeu foi novamente sincero em sua opinião:

– Quão estúpido foi o Charles por acreditar que se resolve alguma coisa por meio da violência. Esse é o grande mal dos homens, dos mais estúpidos, certamente. As guerras nascem dessa ignorância, Hugo. É deprimente.

Mesmo diante das palavras sensatas do avô, Hugo perguntou:

– O senhor deve estar muito decepcionado comigo, não é mesmo, vovô?

– Não, filho, é lógico que não! Você é meu neto querido, vou sempre amá-lo, não importa quem você escolha para amar.

– Não é questão de escolha, vovô. Se fosse, eu e o Christopher certamente optaríamos por levar uma vida normal, entre aspas, para evitar revoltas e violência da parte de qualquer um, como fez o pai dele.

O homem suspirou, tirando do peito toda indignação contida ali:

– O Christopher deve estar se sentindo acuado. Temeroso também de que o pai faça alguma coisa contra você, caso vocês voltem às boas. Sugiro a você, Hugo, que se afaste dele por um tempo, até o poeirão da discórdia abaixar.

– O senhor acha mesmo?

– Sim. A melhor forma de enfrentar um furacão é quando ele perde a força. Pode acreditar.

O apoio do avô fez Hugo se sentir mais animado.

– Vovô, o senhor é um *cara* e tanto. Obrigado mais uma vez pelo seu apoio.

– Eu vou apoiá-lo sempre, meu neto. Sempre!

Houve uma pausa e, então, o homem se levantou, encheu os pulmões de ar, expeliu e disse:

– Vamos para casa, Hugo. Se demorarmos mais, sua avó vai ficar preocupada em dobro. Por mim e por você.

– Vamos, sim, vovô.

E para lá foram os dois, trocando ideias, rindo, vez ou outra, das pertinentes observações que Amadeu Martini tinha sobre a vida. Ao adentrarem a morada, Martha logo veio vê-los, querendo saber o porquê da demora dos dois. Diante da desculpa inventada pelo neto, Amadeu sugeriu:

– Hugo, acho melhor você dizer a verdade para sua avó.

Tanto o rapaz quanto a mulher, gelaram.

– Que verdade? – agitou-se Martha, preocupando-se a olhos vistos.

Hugo se mostrou incerto quanto a falar. Amadeu, por sua vez, manteve-se apoiando-o por meio do olhar.

– Fale, Hugo. O que houve? – insistiu Martha, ansiosa.

O rapaz engoliu em seco, por diversas vezes, e, então, finalmente se abriu. Martha ouviu tudo sem acreditar numa palavra.

– Pare de brincar comigo, Hugo – disse ela, começando a ficar nervosa.

– Não é brincadeira, vovó. Eu e o Christopher, nós dois realmente nos amamos... Sei que deve estar chocada com o fato, mas...

Para Martha aquilo continuava sendo uma brincadeira.

– Vovó, eu e o Christopher... A gente se ama como qualquer outro casal heterossexual.

Diante dos olhos do marido, a mulher finalmente compreendeu que as palavras do neto eram verdadeiras. Contendo-se para não chorar, ela deixou o aposento e se trancafiou em seu quarto. Amadeu voltou-se para Hugo e disse, com eloquência:

– É natural que ela reaja assim, filho. Mas fique tranquilo, logo passa. Vou conversar com ela. A informação precisa ser digerida e com o meu apoio, talvez, ela possa fazer com maior facilidade.

Amadeu se dirigiu para o outro cômodo e quando lá, fechou a porta atrás de si.

– Martha – chamou ele a esposa que se mantinha em pé, num canto do quarto, vertendo-se em lágrimas.

– Que brincadeira de mau gosto é essa, Amadeu? – foi tudo o que ela disse e com grande pesar.

– Não é brincadeira alguma, Martha.

– É sim, só pode ser!

– Aceite, dói menos. A essas alturas você já deveria ter aprendido que a vida está sempre disposta a nos surpreender com reviravoltas, muitas vezes, dolorosas e difíceis de serem encaradas. E que não há outra forma de superar qualquer uma delas, senão aceitando o que não pode ser mudado.

Martha novamente estremeceu. Com pesar, disse:

– Se Hugo realmente é... Não consigo pronunciar a palavra. Bem, se ele realmente for o que diz, o que pensa ser... Significa que eu e você, Amadeu, fracassamos. Não fomos nem bons avós nem bons pais substitutos.

– Não diga besteiras, Martha. Você sabe o quanto fomos dedicados e amorosos com o Hugo

– Mas...

– Nem mas nem meio mas, Martha. Volte para sala e converse com o seu neto. Dê-lhe apoio, é o que ele mais necessita nesta hora. Além do mais, você mesma disse, dias atrás, que entre ter um filho viciado em drogas ou gay, o pior mesmo é perder um filho. Lembra-se? E eu concordo plenamente com você.

Movida pelas suas próprias palavras, Martha Martini atendeu ao pedido do marido. Silenciosamente reencontrou Hugo de pé, recostado à parede, olhando para a TV, emudecida.

– Está decepcionada comigo, não está, vovó? – perguntou ele em primeiro lugar.

– Eu... – a voz dela falhou. – Acho mesmo é que estou decepcionada comigo, Hugo. Se eu tivesse sido uma boa avó, você não teria se desvirtuado do caminho do...

– Não se culpe.

– Como não, Hugo? Se você for mesmo isso que tanto falam por aí.

– Gay?

– Sim! Vai sofrer tanto por causa de preconceito. Porque uma coisa eu lhe digo, com toda certeza, meu neto: ninguém gosta desse tipo de gente. Fingem gostar, mas não gostam. Ou é declarado ou é pelas costas.

– Eu sei.

– Então, filho... Arranje uma garota, case-se com ela, tenha filhos e seja feliz.

– Feliz, vovó?! Eu já sou feliz ao lado de Christopher...

– Mas se esse jovem não quer mais nada com você.

– Ele finge não querer para evitar confusões com o pai dele. Só isso! Por dentro, no íntimo, o Christopher ainda me ama. Tão intensamente quanto eu o amo.

– O pai dele pode ser perigoso.

– Sim – concordou Amadeu, unindo-se aos dois. – Por isso sugeri ao Hugo que se mantenha afastado do Christopher, por um tempo. Até que o Charles possa absorver melhor a ideia.

– Farei o que me pede, vovô. Para o meu bem e do próprio Christopher.

– É assim que se fala, Hugo. É assim que se fala!

O homem abraçou o neto, como faria um bom amigo quando quer elevar o astral do outro.

A seguir, Amadeu fez um sinal discreto para a esposa também encerrar o assunto, com alguma palavra de solidariedade. Infelizmente, Martha Martini ainda precisava de mais tempo para encarar a situação sem preconceito algum.

Naquela noite, a mais triste de sua vida, Hugo tomou banho sem se aperceber do que fazia. Jantou sem muita vontade e se jogou na cama, procurando se entreter com algo na TV, pulando de canal em canal por meio do controle remoto.

Ao acordar no dia seguinte, seu primeiro impulso foi o de voltar ao passado, onde e quando tudo, entre ele e Christopher, corria às mil maravilhas. No entanto, sua triste realidade continuava ali, esperando por ele, sem dó nem piedade. Isso o fez se sentir, mais uma vez, como um suntuoso castelo de areia sendo derrubado por uma onda do mar. Nunca, seu futuro se mostrara tão carregado de incertezas e depressões.

18
SEM VOCÊ,
É SÓ SAUDADE

Naquele dia, Hugo entrou na classe, olhando diretamente para a carteira que Christopher costumava ocupar e ao vê-la vazia, uma pontada atingiu-lhe o estômago. Seus olhos então varreram o corredor do colégio que dava acesso às classes, querendo muito encontrar o jovem, mas ele também não estava lá. A desolação o tomou por inteiro.

No minuto seguinte, alguns colegas foram falar com ele sobre a prova de química, mas ele sequer se deu ao trabalho de fingir que os ouvia. Por fim, teve de se conformar com o fato de que Christopher havia faltado à aula, por algum motivo. Sua esperança então, era reencontrá-lo na quadra, à tarde, durante o treino do futebol, pois Christopher nunca faltara a nenhum deles. No entanto, ele também não compareceu ao treino, o que deixou Hugo ainda mais preocupado. Ter-lhe-ia acontecido alguma coisa de grave? Estaria doente? Ah, como ele gostaria de ir até sua casa obter notícias suas.

De todos os treinos, o daquele dia foi o pior de todos em termos de rendimento para Hugo. Por mais que se esforçasse, estava visivelmente sem gás para fazer a bola rolar pelo gramado. Tão alarmante foi seu estado, que o treinador quis saber se ele estava doente.

Nos dias subsequentes, para piorar sua ansiedade, Christopher também não compareceu às aulas, nem aos treinos de futebol. Isso o fez procurar por Margareth, no bar-restaurante em que trabalhava, para obter notícias dele. Só ela poderia ajudá-lo e de fato, fez:

— Pelo que soube, o Charles o levou para ajudá-lo no polimento do casco de um barco pesqueiro que tem urgência em ficar pronto. Os pescadores dependem dele para continuar a pescaria, você sabe?

— Então foi isso?! Melhor.

— Vocês não têm mais se falado?

— Não. Ele pediu para me afastar dele, depois que o Charles, você sabe... Agora, o Christopher acredita que o nosso amor é errado e que a distância é o melhor remédio para nós.

– É porque ele ainda está muito traumatizado com a surra que levou do pai. Com o tempo, ele se recupera.

– Estou confiante nisso, Margareth. Bem confiante.

E Margareth cruzou os dedos, como se faz no exterior, ao se desejar sorte para alguém. A seguir, pediu licença a Hugo para voltar para o seu trabalho.

O jovem deixou o local, respirando mais aliviado e se sentindo muito mais confiante em relação ao futuro dele e de Christopher, juntos, novamente. Todavia, ao regressar para a escola, Christopher passou a ignorá-lo de todas as formas. Aproximou-se de outros colegas e durante os treinos de futebol, fez o mesmo.

A indiferença com que ele o tratava, era o que mais doía em Hugo que, ainda lhe custava acreditar que Christopher houvesse se tornado aquele cara frio e insensível com ele. Eles se amavam, amor nenhum morria assim, de uma hora para outra.

Isso fez Hugo tomar uma atitude. Sabendo do horário que Charles estava no trabalho, foi até sua casa na esperança de falar com Christopher a sós. Bateu à porta, de leve, ainda que estivesse querendo derrubá-la a pontapés. Não demorou muito e o adolescente apareceu.

– Christopher... – murmurou Hugo, diante do olhar severo do amigo. – Preciso lhe falar.

A resposta do rapaz foi imediata e agressiva:

– Não temos mais nada para conversar, Hugo. Vá embora!

– Temos sim, e você sabe muito bem disso.

Hugo estava tão ansioso para falar com o jovem, que sequer notou o quão desesperado ele ficou, por receio de que Charles chegasse ali e o pegasse conversando com ele.

Sem medo de ser feliz, Hugo voltou a falar, com todas as letras:

– A gente se amava, Christopher. Não é justo que cada um vá para um lado, só porque...

Christopher o interrompeu, seriamente:

– Disse bem, Hugo: a gente se amava. Hoje, eu não o amo mais.

– Mentira! – Hugo reagiu na mesma hora. – Mentira, mentira, mentira!

Christopher continuou firme:

– Aceite os fatos como são, Hugo. É o melhor que você tem a fazer. E agora vá embora, por favor, e não me procure mais, nunca mais, é tudo o que lhe peço.

Sem mais, Christopher fechou a porta na cara de amigo, deixando o jovem novamente chocado com a sua atitude. Enfurecido, Hugo se pôs a bater na porta, insistentemente, deixando Christopher ainda mais desconfortável com a situação. O pai poderia chegar, ao vê-los ali, pensaria besteira e seria o fim para os dois. Isso fez com que ele reabrisse a porta, com ímpeto e empurrasse Hugo para longe. Um empurrão tão forte e inesperado, que Hugo perdeu o equilíbrio e foi ao chão.

– Já lhe disse para ir embora! – berrou Christopher furioso.

– Vou quando eu bem quiser. Você não manda em mim.

– Não vai, é? – vociferou Christopher saltando sobre o rapaz. E levantando o jovem do chão, pelo colarinho da camiseta, completou, entre dentes: – Se você quer destruir a sua vida, destrua! A minha, você não o fará. Não, mesmo!

– Eu o amo, seu besta! E você também me ama que eu sei!

– Suma daqui, Hugo.

– Você não pode ter se tornado um imbecil, fraco e covarde. Não pode!

A insistência de Hugo foi a gota d'água. Christopher acertou-lhe um soco e depois outro e mais outro. Incorporou a fúria do pai, a que o levou a esmurrá-lo tão violentamente naquele dia fatídico. Hugo se dobrou em dois, como uma marionete quebrada. Gotas e mais gotas de sangue espirravam por todos os cantos. Depois, acometido de súbita loucura, Christopher apertou a garganta do amigo para esganá-lo.

– Suma daqui! – gritou, encolerizado. – Nunca mais apareça! Não quero repetir isso novamente.

Após hesitar, por diversas vezes, Hugo acabou partindo. Os cortes na face queimavam à brisa do mar. As roupas, molhadas de suor e sangue, aderiam ao seu corpo fragilizado e devastado, não tanto pela dor física, mas emocional. Sim, emocionalmente, Hugo se sentia ferido e humilhado. Ainda lhe custava acreditar que Christopher fora capaz de agredi-lo daquela forma.

Assim que chegou a sua casa e Amadeu viu seu estado, o homem tratou logo de socorrê-lo.

– Pode ser que doa – alertou-lhe Amadeu, antes de pingar mertiolate sobre os ferimentos.

Ainda que ardesse, nada seria mais doloroso do que havia lhe acontecido, pensou Hugo com seus botões. Um minuto depois e ele desabafava:

– Jurei que não voltaria a vê-lo, que não voltaria sequer a mencionar seu nome, ou me lembrar do tempo que eu tinha perdido ao seu lado. Mas não consegui, vovô.

– Eu entendo você, filho. Faz parte da alma humana lutar pelo que tanto se ama.

– Arrogante – explodiu Hugo, enraivecido. – É isso o que ele é. Um arrogante e hipócrita, como só os imbecis sabem ser.

A porta da cozinha se abriu e Martha entrou. Ao ver o neto naquele estado, tomou-se de tristeza e indignação.

– O que fizeram com você, filho?

O jovem, um tanto acanhado explicou e Martha, com pesar, opinou:

– Isso ainda vai levá-lo à morte, Hugo. Todos que se desvirtuam do que a sociedade dita como normal, estão sempre correndo risco de vida nas mãos dos preconceituosos.

– Eu sei, vovó. Mas se não lutarmos pelos nossos direitos e sentimentos, seremos uma pessoa pela metade. Uma alma tolhida. Não é isso que eu quero para mim. Quero ser inteiro, amar sem rodeios. Entende?

A avó assentiu:

– Só não quero que nada de mal lhe aconteça, Hugo. Porque o amo muito, você sabe.

– Eu sei, vovó. Eu também a amo. Mas saiba que nada pode ser pior para mim, do que não ter o amor do Christopher.

– Eu imagino.

– Mas ele há de voltar atrás. Já nos afastamos antes e voltamos, porque o amor falou mais alto em seu coração. A senhora verá, o vovô também! Eu e o Christopher ainda vamos terminar juntos. Porque nascemos um para o outro. O destino nos quer juntos.

Amadeu e Martha não puderam deixar de se emocionar, diante das palavras do neto adorado. Desde então, torciam por ele. Para que sua vida afetiva voltasse a ser como antes, o que não aconteceu. Christopher Connell se manteve irredutível quanto a reatar qualquer aproximação do rapaz.

19
SE NÃO AMÁSSEMOS TANTO ASSIM

Uma semana depois, durante uma partida de futebol, Hugo, subitamente surtou em meio ao jogo. Parou, de repente, como se não soubesse mais onde estava. Girou o pescoço ao redor e quando todos estranharam sua reação, e se preocuparam com ele, ele simplesmente saiu de campo, correndo e chorando feito um louco.

Há quem nunca pudesse imaginar que um jovem como ele, fosse capaz de chorar daquela forma. Para muitos, seria vergonhoso ser visto naquele estado, por isso, sufocariam no peito tamanha dor. Mas Hugo parecia não se importar com nada disso.

Diante do ocorrido, Christopher se manteve frio e distante, como se tivesse adquirido um coração de pedra nos últimos tempos.

– Christopher – chamou o treinador. – Você e o Hugo sempre foram grandes amigos. Pode me dizer, por acaso, o que está havendo com ele? Ele está usando drogas, é isso?

Um pouco de cor fugiu do rosto do adolescente que, subitamente ficou sem saber o que responder. Por fim, levantou o queixo e disse, encarando firmemente o treinador:

– Drogas, não! Bebidas, não! Talvez seja um problema familiar. Acho melhor o senhor perguntar diretamente para ele, treinador.

Sem mais, o assunto se encerrou ali.

Nos dias que se seguiram, Christopher também ansiava pela conversa inofensiva com Hugo, tanto quanto ansiava por um banho refrescante no verão. Seu perfume único e seu olhar apaixonado não lhe saíam da lembrança. Mas ele tinha de lutar contra aquilo que, certamente prejudicaria suas vidas.

Certa manhã, para acalmar os nervos, ele decidiu sair para dar uma volta, ainda que chovesse forte lá fora. Calçou suas galochas, vestiu a capa de chuva e disparou porta afora, sem direção certa a seguir.

Com o capuz puxado para o rosto, Christopher foi parar na floresta que margeava a cidade. Embrenhou-se pela mata, esmagando a terra molhada debaixo dos seus pés, seguindo cada vez mais para o fundo daquele labirinto verde e gotejante.

A necessidade de aquietar seu coração, o compelia a prosseguir até os confins do lugar. Ele queria perder de si mesmo, na esperança de se reencontrar diferente, sendo simplesmente um homem como outro qualquer, que deseja uma mulher como todos, e com ela quer se casar e ser feliz numa casa rodeado por filhos, animais de estimação e bugigangas.

Só mesmo quando seu coração se amainou, é que ele diminuiu o passo e não muito longe, sentou-se num tronco tomado de musgo. Sem o som de seus passos ensopados, o silêncio se tornou penetrante. As aves também estavam quietas. E Christopher novamente pensou no quanto seria bom para ele e, para qualquer outro *cara* com tendências homossexuais, ter uma vida comum, ao lado de uma mulher, filhos e *donuts* no café da manhã.

O grito súbito dos gaios despertaram Christopher de suas mais pungentes interrogações. De repente, começou a se perguntar se conseguiria sair dali. Entrara tão fundo na mata, que se esquecera do perigo de se perder dentro dela. A casa, sua casa, ele agora clamava por ela e por meias secas. Isso fez com que ele retomasse sua caminhada, em busca urgente e ansiosa pela saída do lugar, serpenteando pelos espruces e as cicutas, teixos e bordos.

Era quase meio-dia quando finalmente ele conseguiu encontrar a saída, porém, num local completamente diferente do qual entrara. Estava muito mais longe de sua casa do que antes, e teria de caminhar um bocado para voltar para lá. Sem escolha, prosseguiu pelo acostamento da estrada. Tiritava de frio e de fome, enquanto a chuva apertava e o vento doía. Minutos depois, uma caminhonete passou por ele e parou no acostamento a sua frente. Três toques na buzina fizeram-no ir ver quem era.

– Olá, mocinho – saudou Margareth simpática como sempre. – Nesse tempo, vai pegar uma pneumonia. Entra, eu o levo.

– Vou molhar o assento, Margareth.

– Depois eu enxugo. Relaxa!

Sem mais, o jovem aceitou a carona. Logo, Margareth quis saber o porquê de ele estar tão longe de sua casa, a pé e em meio àquela chuva.

– Há trilhas e trilhas por aí – mentiu Christopher, esforçando-se para parecer convincente. – Trilhas interessantes de se conferir. Vale a pena!

– Eu é que não vou sozinha – argumentou Margareth, arrepiando-se inteira. – Meu senso de direção é nulo. Tanto que sou capaz de me perder em Mona Vale, que é um cisco.

Risos e ela disse:

– Há dias bem mais bonitos do que esse para se fazer trilhas, não acha?

Christopher ficou novamente sem graça e ela perguntou:

– O que houve? Brigou com seu pai? Seu pai brigou com você?

– Não, nada...

– Onde está o Hugo?

– Sei lá. Por que eu deveria saber?

– Porque estão sempre juntos.

– Não somos mais amigos, Margareth. Não como antes.

– Não?

– Não.

Ele fechou o cenho e ela, com muita vontade de ajudar, opinou carinhosamente:

– Olha, vou lhe dizer uma coisa, algo que aprendi com os anos. Amigos como o Hugo, não se fazem assim de uma hora para outra. Na verdade são poucos, raros, geralmente um só que conquistamos ao longo da vida. Se eu fosse você, Christopher, voltava às boas com ele, rapidinho.

O adolescente nada respondeu, e diante do clima tenso que ficou entre os dois, Margareth Mitchell aumentou o rádio para alegrar o ambiente.

Ela lhe dera sim, um conselho muito oportuno e verdadeiro, mas Christopher não o acatou. Continuou indiferente com Hugo, como se ele tivesse se tornado invisível aos seus olhos.

Se nas semanas anteriores, Hugo acordava com entusiasmo redobrado para ir às aulas, seu único entusiasmo atual era o de rever Christopher e ficar atento as suas ações. Até mesmo a suas aulas prediletas, ele não mais prestava atenção. Não poderia, não com a mente voltada o tempo todo para Christopher, aguardando ansioso por algum deslize seu, um frágil momento em que seu coração falasse mais alto e ele, derrotado, permitisse que seus olhos se voltassem na sua direção.

Cedo ou tarde, ele haveria de ceder. O amor gritaria em seu peito. O desejo e a paixão o fariam perceber, o quão estúpido estava sendo, em querer se afastar dele.

– Você anda disperso, Hugo – comentou seu professor de matemática, certo dia. – Nunca o vi assim, o que há? Se continuar desatento, vai ser reprovado na matéria.

– O senhor tem razão, professor. Ando mesmo desligado. Deve ser uma fase, logo passa.

Pela primeira vez, Christopher deu sinais de que havia prestado atenção ao que se passava com Hugo, em sala de aula. Ao perceber aquilo, seu coração, de repente, virou uma bateria eletrônica a disparar um bate-estaca: *tum tá, tum tá!* Mesmo assim, ele procurou se controlar. A ameaça do pai voltou a ressoar clara e precisa em sua memória: "Se você não se afastar daquele *viado* por bem, fará por mal! Se eu pegá-los juntos novamente, eu mato os dois, ouviu? Mato os dois!".

Ao final das aulas daquele dia, Hugo deixou a escola, parecendo uma folha de papel soprada ao vento. Depois do jantar, ajudou a avó tirar os pratos da mesa e a levá-los. Tudo que pudesse fazê-lo se esquecer do que vinha passando, era bem-vindo. Aquilo, infelizmente, era o tipo de ocupação que mantinha apenas suas mãos ocupadas. O que ele queria mesmo era ocupar a mente, fazê-la parar de pensar em Christopher, o tempo todo.

Era penoso ter de viver na expectativa de que o *cara,* que ele tanto amava, iria voltar atrás na sua decisão de se afastar dele, porque o amor dos dois não era benquisto pela sociedade.

Para dormir, naquela noite, devido à ansiedade, Hugo tomou uma dose de xarope com álcool para combater uma gripe brava. Uma dose e certamente 8 horas de sono lhe seriam garantidas. Mesmo assim, o sono não veio. O jovem permaneceu se revirando na cama, de um lado para o outro, sem conseguir relaxar. Só dormiu mesmo, vencido pelo cansaço, por volta das três da manhã.

Ao despertar, voltou de imediato ao frenesi dos tormentos de seu coração. Tomou café da manhã com tanta pressa de chegar à escola e poder rever Christopher, que sequer notou o que comeu e bebeu. Largou tudo sobre a mesa e partiu, apressado, como se seu destino pudesse desaparecer, caso ele se atrasasse.

No colégio, todos que cruzaram seu caminho, pareciam invisíveis aos seus olhos. Nenhum "oi", tampouco acenos foram retribuídos. Hugo voou para sua classe, com o coração martelando em seu peito, transformando sua caixa torácica num *boombox.*

Tristeza total. Christopher ainda não havia chegado, prova definitiva de que quando se almeja muito encontrar alguém ou alguma coisa, esse encontro parece demorar uma eternidade. O fato é que era ainda cedo demais para as aulas começarem, de tão ansioso que estava, ele havia se adiantado naquele dia.

Quando Christopher finalmente chegou, toda agitação de Hugo se dissolveu, a paz reassumiu seu lugar em seu interior e um sorriso involuntário escapou de seus lábios, o qual despertou a atenção daqueles que discretamente prestavam atenção a ele.

– Hugo – comentou um colega. – Que droga foi essa que você tomou, cara?

– Droga?!

– É, meu! Você *tá esquisitão. Chapadão.*

– Não uso drogas.

Os colegas de classe, nas proximidades, riram do comentário do amigo.

– Conta outra, Hugo! Ultimamente você anda muito "louco", todo mundo aqui já percebeu. Mas hoje você *tá piradão.*

– É o amor, *cara!* É o amor que está me deixando assim meio besta, meio tonto, meio *chapado.*

Seu comentário alcançou os ouvidos de Christopher que enrijeceu o pescoço no mesmo instante, como faz um animal em estado de alerta.

– É isso mesmo o que vocês ouviram, meus amigos! – pontuou Hugo, lançando discretamente um olhar para Christopher. – Ando besta de tanto amar!

– Quem é a garota? – quis saber um de seus colegas.

– Garota?! – espantou-se Hugo, sem conseguir deixar de olhar para o perfil de Christopher que se mantinha atônito, receoso de que ele falasse mais do que devia. Foi seu olhar para ele, um olhar severo e ao mesmo tempo de súplica, que o fez cair em si novamente.

– Diga aí, Hugo! Quem é a garota? – insistiu outro colega.

– Que pergunta, *véio* – replicou um amigo. – Só pode ser a Baby Garber. Os dois têm *ficado* juntos nas festinhas.

Gargalhadas de todos ali, interrompidas pela chegada do professor. A aula teve início, mas antes, Christopher novamente lançou um olhar estranho para Hugo que, sustentou seu olhar, sem receio algum de que alguém pudesse notar em seus olhos, o brilho de paixão que ainda sentia por sua existência.

O resultado das provas daquele bimestre fora desastroso para Hugo Martini. Isso fez a professora que mais o queria bem, procurá-lo.

– Hugo, por que você não pede ajuda ao Christopher? – sugeriu. –

Vocês são tão amigos.

Hugo pensou em dizer: não somos mais! Ainda que tivesse dito, teria de ter sido muito rápido, pois a professora voltou-se para Christopher, chamando por ele.

– Christopher, venha cá, por favor!

Ainda que não querendo, o jovem atendeu ao seu pedido, por educação.

– Seu amigo Hugo foi muito mal nas provas deste bimestre, Christopher. Você poderia ajudá-lo nos estudos, não?

– Estou sem tempo... – respondeu o jovem prontamente. – Agora ajudo o meu pai no serviço dele e...

– Está bem, vou encontrar outro aluno para ajudar o garoto. A Erika. Ela é boa aluna, pode muito bem auxiliá-lo. Erika, minha querida. Venha cá!

E foi assim que Erika Minogue e Hugo Martini se aproximaram. Ele ia até a casa dela estudar ou se encontravam na biblioteca da escola, pelo mesmo propósito. Com grande esforço, Hugo tentava se concentrar nos estudos, mas era quase impossível. O mesmo que tentar estudar no meio do Times Square, em Nova York, na hora de pico. Certa hora, Erika decidiu matar sua curiosidade:

– Foi por causa da Vanessa que você e o Christopher se desentenderam, não foi?

A pergunta pegou Hugo de surpresa.

– Por causa da Vanessa?!

– Sim. É o que todos na escola estão comentando. Você estava a fim dela e o Christopher a tomou de você.

– Tomou?!

– É. Os dois estão juntos. Se não assumiram o namoro, estão prestes a fazer.

– Eu não sabia.

– Pode se abrir comigo, Hugo. Você gosta da Vanessa, não é mesmo? Aquele dia, na classe, você disse que estava apaixonado. É por ela, não é?

O rosto do jovem coloriu-se de vermelho, enquanto seus olhos rodopiavam, procurando apoio em algum lugar.

– Erika, é melhor a gente voltar a estudar. Depois falamos sobre isso.

Desapontada, a jovem respondeu:

– Está bem. Se você não quer me responder, tudo bem. Estudemos.

Se antes já estava sendo difícil para Hugo Martini se concentrar nos estudos, depois do que Erika havia lhe dito, tornou-se definitivamente impossível. Aquilo fora como uma alfinetada na alma. Christopher namorando Vanessa... Christopher namorando outra pessoa que não era ele... Christopher... O seu Christopher... Aquilo não podia ser verdade.

Só mesmo vendo com os próprios olhos é que ele acreditaria que o rapaz e Vanessa Harper estavam juntos. A oportunidade aconteceu no fim de semana seguinte: Christopher, de mãos dadas com Vanessa, a garota que sempre fora a fim dele, cruzaram com Hugo, por uma das ruas da pequena cidade litorânea.

Ao avistar Hugo, Christopher imediatamente evitou o seu olhar. Vanessa, por sua vez, cumprimentou-o com um sorriso que Hugo rapidamente rejeitou. O mais estranho senso de confusão se apoderou dele a seguir. Seu coração agora batia, como se a alma quisesse abrir caminho para se libertar de seu corpo que, misteriosamente se tornara uma prisão.

Seus avós ainda estavam na igreja quando Hugo chegou a sua casa, cego de raiva e se trancafiou em seu quarto. Diante do seu reflexo no espelho, usou toda sua fúria para dizer, mirando fundo em seus olhos:

– Como é que você foi gostar daquele imbecil, seu babaca? Só mesmo um tolo teria se apaixonado por ele... Um tolo como você!

Furioso, ele esbofeteou o espelho como se por meio dele, pudesse socar a si mesmo. Mesmo com a mão ferida, o ódio abrandou a intensidade da dor que os ferimentos lhe causaram. E ele repetiu, espumando de raiva:

– Só um tolo se apaixonaria por Christopher Connell. Um tolo como você, Hugo Martini. Um tolo e imbecil como você!

O próximo passo do rapaz foi virar o frasco de álcool sobre a mão ferida e ensanguentada, o que teria ardido até mesmo em sua alma, se o ódio que sentia naquele instante, tivesse deixado de se perpetuar em seu coração.

Ao perceber que o amor que sentia por Christopher, acabaria levando-o à loucura, Hugo decidiu reagir. Lembrando-se das palavras da avó, decidiu arranjar uma namorada e escolheu Erika Minogue, por ter percebido que ela estava a fim dele.

Dias mais tarde, depois de estudarem na biblioteca, os dois foram dar uma volta pela praia, a convite do próprio Hugo. Então, uma súbita rajada de vento desmanchou os cabelos da jovem, fazendo-os dançar ao redor de sua cabeça. Ao tentar ajeitá-los, Hugo, segurando sua mão, disse:

– Mesmo descabelada, você fica linda, Erika.

Ela olhou-o com mais atenção:

– Você acha?

Mirando fundo em seus olhos verdes, ele respondeu:

– Sim.

Então, ele a tomou nos braços e a beijou, deixando-se envolver totalmente naquele beijo. Era preciso, para sentir o verdadeiro prazer contido ali.

– Nossa! – exclamou Erika, minutos depois, com o ritmo da respiração alterado. Foi como se tivesse feito grande esforço físico. – Que surpresa!

– Foi bom?

– Sim, Hugo, foi ótimo.

E ele novamente a beijou, tendo a certeza, mais uma vez, de que nenhum outro beijo se comparava aos que trocara com Christopher Connell. Mesmo assim, ele seguiria em frente com seu propósito de namorar uma garota. Se Christopher conseguia, ele também poderia.

20
POR AMOR
SOMOS MAIS FORTES

Desde então, Hugo também decidiu jogar futebol com mais ímpeto. Seria também a melhor forma de tirar a raiva de dentro de si, pelo desprezo com que Christopher passou a tratá-lo nos últimos tempos.

Durante mais uma partida de futebol no campo, ao ar livre do colégio, grande número de estudantes prestigiavam o time da escola. Vanessa também estava ali, na pequena arquibancada, com os olhos atentos aos movimentos do namorado.

Os jogadores disparavam pelo campo, fazendo a bola voar, de um lado para o outro, por meio de chutes ágeis e poderosos. Era quase impossível acompanhar os movimentos, tamanho a rapidez com que a esfera pingava de um jogador para o outro.

Christopher jogava com inteligência, sempre rápido em seus movimentos, sempre certo para quem passar a bola. Era um jogador realmente com diferencial.

Por mais que quisesse evitar Hugo, não podia, este era ligeiro como uma lebre, juntos, em campo, surtiam mais efeito do que com os demais integrantes do time. Lado a lado, lembravam uma dupla infalível de heróis.

Quando Christopher se voltou para Vanessa, endereçando-lhe um sorriso simpático, ela sentiu seu coração se apertar. De longe, a jovem não percebeu que ele só fizera aquilo, por ter visto Hugo olhando para ele, ansioso por um olhar recíproco.

Então, em meio à partida, Hugo colidiu com Christopher de forma totalmente inesperada, mas para Christopher, ele fizera aquilo de propósito, algo que o deixou furioso, partindo para briga. Colegas do time precisaram segurá-lo para que ele não agredisse mais o companheiro, que foi ao chão com um soco seu.

111

Ao receber o segundo cartão amarelo do juiz, Christopher, espumando de raiva, tentou se defender sob os olhos atentos de todos nas arquibancadas. Por fim, deixou o campo, abandonando a partida sem nenhum pesar.

Logicamente que, por muitas vezes, os jogadores se desentendiam uns com os outros, só que na maioria das vezes, eram agressões verbais apenas, alguns palavrões e gestos obscenos, nada mais. Algo passageiro e até mesmo, inofensivo. Naquele dia, no entanto, a briga fora séria, séria e alarmante.

Diante do acorrido, Vanessa Harper correu até o vestiário, na esperança de acalmar o namorado, pois nunca o vira tão agressivo, ainda mais com Hugo que fora sempre seu melhor amigo.

Quando lá, encontrou Christopher sentado num dos bancos de ripas, com os cotovelos apoiados nos joelhos e a cabeça apoiada entre as mãos. Ainda que delicada em seus movimentos, ele rapidamente notou sua presença, por isso voltou seu rosto na sua direção, com os olhos ardendo de tristeza e ódio, alternadamente.

Os olhos dos dois se encontraram e se congelaram um no outro, por um longo e misterioso minuto.

— Precisava vê-lo — falou Vanessa, aproximando-se dele e tocando seu ombro. — É apenas um jogo, Christopher. Não o leve tão a sério.

Seu toque carinhoso fez o adolescente relaxar, endireitar o corpo e olhar mais atentamente para ela.

— Acontece, Vanessa, que o jogo é a minha vida. Estou prestes a ser contratado por um grande time, para jogar com garra e vitória; detesto quando meus companheiros de time cometem *faltas*.

— Não entendo muito de futebol, Christopher. Tudo que sei, é que os jogadores devem fazer a bola acertar o gol do time adversário e só.

— Já é um começo — ele riu.

— Pensei que houvesse distraído sua atenção por termos trocado olhares e sorrisos durante a partida. E por isso, você e o Hugo colidiram daquela forma tão inesperada.

— Você não tem culpa de nada, Vanessa. A culpa foi totalmente daquele imbecil.

— Eu não o entendo... Antes, você e o Hugo eram amigos inseparáveis. Hoje, você o odeia. Por que, Christopher? Por quê?

— Porque ele é um otário! E não quero mais perder tempo falando dele. Por favor!

— Está bem. Só queria ajudar.

– Você me ajudaria muito se não mais comentasse nada sobre ele.

– Ok.

O rapaz bufou:

– O que mais quero dessa vida, agora, Vanessa, é ser contratado por um time profissional e me mudar dessa cidade o quanto antes. Dar um novo rumo para a minha vida, apagar de vez tudo o que vivi aqui.

– Foi tão ruim assim?

– Foi! Ver meus pais se desentendendo o tempo todo, depois, divorciando-se, o que me obrigou a ficar morando só com o meu pai, quando na verdade, o que eu mais queria, era ter minha mãe ao meu lado, foi péssimo. Quantas e quantas vezes eu não imaginei que tudo entre nós voltaria às boas, mas não! Bastava os dois se encontrarem para a discórdia recomeçar. Eu só queria vê-los juntos novamente e felizes. Se é que algum dia, eles realmente foram felizes, lado a lado.

– Nem sempre as pessoas se combinam, Christopher. Meus pais também se desentendem, vez ou outra.

– Mas continuam juntos, Vanessa. Apesar dos pesares, permanecem juntos.

– A vida não é igual para todos, Christopher. Também não é sempre como queremos. Pelo menos, é o que minha mãe sempre diz.

Um toque de frustração tingiu a voz do rapaz ao responder:

– Infelizmente é assim.

Lá fora, enquanto isso, o jogo prosseguia, só que de forma apática. Hugo já não se empolgava mais com a partida, os olhos e a mente vagavam longe, abandonados num horizonte de tristeza.

Os interessados em transformar Hugo Martini e Christopher Connell em jogadores profissionais, finalmente marcaram a data para apresentá-los ao presidente do time interessado. Amadeu ficou felicíssimo com a notícia, não podia haver outra melhor. A cidade também ficou em polvorosa com a novidade.

Não precisou muito para que o diretor do time percebesse que estava realmente bem diante de dois grandes jogadores de futebol. O que Christopher fazia em campo com a bola, poucos craques da história futebolística tiveram capacidade. O que Hugo fazia como ponta-esquerda, era também fenomenal. Assim sendo, ambos foram contratados pelo time.

Ao saber do contrato, Christopher Connell por pouco não chorou de emoção. Ver seu grande sonho se realizando, era bom demais, extraordinário. Contudo, ao ser informado que ele e Hugo fariam parte do mesmo time e morariam juntos no mesmo flat em Sidney, onde o time profissional tinha sede, Christopher desanimou.

Ele e Hugo, juntos novamente, longe dali, necessitados da companhia um do outro, seria extremamente perigoso. Certamente faria com que ambos se envolvessem novamente, o que não poderia acontecer jamais. Por isso, Christopher, na última hora, desistiu de assinar o contrato com o time, alegando uma desculpa qualquer. Mesmo depois de os dirigentes insistirem muito para que ele voltasse atrás na sua decisão o jovem se manteve irredutível.

Para encobrir o verdadeiro motivo que o levou a tomar aquela decisão, Christopher fez uso de uma mentira para Vanessa.

– Eles não o querem?! – espantou-se a jovem. – Por que, se estavam tão interessados em você?

– Esse povo é assim mesmo, Vanessa. Quer e não quer. Uma hora diz uma coisa, depois outra.

– Confesso que estou revoltada com essa gente do futebol, por terem descartado você, Christopher. Isso não se faz. Todos na cidade, sempre disseram que você tem tremendo potencial, que já nasceu craque. Todo mundo o elogia.

– Pois é. – Ele procurou sorrir para ela e acrescentou: – O que eu mais quero na vida agora, Vanessa, é me casar com você e juntos sermos felizes. Muito felizes.

– Não é muito cedo para isso, Christopher?

– Para mim não é.

– Não pensei que estivesse tão apaixonado por mim a esse ponto. Saber que está, me faz muito feliz porque eu estou verdadeiramente apaixonada por você.

– Isso quer dizer um sim?

Ela confirmou com um sorriso, o suficiente para ele abraçá-la e beijá-la, na testa.

Ele a abraçou e a beijou, enquanto tentava convencer-se, de que aquela fora mesmo a melhor solução para o seu caso.

– Eu amo você, Christopher – desabafou Vanessa, como se suas palavras fossem necessárias para confortar o coração do namorado, depois do time tê-lo recusado. – Você também me ama, não é mesmo, Christopher?

A pergunta o pegara desprevenido, não queria mentir para ela, mas tinha de fazer, para poder seguir em frente com seu plano de levar uma vida heterossexual tradicional.

114

– Sim, Vanessa... É claro que a amo. Só um louco não a amaria.

Ela se apertou a ele, amorosamente, enquanto ele espremia os olhos, como se o gesto pudesse apagar de dentro de si, todo o seu caos interior. Christopher sabia que o casamento com Vanessa seria um choque e uma decepção para Hugo, e isso era o que mais o estimulava a ir em frente com aquilo. A seu ver, seria a forma ideal de se sobressair diante dos rumos que a vida do ex-amigo estava tomando.

Enquanto isso, Hugo comemorava com seus avós e colegas, sua grande conquista.

– Você merece, Hugo – elogiou o avô com grande satisfação.

– Devo tudo ao senhor, vovô.

E o rapaz também agradeceu a avó por tudo que fizera por ele a vida toda. Martha Martini também estava muito emocionada e realizada com o acontecido.

Naquela mesma noite, Christopher contou ao pai e a Margareth sua decisão de se casar com Vanessa Harper.

– Tem certeza de que é isso mesmo o que você quer, Christopher? – questionou Margareth, olhando com pena para o jovem.

– Como assim, Margareth? – irritou-se Charles Connell. – Se Christopher decidiu assim, é porque assim ele quer.

– É que ele namora a Vanessa há tão pouco tempo...

– Bobagem! – esbravejou Charles novamente. – Além do mais, eles vão viver juntos pelo resto da vida, tempo suficiente para se conhecerem melhor.

– Nem todo casamento é para a vida toda, Charles. Você mesmo sabe disso. Além do mais, como é que o Christopher vai se sustentar?

– Da mesma forma que eu, ora! Polindo e consertando os cascos dos barcos; pescando... O mar tem peixe de sobra para todos viverem da pesca.

– Eu sei, mas... E moradia? Pagar um aluguel não é fácil.

E novamente Charles respondeu com precisão:

– Eles poderão morar comigo até que tenham condições de alugar uma casa só para eles.

Margareth calou-se, ainda que convencida de que Christopher estava se precipitando na sua decisão. Ou melhor, que fazia aquilo para fugir do que não tinha coragem de assumir perante si mesmo.

Ao saber que Christopher e Vanessa estavam de casamento marcado, Hugo se sentiu ainda mais forte para assumir sua posição de jogador profissional no time mais importante da Austrália e do mundo.

"Eu nasci para o futebol, eu adoro o futebol", repetia incansavelmente para si, como um mantra para acalmar suas conturbadas emoções.

Quanto a Erika Minogue, ele simplesmente terminou o namoro com ela, alegando que um namoro à distância nunca dava certo. A jovem chorou nos seus braços porque estava realmente gostando dele. Hugo chorou com ela, mas por motivos que ela jamais poderia imaginar.

21
NOVOS RUMOS

Ao conferir a lista de convidados, Vanessa perguntou ao noivo:
– Você não vai convidar o Hugo para o casamento?
– Não! – A voz de Christopher soou ríspida e desagradável.
– Mas vocês foram sempre tão ligados.
– Disse bem, Vanessa: fomos! Hoje, não mais!
E a jovem achou melhor não tocar mais no assunto.

Um dia antes de partir para Sidney, Hugo, tomado de súbita compaixão por Christopher, procurou o jovem em sua casa. Ao avistar o rapaz, batendo palmas, Christopher novamente não lhe foi nada gentil:
– O que quer aqui? Já lhe disse para não me procurar.
– Estou indo embora, Christopher. Queria só me despedir de você. – Com um suspiro de impaciência, Hugo completou: – Pode ser que não sinta falta de mim, mas eu sinto de você. Vou sentir sempre. Mesmo longe daqui.
Christopher, com ares de superioridade, respondeu:
– Terminou? Então *vaza!*
– Não, Christopher, eu ainda não terminei! – respondeu Hugo procurando firmar a voz. – Antes de eu ir, responda-me, alto e claro, olhando bem nos meus olhos. Você tem mesmo certeza de que não quer assinar o contrato com o time? Ainda há tempo. Volte atrás. Não perca essa oportunidade. Não desista do seu maior sonho. Sei que você e Vanessa pretendem se casar, portanto, um bom salário agora seria de extrema importância para vocês.
A resposta do jovem foi curta e grossa:
– O dia que eu precisar de conselhos, eu lhe peço.
Hugo achou melhor não insistir, terminou o assunto, dizendo:
– Podíamos ser pelo menos bons amigos, Christopher. Como nos

velhos tempos.

A resposta dele soou novamente à velocidade de um raio:

– Não quero.

Sentindo-se derrotado na alma, coube a Hugo aceitar os fatos:

– Se assim você deseja, Christopher, assim, será! Adeus!

Sem mais, Hugo partiu, levando consigo uma série de lembranças do que viveu de bom ao lado do melhor amigo e namorado.

Assim que ele se foi, Christopher desmoronou. Perdeu a postura ereta e a face tomada de segurança e ousadia. Novamente ouviu o pai lhe dizer: "Se você não se afastar daquele *viado* por bem, fará por mal! Se eu pegá-los juntos novamente, eu mato os dois, ouviu? Mato os dois!". Atemorizado por suas palavras, Christopher Connell se recordou do que havia decidido fazer para poupar a vida dele e de Hugo, da fúria de Charles, caso os dois continuassem juntos. Casando-se com Vanessa, Hugo estaria a salvo e ele também. Não só da ameaça de seu pai, mas de toda sociedade preconceituosa que seria capaz de matar as minorias por intolerância e incapacidade de aceitar suas diferenças.

Com Vanessa, ele haveria de ser igual a todos, e, assim, certamente encontraria a mesma felicidade que os heterossexuais pareciam ter, em qualquer parte do mundo. A felicidade que ele um dia encontrou ao lado de Hugo Martini e, por intolerância, foi destruída.

Dias depois, Hugo se preparava para partir da cidade, rumo a sua nova vida em Sidney, a cidade mais importante da Austrália. Lágrimas se continham no fundo de seus olhos pelo que estava prestes a acontecer. O zíper da mochila que levaria com ele, enroscou, e quanto mais força ele impunha nas mãos para puxá-lo, menos efeito parecia surtir sobre ele. Foi preciso Amadeu ajudá-lo com suas mãos hábeis, resolvendo o problema em questão de segundos. Sorrindo para o neto, o avô colocou a mochila no ombro e disse:

– Essa aqui eu levo. O restante, você se encarrega. Estarei na *caranga* esperando por você.

Hugo assentiu, fazendo grande esforço para não chorar. Amadeu já deixava o quarto, quando deu dois passos para trás, olhou novamente para o neto e comentou com boa intenção:

– Sabe qual é outra imensa estupidez de um homem, Hugo? É ter vergonha de chorar quando é preciso extravasar suas emoções.

O jovem abaixou a cabeça, ainda tentando lutar contra seus sentimentos e Amadeu completou:

– Vou aguardá-lo lá fora.

Ao ver-se só, no quarto que sempre fora seu desde que haviam se mudado para o litoral, Hugo reviu, à velocidade de um raio, os bons momentos que ali passara. Ao avistar seu reflexo entristecido no humilde espelho retangular que havia no aposento e, fora rachado por seus murros de revolta, naquele dia inconsequente, ele se perguntou, desafiando-se por meio do próprio olhar:

– Você ainda gosta dele, não é? Mesmo depois de ele tê-lo desprezado, você ainda o ama. É mesmo um tolo por gostar, só os tolos amam assim.

Através das lágrimas que rolavam por seu rosto lindo e jovial, um lado seu o aconselhou:

– Esqueça-se dele, seu tolo. Deixe-o se tornar apenas uma lembrança que se perdeu na memória. Deixe-o aqui nesta cidade, da mesma forma que você está deixando este quarto, esta casa e seus amigos. Siga em frente, sem olhar pra trás. Esqueça até mesmo que ele existe. Seja feliz.

Mas as palavras não foram tão fortes quanto o amor que ainda o prendia a Christopher Connell. Isso fez aquele seu lado dizer-lhe mais:

– Tudo o que você viveu com ele, agora é só passado. Ele nunca mais será seu. Nem seus beijos, abraços, nem seu corpo que um dia lhe pertenceu.

Ao ouvir a buzina do veículo do avô, Hugo despertou da melancolia. Precisava ir. O avô o esperava. O futuro o esperava. Sem mais, respirando fundo como um homem decidido, ele deixou o quarto, despediu-se da avó e atravessou a porta da frente da casa, como faria um vitorioso. Apertou o passo em direção à *caranga,* depositou suas malas no porta-malas e só então entrou no veículo.

Amadeu, admirando seu gesto, finalmente girou a chave na ignição que fez o motor gemer, como de hábito, como se estivesse tossindo. Tossiu, tossiu, mas pegou. Sorrindo para o neto ao seu lado, Amadeu falou, orgulhosamente:

– Essa *banheira* velha não muda. Engasga, mas sempre pega!

O adolescente sorriu, mas seus olhos, não. Isso fez Amadeu lhe dizer, algo mais próprio para o momento:

– Oportunidades como esta que você está tendo, Hugo, nem sempre voltam para a mesma pessoa duas vezes na vida. Quando aparecem, devemos apanhar. Este é o segredo do sucesso para qualquer um.

– O senhor tem razão, vovô. Toda razão!

Para descontrair, Amadeu ligou o rádio na sua estação favorita de música *country* e, pelo trajeto, foi cantando o refrão das canções que conhecia. Quando não sabia, assoviava. Por quase todo o caminho, Hugo olhava a estrada à frente, querendo muito acreditar num futuro feliz, longe daquele que parecia ter se apossado de sua alma, para fazê-lo adoecer de saudade, contrariedade e desejo.

Horas depois, os dois chegavam a Sidney, sãos e salvos. Diante do seu novo endereço, Hugo se despediu do avô, sob forte emoção.

– Sucesso, filho! É só o que desejo a você, meu querido. Se sua mãe e seu pai estivessem vivos, certamente eles estariam também orgulhosos de você neste momento.

– *Poxa,* vovô. Que bom!

– Eu amo você, Hugo. Nunca se esqueça disso.

– Eu também o amo, vovô. Muito!

Os dois se abraçaram forte e comovidos. Sorrindo, entre lágrimas, o neto acenou para o avô que partiu em seguida, na sua velha *banheira* que ainda fazia um bom percurso sem falhar.

No dia seguinte, Hugo foi muito bem recebido pelos dirigentes do time e pelos colegas de trabalho que logo reconheceram seu talento para o futebol. Começava ali uma nova etapa em sua vida.

Um mês depois, Christopher e Vanessa se casavam numa cerimônia simples, compartilhada somente com familiares e amigos mais íntimos. Charles e Sonia mal se cabiam de felicidade, por verem o filho, agindo como todo homem deveria agir na opinião dos dois.

Quando Sonia percebeu que Hugo Martini não fora à cerimônia, a mulher se sentiu ainda mais feliz. Agradeceu intimamente aos céus, por ter feito o filho se afastar daquele que para ela, não passava de um gay pervertido e mau caráter.

Ver o pai e a mãe contentes fez Christopher sentir-se orgulhoso, certo de que havia mesmo escolhido o melhor caminho para ser feliz. Só mesmo Margareth podia ver no fundo de seus olhos, a tristeza que ofuscava sua luz interior.

22
Luka Connell

Nas semanas que se seguiram, Vanessa se descobriu grávida. Notícia que pegou todos de surpresa, especialmente Christopher.

– Você vai ser papai, Christopher! Papai! – alegrou-se Charles, feliz da vida.

O jovem não sabia dizer, nem para si, se estava alegre ou não com aquilo.

– Ei – bradou Charles, dando um murro de leve no braço do rapaz. – Ficou abestalhado, foi?

– Um filho... Já, tão cedo? – murmurou Christopher com voz distante.

– Sim! Não é maravilhoso?

– É, não é? – Christopher continuava em choque devido à notícia.

– Logicamente que é! – afirmou Charles, orgulhoso.

Mas para Christopher, a vinda de um filho significava prisão, da qual ele não mais poderia escapar, até que a criança estivesse apta a seguir pela vida, com seus próprios passos. Vanessa, percebendo sua apatia, perguntou:

– Você não gostou, não é mesmo? Não gostou nem um pouco de eu estar grávida.

– É que... Um filho gera muitas responsabilidades, Vanessa...

– Eu sei, mas...

Nada mais foi dito, porque os pais da jovem chegaram a casa para uma visita, naquele instante.

Sonia, quando soube da grande novidade, chegou a chorar ao telefone. Fez questão de informar que providenciaria o enxoval da criança por si só.

Por ver todos tão felizes com a vinda de um bebê, Christopher acabou gostando da ideia de ter um filho. A mãe teria o neto que ela tanto sonhava e seu pai, um filho normal que soube honrar o nome da família, como ditam os bons costumes da sociedade.

Enquanto Vanessa Harper Connell se tornava uma grávida exuberante, Hugo Martini se destacava cada vez mais, durante as partidas que seu time jogava. Não havia disputa em que ele não marcasse pelo menos um gol. Sua legião de fãs crescia desenfreadamente. Eram fãs de todas as idades, incluindo mulheres, por causa da sua beleza e seu *sex appeal*.

Acostumar-se a sua nova morada até que foi fácil para Hugo. Tão envolvido estava com o esporte, que não lhe sobrava tempo para se sentir só, tampouco lamentar o passado. Quando o desânimo batia, ele se reerguia, lembrando no quão importante ele se tornaria sendo um jogador de futebol profissional e, no quanto aquilo afetaria Christopher Connell, por ter abandonado sua grande oportunidade.

Em seus momentos de folga, Hugo visitava as livrarias de Sidney em busca de um bom livro para levá-lo ao fascinante universo da literatura. Até mesmo um de autoajuda, despertou sua atenção certo dia. Chamavase: Como continuar acreditando no amor, depois de um grande amor. Fora inspirado na famosa canção interpretada por Cher e, prometia dar uma injeção de ânimo, naqueles que tiveram seu coração destroçado por uma paixão.

Ao ouvir *What Is This Thing Called Love* (O que é essa coisa chamada amor?), composição do genial Cole Porter, na voz de Barbra Streisand, Hugo refletiu novamente sobre o amor. Parte da letra dizia: O que é essa coisa chamada amor? Essa coisa engraçada chamada amor? Quem vai dizer, é um mistério. Por que insiste em me fazer de bobo. E ele riu da letra, porque também vivia se fazendo as mesmas perguntas.

Na data prevista pelo obstetra, com nove meses completos de gestação, o bebê de Christopher e Vanessa nasceu forte e sadio. Foi batizado com o nome de Luka Connell por sugestão de Charles que sempre gostou do nome. O menino logo se tornou a alegria dos avós paternos e maternos. Sonia, como havia prometido, comprou todo o enxoval para o neto nos tons de azul, porque azul* é cor de menino.

Com a criança nos braços, sorrindo e chorando de emoção ao mesmo tempo, o pai de Vanessa comentou:

– É de fato um menino forte e sadio. Benza Deus!

Voltando-se para o genro, o sogro perguntou:

– Não vai pegar seu filho, Christopher?

– Eu?! – Christopher fez ar de nojo. – Não sei pegar criança. Nunca peguei. Vai que a deixo cair e...

O homem riu, acompanhado da esposa.

– Não quer tentar?

– Não! Não, mesmo!

Sentindo-se sufocado com a situação, Christopher deixou o quarto. O pai de Vanessa então se voltou para a filha e disse, categoricamente:

– Seu esposo não me parece feliz com o nascimento do menino.

Vanessa, muito calmamente defendeu o marido:

– O Christopher sempre teve grande dificuldade em demonstrar seus sentimentos, papai. Pode estar certo de que ele mal cabe em si, de tanta felicidade pela chegada do Luka. Tenho a certeza disso.

– Pois eu ainda acho esse rapaz muito estranho. Muito estranho...

– Implicância sua, papai.

– Será?!... – O homem não mudaria de ideia tão facilmente.

De fato, o nascimento do menino não significou grande coisa para Christopher Connell. Para ele, na verdade, só significava responsabilidade e mais responsabilidades que ele não estava bem certo se queria assumir.

Enquanto Hugo Martini se destacava no mundo futebolístico, tornando-se orgulho da nação, inúmeros convites para fazer propagandas começaram a chegar para ele, o que começou a lhe render uma grande soma de dinheiro extra. Dinheiro com o qual comprou uma casa em Sidney e trouxe os avós de volta para lá, para morarem com ele, assim continuariam unidos.

Christopher, por sua vez, continuava em Mona Vale, suando sob o sol para fazer um dinheirinho a mais no final do mês, para sustentar o filho que dava despesas muito além das imaginadas. Se Sonia, Charles e o sogro não ajudassem financeiramente o casal, eles estariam passando por necessidades.

---

*Em nenhum lugar do planeta está escrito que a cor azul representa a masculinidade e o rosa a feminilidade. Essa concepção começou, segundo os historiadores, na era pré-cristã, em que os bebês do sexo masculino passaram a ser vestidos com roupas azuis, cor associada aos espíritos do bem, para afastar os espíritos malfazejos. As meninas nessa época, ganhavam roupas pretas, cor símbolo da fertilidade na cultura oriental, de onde possivelmente veio a crença nos espíritos.

Só mesmo no século 19, é que o rosa se tornou uma cor ligada à feminilidade, por causa de uma lenda europeia que dizia que as meninas nascem de rosas e os meninos de repolhos azuis. No entanto, esse conceito não se disseminou pelo mundo todo. Na França, por exemplo, durante um bom tempo, as meninas se vestiam de azul, por causa da tradição católica que associa a cor à pureza da Virgem Maria.

Consta também que o Papai Noel usava roupa azul e passou a ser da cor vermelha para combinar com o rótulo da Coca Cola. Nem por isso vinculou-se ao Bom Velhinho a imagem de gay, sinal de que o bom senso coletivo, por muitas vezes, é capaz de falar mais alto. (Nota do Autor)

23
John Peters

Com o vencimento de seu contrato com um time estrangeiro, John Peters, um dos jogadores de maior destaque do país e do mundo, considerado por muitos, o número um do futebol australiano, reassumiu sua posição no time do qual Hugo agora fazia parte.

Ao ser apresentado para Hugo, o jovem cumprimentou-o com genuíno interesse de fã. Era um dos rostos mais belos que Hugo já vira em toda vida. Seus olhos, de um preto profundo sob sobrancelhas no mesmo tom, pareciam ter o poder de hipnotizar quem muito olhasse para eles. Apaixonar-se-ia por ele, certamente, se fosse gay. Era de um *cara* assim que ele precisava para se esquecer de Christopher, definitivamente.

John estava sempre a fazer todos rirem, até mesmo com as piadas mais sem graça que alguém poderia contar. Naquele dia, novamente, contou mais uma das suas, descontraindo os colegas do time. Então, seus olhos se detiveram em Hugo que fora o único a não rir da anedota.

– Falei muito depressa ou você realmente não achou graça? – perguntou John ao rapaz.

Hugo ficou verde. E para não se sentir ainda mais em graça diante do sujeito, soltou um risinho amarelo, que só serviu para complicar ainda mais a situação.

– Pelo visto, você realmente não achou graça – arrematou John, seriamente, aproximando-se do jovem. – Sabe o que acontece com quem não ri das minhas piadas?

Hugo se encolheu todo, temeroso do que o brutamontes poderia lhe fazer.

– Sabe? – berrou o sujeito, em tom ainda mais grave.

Hugo engoliu em seco, enquanto olhava assustado para os demais jogadores que, também, olhavam para ele com severidade.

– Não – respondeu Hugo, enfim.

John não o poupou. Olhou de lado e perguntou aos colegas de time:

– Vocês ouviram o que ele disse, pessoal?

Todos responderam em uníssono.

– Sim!

Um verdadeiro coral de baixo-barítono. E voltando a encarar Hugo, com olhos furiosos, John prosseguiu:

– Vou lhe dizer o que acontece, meu rapaz. – E numa mudança repentina de tom e expressão, completou: – Nada!

E todos caíram na gargalhada, deixando Hugo Martini completamente vermelho de vergonha. Com um peteleco amigável, John desmanchou os cabelos do jovem jogador e disse empolgado:

– Gostei de você, Hugo! Ele é ou não é um bom sujeito, pessoal?

E novamente o coro de vozes masculinas respondeu em uníssono:

– Sim!

Então John, palhaço como sempre, fez todos cantarem:

– O Hugo é um bom companheiro, o Hugo é um bom companheiro, o Hugo é um bom companheirooooo!!!! Ninguém pode negar!

E isso tudo serviu para deixar Hugo mais descontraído na presença de todos.

Dias depois, ao visitar o clube do time, um lugar belíssimo, com ótimas quadras de tênis e futebol de salão, mesas de pingue-pongue e piscinas, cercadas de confortáveis espreguiçadeiras, Hugo avistou John Peters, deleitando-se com o banho de sol. Ao notar sua presença, o jogador se levantou e foi cumprimentá-lo.

– E aí, garoto? – John o saudou efusivamente. – Vamos tomar alguma coisa no bar?

Mesmo que Hugo não quisesse ir, John simplesmente o arrastou para lá. Entre um gole e outro, John Peters comentou:

– Hugo, meu garoto, este clube está cheio de garotas lindas e disponíveis, o que é melhor.

Hugo assentiu sem saber ao certo se deveria.

– Qual é a sua preferência? Ruivas, morenas ou loiras?

– Todas! – respondeu Hugo sem ver escolha.

– Safadinho, você, hein? – E no seu jeito despojado de ser, John deu um soco amigável no ombro do rapaz. – Eu prefiro as loiras e morenas. Mas se uma ruiva me der trela, eu também *traço*. Para que termos uma só, se podemos ter muitas, não é mesmo?

126

– Ah, sim... Sem dúvida – respondeu Hugo somente porque a pergunta exigia uma resposta.

– Você é mesmo um safado, Hugo. Safado que nem eu. É assim que tem de ser. Homem que é homem tem de ser safado.

E naquele instante, Hugo se sentiu mal por ter de mentir para um *cara* de quem era muito fã e, ao mesmo tempo, parecia querer ser seu amigo.

– Vamos nadar um pouco? – sugeriu o jogador, após pagar pelas bebidas.

– Sim, sim! Boa ideia!

E sob os olhos atentos de muitos dos frequentadores do clube, especialmente das mulheres, os dois se divertiram na piscina até se cansarem.

Naquele dia, ao deixarem o clube, John se fez sincero novamente com Hugo:

– Hugo, meu *véio, tô te* achando muito *caídão*.

– Caído?!

– É. Sem agito, sem mulher, sem entusiasmo além do futebol. Futebol é bom, mas um homem não se faz só de bola no pé. Vou levá-lo para dar uns giros pela cidade, para conhecer os melhores *points* de Sidney à noite. Chega de ficar enfurnado na sua casa vendo TV, isso é coisa de mulherzinha. Vamos agitar esse esqueleto e embebedá-lo um pouco.

Como prometido, John levou Hugo para conhecer a cidade à noite, ao som dos Guns and Roses no som do carro, quase estourando os tímpanos.

– Gatas, gatinhas e gatonas, Hugo, você consegue ali – explicou ele, diante de um *point* famoso da cidade.

– Bom saber! – exclamou Hugo com fingido interesse.

Mais uns giros e John chegou a outra área da cidade.

– Desse lugar, você mantenha distância, *véio*.

– Daqui?! Por quê?

– Porque aqui só tem *viado, bicha e boiola*.

– Ah! – Hugo fez o possível para não se avermelhar.

– Os *travecos* ficam noutras bandas. E lembre-se, ao ver uma mulher com Pomo de Adão, fuja dela!

Hugo riu.

– Essa praga até parece que cresce em bando, né? Acho que nunca houve tanta bicha no mundo como agora. Eu não entendo, *cara*. Como é que um homem pode não gostar de mulher? Mulher é a coisa mais linda do mundo. Aquele *denguinho,* aquele charminho, aquele par de seios lindos.

127

Não dá *pra* entender, *cara*. Não consigo!

– Cada um tem um gosto, *né,* John? Nem todos preferem tangerina.

– Eu sei, mas, mulher é mulher, insubstituível.

E Hugo riu novamente das palavras do amigo.

– Ainda bem que *viado* não gosta de futebol – prosseguiu John a toda voz. – Já imaginou os ginásios ou estádios lotados de torcedores *bicha?* Eu não ia me sentir nada confortável. Ao invés de eles estarem prestando atenção as nossas jogadas, estariam prestando atenção nas nossas pernas, tórax... Que é isso, *véio?* Não dá. *Tô* fora!

Hugo não se aguentou, gargalhou.

– John, você é muito engraçado.

John acabou rindo com ele.

– Sabe, *cara,* eu pensei que realmente a AIDS fosse dar fim a toda essa *viadagem* espalhada pelo planeta, mas... Continuam aí, e se proliferando cada vez mais, o que é pior. Agora me diga, que serventia tem *viado pra* humanidade? Me diga, por favor!

Hugo, bem-humorado, respondeu:

– Para fazer cabelo? Gays são sempre muito bons cabeleireiros.

– *Tá*, conta outra!

– Para fazerem arte? Os melhores artistas são gays.

John fez uma careta e soltou mais uma de suas exclamações divertidas.

– A única vantagem que eu vejo em relação à existência dessa gente para a humanidade, é que quanto mais *viado* existir, mais mulheres sobrarão para nós, homens com H maiúsculo.

– *Eita!*

– E não é?

Risos.

– Se eu pudesse, eu seria sultão, sabe? Só para ter um harém de mulheres, uma mais linda do que a outra. Aí, sim, minha vida seria perfeita. Mas eu chego lá, pode crer, com esse bando de *viados* se espalhando pelo mundo, os homens logo terão de ter haréns para dar conta de tantas mulheres solitárias. Porque não vai haver homem suficiente para todas elas.

– E você daria conta de tantas mulheres ao mesmo tempo, John?

– Eu?! Na boa!

Hugo riu.

– Está duvidando?

– Não, apenas me lembrei de uma história muito engraçada que li certa vez. Falava de um Sheik. Sheik Rabut. Ele tinha um harém de 80 mulheres, mas uma delas se tornou sua favorita. Descobriu-se então que ela era um travesti. Para abafar o caso, ele a expulsou do harém, mas continuou se encontrando com ela, às escondidas, porque mesmo sendo um *traveco,* ainda era sua favorita.

Risos.

– Isso comigo não, violão!

Gargalhadas redobradas.

– *Cara, taí* outra coisa que eu não consigo entender. Que não entra na minha cachola de jeito nenhum. Como é que um homem, um homem de verdade pode transar com um travesti? Travesti, para mim, continua sendo homem. Não é porque se vestiu de mulher que deixou de ser. O cheiro do corpo continua sendo o mesmo. A pele, o resto... Ai!

E John fez outra de suas caras enojadas que tanto divertia Hugo.

– Eu nunca havia pensado nisso, John.

– Pois é, meu caro.

Breve pausa e John perguntou:

– E lá na sua cidade? Deixou alguma garota suspirando por você?

– Quem dera.

– Você, um *cara* bonitão. Deve ter muitas lá louquinhas por você.

– Tinha, não nego. Mas eu só queria uma delas. E ela me quis por um tempo. Namoramos. E então, ela me trocou por outro. Casou e já está para ter um filho.

– Então é por isso que você é meio *tristão* assim, *né?* O motivo só podia ser mesmo um rabo de saia.

– Pois é.

– Passa *pra* outra, *cara.* Ou melhor: passe *pra* muitas! – John voltou a gargalhar. – Quanto mais, melhor!

Sem mais, ele voltou a aumentar o volume do rádio, fazendo com que seus ouvidos quase estourassem.

24
Um novo
ADEUS

Em meio à festinha de um ano de aniversário de Luka Connell, Charles Connell sentiu forte dor no peito e precisou se sentar.

– Papai, o que houve?!

O homem fez um gesto com as mãos, como quem diz: "Não é nada!" e procurou respirar fundo mais uma vez. No entanto, revirou os olhos e caiu ao chão.

– Papai! – gritou Christopher, desesperando-se.

Minutos depois, Charles era levado às pressas de ambulância para o hospital da cidade. Estava quase que totalmente paralisado sobre o leito da UTI. Sua fala era praticamente inaudível. Margareth se mantinha ao seu lado nas horas de folga, revezando com Christopher que também não podia deixar Vanessa e o bebê sozinhos por muito tempo. Por muitas vezes, ele e Margareth ficavam ali, fazendo companhia um para o outro.

Um dia então, Charles lentamente ergueu a mão direita, trêmula, e soltou outro daqueles sons ásperos e roufenhos. Não tardou para que Margareth adivinhasse o sentido daquilo. Por isso, chamou Christopher que rapidamente assumiu um lugar junto ao leito.

Novo burburinho saiu dos lábios do convalescente e Christopher franziu o cenho, até conseguir perceber uma palavra.

– Filho...

Christopher tomou a mão do pai entre as suas que debilmente pressionaram seus dedos aos seus.

– Filho... – repetiu Charles com grande esforço.

O jovem se emocionou.

– O que é, papai?

Christopher tornou a sentir a pressão de seus dedos, ao mesmo tempo em que Charles movia os lábios para lhe dizer mais alguma coisa. Então, seus dedos relaxaram e a aflição desapareceu dos seus olhos suplicantes. As pálpebras caíram e a morte tomou seu corpo por completo.

– Papai... – chamou Christopher sem se aperceber do que realmente havia lhe acontecido.

– Seu pai agora está com Deus, Christopher – declarou Margareth, por entre lágrimas.

Aquilo não podia ser verdade, o pai não podia ter morrido, não depois de tudo que ele fizera para agradá-lo.

Muito calmamente, Margareth conduziu o jovem para fora do quarto e lá, fê-lo sentar-se numa cadeira disponível, onde procurou consolá-lo com palavras de fé. Até mesmo para ela, aquelas palavras tiveram o poder de tranquilizar e confortar seu coração tão triste num momento como aquele.

Ao conversar por telefone com um amigo que fizera na cidade litorânea, Amadeu Martini ficou sabendo da morte de Charles Connell e contou a Hugo, porque achou que ele gostaria de saber do ocorrido.

– O senhor fez bem em ter me dito, vovô – admitiu Hugo, surpreso com a morte tão prematura de Charles. – O senhor acha que eu devo ir até lá?

– Isso, Hugo, só mesmo seu coração pode responder.

Não foi preciso questioná-lo, uma ligação e Hugo explicou a situação para o seu treinador, recebendo permissão para se ausentar dos treinos por dois dias. Sem perder tempo, ele pegou seu carro e seguiu para Mona Vale.

A caminho do cemitério, o silêncio e a dúvida assaltaram Hugo por inteiro. Seria ele bem recebido por Christopher? Sua aparição poderia deixá-lo transtornado, como das outras vezes em que se encontraram, provocando um súbito e esquisito mal-estar. De qualquer modo, ele já estava ali, fora para lá, exclusivamente para dar apoio ao amigo e o faria de qualquer jeito.

Ao chegar ao local, Hugo seguiu pelos corredores até localizar o jazigo onde ocorreria o sepultamento de Charles Connell. Cada passo, um descompasso no coração. Cada metro percorrido, uma pontada de tristeza a perfurar-lhe a alma.

Christopher, trajando luto no meio daquela paisagem acinzentada e melancólica, era muito triste de se ver. Seu rosto era a expressão radical da tristeza e da dor que pode assolar a alma humana. Ao avistar Hugo, querendo ocultar sua presença por trás de um dos túmulos, nítido espanto reluziu em seu olhar devastado pela dor. Ainda assim, ele voltou a se concentrar na cerimônia de despedida do pai, enquanto Hugo se perguntava se deveria ou não dar os pêsames ao amigo, quando tudo ali tivesse fim.

Depois de muita reflexão, Hugo decidiu evitar o confronto. O importante estava feito, Christopher sabia que ele havia ido até lá por sua causa, nada mais precisava ser dito. Sem mais, afastou-se, caminhando a esmo por entre os túmulos tristes e frios até as profundidades do cemitério. Por fim, parou num lugar de onde podia se avistar o mar ao longe e ficou a admirá-lo. Perdeu-se do tempo, a mente esvaziou, a melancolia lhe deu uma trégua. Só voltou a si quando percebeu que havia alguém parado ao seu lado. Christopher estava ali, olhando para ele com seus olhos bonitos, mas devastados pela dor.

Hugo procurou se refazer da surpresa e ainda que Christopher não lhe pedisse nenhuma palavra, ele falou:

– Eu tinha de vir, não podia deixá-lo só numa hora tão triste como essa.

Notando que o amigo querido o ouvia atentamente, Hugo prosseguiu:

– Saiba que você pode contar comigo para o que der e vier. Eu nunca o deixarei só, Christopher. Nunca!

O olhar de Christopher se derretia de gratidão. Ainda que em dúvida, se deveria ou não abraçá-lo, Hugo o fez e quando Christopher teve uma nova crise de choro, Hugo intimamente prometeu a si mesmo, proteger com persistência aquele *cara,* que tanto adorava, de todo mal que pudesse haver na Terra.

A seguir, Vanessa apareceu e se manteve silenciosa, olhando para os dois, abraçados, procurando desesperadamente por amparo um no braço do outro. Ao vê-la, Christopher se afastou como que desperto de um transe, seguiu na sua direção, segurou sua mão, olhou mais uma vez para Hugo que se mantinha prostrado no mesmo lugar e, sem mais nada a dizer, partiu com a esposa.

Hugo permaneceu ali, acompanhando os dois seguindo por entre os túmulos tão tristes quanto sua alma naquele momento. Veio então uma súbita vontade de chorar, algo que ele tentou reprimir sem êxito. As lágrimas explodiam, intensamente, era melhor partir.

Ao voltar para casa, o avô conversou com o neto:

– Como foi lá, Hugo?

Hugo, com lágrimas nos olhos contou-lhe tudo com detalhes.

– Meu neto, só tenho um conselho a lhe dar: siga em frente! Não espere mais por ele. Ele e a esposa já tiveram um filho e, pelo visto, são felizes lado a lado. Procure outro rapaz e tente ser feliz com ele. Este é o meu conselho. Faço-o de coração.

Hugo enxugou as lágrimas e se fez forte para dizer:

– Eu nunca mais vou me interessar por outro *cara,* vovô. Nunca mais!

Amadeu, calmamente respondeu:

– Afirmamos isso, toda vez que ficamos de coração partido, Hugo. Eu mesmo já me disse isso certa vez, antes de conhecer sua avó.

– Mas eu não quero mais sofrer, vovô. Não mais.

– Ninguém quer, Hugo. Mas a vida é feita de dores e alegrias.

– Pois eu vou me casar com uma mulher, ter filhos e ser como todos.

– Pretende mesmo fazer isso? Tal qual fez o Christopher? Acha mesmo que você será feliz dessa forma?

– Se o Christopher vive com uma mulher eu também posso.

– Se quer tentar, tente. Só não se esqueça de uma coisa, filho. Se você realmente gostasse do sexo oposto, sentir-se-ia naturalmente atraído por ele. Só isso que eu tenho a lhe dizer. E faço, por querer o seu bem. Agora me dê aquele sorriso bonito que sempre me faz contente.

E o homem abraçou o rapaz, externando mais uma vez todo o seu amor por ele.

Dias depois, Margareth Mitchell voltava à casa de Christopher Connell para saber como ele estava passando. Encontrou-o em frente a casa, sentado no mesmo toco em que o pai costumava se sentar para fumar seu cigarro artesanal. De tão parecido com o pai, Margareth teve a impressão de estar revendo Charles Connell em vida, só que vinte anos mais moço.

– Olá – disse ela com sua simpatia de sempre. – Vim vê-lo, meu querido.

Um sorriso triste apareceu no semblante sério e apagado de Christopher Connell. Um rosto que já não era mais o mesmo, parecia de cera e sem vida.

– Sempre fomos amigos, Christopher. Sou quase uma segunda mãe para você. Pelo menos, considero-me uma.

O queixo dele tremeu, enquanto os olhos se inundaram d'água. Então, ele falou com tristeza de cortar o coração:

– Não consigo parar de pensar na morte do papai. Morreu tão moço.

– A vida é mesmo imprevisível, Christopher.

– Eu penso que... – continuou ele, penosamente. – Penso que ele morreu por minha causa.

– Por sua causa?! Não, Christopher, isso não!

– Foi sim, Margareth! – A cor voltou ao rosto do rapaz que logo se avermelhou todo, explodindo de raiva por dentro. – O que aconteceu entre mim e o Hugo... – afirmou ele, austeramente, sem se aperceber o que realmente dizia. – Foi isso que matou o papai. Ele morreu de desgosto por minha causa.

– Seu pai o amava, Christopher. O amava acima de tudo.

O rosto do rapaz se avermelhou ainda mais:

– Se o Hugo não tivesse forçado a barra. Se o Hugo não tivesse me tentado... A culpa foi toda dele. Eu o odeio por isso.

– Não pense assim, Christopher, por favor! O Hugo foi sempre seu amigo, seu melhor amigo. Tanto que ele veio de longe para lhe dar os pêsames pela morte de seu pai.

Christopher ignorou suas palavras:

– Eu seria capaz de matá-lo. De matá-lo!

– Seu pai não está mais com você, Christopher; é nessas horas que se precisa de um melhor amigo, e o Hugo ainda é o seu melhor amigo.

– Eu nunca mais vou me aproximar dele, Margareth. Esteja certa disso!

– Não se precipite, Christopher.

– Falo sério. Quanto mais distante ele estiver de mim, melhor!

Ela suspirou em dúvida se deveria ou não dizer o que achava ser o certo para libertar o rapaz daquele caos interior.

– Você até pode, achar que o que houve entre você e o Hugo tem a ver com a morte do seu pai, você pode até odiá-lo por isso, mas... No íntimo, você ainda o ama.

– Não, Margareth! – respondeu ele, abanando vigorosamente a cabeça. – Eu o odeio! Simplesmente o odeio!

– O amor é mesmo assim, Christopher. Desperta em nós alegrias e muitas vezes, raiva, ódio, horror.

Ele permaneceu sem ação, com os braços junto ao corpo, enquanto sua boca tremia e seus olhos expressavam medo e pavor.

– Só estou querendo ajudá-lo, Christopher. Só isso – insistiu Margareth bem intencionada.

Mas o rapaz encarou aquilo, mais uma vez, como maldade da sua parte. Com cólera e frieza, falou:

134

– Não, Margareth, você só quer me deixar confuso, ainda mais do que já estou. Você não quer o meu bem, Margareth. Não quer! Vá embora! Vá!

– Christopher, por favor...

Muito a contragosto a mulher acatou o pedido do rapaz.

– Eu vou, mas saiba que estarei sempre a sua disposição. Para o que der e vier. Nunca se esqueça disso.

Assim que ela partiu, o jovem fechou os olhos até espremê-los e as lágrimas vazarem, ardendo sobre sua pele.

– A culpa foi dele, pai... – afirmou ele com voz amargurada e enraivecida. – Foi dele, sim! Ele é quem veio para cima de mim com aquelas ideias. Fui um fraco. Um tolo. Um babaca. Perdão, pai. Perdão!

Sua voz se partia, tal como ele parecia se partir em muitos pedaços naquele instante.

Pelo trajeto até sua casa, Margareth Mitchell seguiu pensando em Christopher Connell e sua triste realidade, fruto das exigências absurdas feitas por seus pais, influenciados por uma sociedade hipócrita e preconceituosa.

Quando Vanessa Harper voltou para casa, Christopher a abraçou como se dependesse daquele abraço para continuar vivo.

– Vanessa – murmurou ele com voz tépida. – Você demorou tanto...

– Demorei?! – espantou-se a jovem com o marido que nunca demonstrava saudades dela. – Aconteceu alguma coisa, Christopher? Você está bem?

Foi uma pergunta tola, repreendeu-se Vanessa no mesmo instante. É obvio que ele não estava bem. Perdera o pai há menos de um mês, a tristeza por sua morte perduraria ainda por um bom tempo. Por fim, ela disse:

– Estou aqui, Christopher. Não se preocupe. Estarei sempre ao seu lado. Eu e o nosso filho.

Abraçados, o casal seguiu para o interior da casa.

25
REAGINDO

Desde que se decidira encontrar uma garota para namorar seriamente e se casar com ela futuramente, Hugo passou a participar mais assiduamente das baladas, eventos e comemorações para os quais era convidado.

Na maioria desses agitos, John Peters ia com ele, o que o divertia muito, pois John era realmente uma *figura*. Envolvia-se com as mais lindas jovens convidadas com as quais trocava seu número de celular, sempre passando um ou dois números errados para que elas não pudessem entrar em contato com ele. Se por ventura se reencontrassem e ele fosse questionado a respeito, mentiria dizendo que fizera aquilo sem querer ou que seu celular estava com defeito. Hugo se divertia muito com isso, só mesmo John para inventar uma coisa dessas para preservar sua canalhice.

Foi numa dessas baladas que John Peters chamou Hugo de lado e disse, com sua voz bem-humorada de sempre:

– *Hugão, véio,* você tirou a sorte grande essa noite. A garota mais *gata* do pedaço, está babando por você.

– Por mim?! – espantou-se Hugo que, como sempre, estava distraído com seus próprios pensamentos.

Ao voltar os olhos na direção que o amigo lhe indicou, Hugo avistou uma jovem de rosto bonito, olhos insinuantes e corpo escultural. Algo nela o surpreendeu. Provavelmente o interesse com que olhava para ele.

– *Chega* nela, *cara!* – incentivou-o John eufórico. – Essa já *tá* no *papo!*

Percebendo que o colega de time não se moveria sem um empurrãozinho seu, John agiu.

– Olá! – disse ele, com seu galanteio cafajeste de sempre.

– Olá – respondeu a jovem com um sorriso sublime.

– Meu amigo está um pouco tímido esta noite, mas achou você muito *gata.*

136

– Eu também o achei muito *gato*.

– Seu nome é...

– Audrey Jannat.

– O do meu amigo é Hugo, Audrey. Venha cá, vou apresentá-los!

Puxando-a delicadamente pelo punho, John levou a moça até Hugo Martini.

– Hugo, esta é a Audrey. Audrey, este é o Hugo.

Hugo, cortês como sempre, abriu um sorriso bastante receptivo.

– Olá.

– Vou deixá-los a sós. Aproveitem a companhia um do outro. – E piscando maliciosamente para o colega, John partiu em busca de uma garota para com ela desfrutar a noite.

Voltando-se para Hugo, Audrey comentou com toda franqueza:

– Estava de olho em você desde que chegou.

– É mesmo? Não percebi.

– Notei e, por pouco não me deprimi. Afinal, me acho uma mulher interessante... Pelo menos me achava, até perceber que não havia chamado sua atenção.

– Desculpe-me, não estou nos meus melhores dias.

– Algum problema?

– Nada que valha a pena mencionar. Pelo menos, não a esta hora, nem num lugar tão bacana como este. Vamos dançar?

E os dois foram para a pista de dança. Sendo uma boate que mesclava músicas modernas e antigas, o casal se divertiu muito ao som de *"Deeper and deeper"*, sucesso da Madonna do início dos anos noventa.

Numa pausa para refrescarem a garganta, com um bom drinque, Audrey Jannat finalmente teve a oportunidade de conhecer melhor Hugo Martini.

– Sua fisionomia não me é estranha, sabe? Tenho a impressão de já tê-lo visto em algum lugar.

Ele riu lindamente:

– E já, com certeza! Sou jogador de futebol.

– Jura?! Nunca pensei em conhecer um. Como é a vida de um jogador? Deve ser interessante, não? Pelo menos, penso que é.

A voz de Audrey era doce e agradável, algo que Hugo muito apreciou.

– Requer muito treino e muito fôlego.

– Imagino. Não deve sobrar muito tempo para namorar, não é mesmo?

– Não chega a tanto – Hugo corou.

– Você ainda está disponível ou já está enrolado com alguma garota?

– Disponível – ele riu. – Ando me empenhando tanto nos meus treinos e jogos que sobra pouco tempo para encontrar uma garota bacana para... trocar ideias.

– Um homem determinado, você. Admiro isso!

– E você, o que faz?

– Ainda estou na faculdade.

No minuto seguinte, Audrey Jannat detalhou seus objetivos de vida. Seu tom de voz era doce e ela parecia escolher a dedo, cada palavra para se expressar. Por achar Hugo muito tímido, foi ela quem tomou a iniciativa de beijá-lo pela primeira vez. O beijo o surpreendeu. Andava tão carente que qualquer tipo de afeto lhe era bem-vindo.

Daquele encontro, nasceu um profundo interesse de Hugo pela garota, da mesma forma que ela parecia inteiramente interessada nele. Na cabeça do rapaz, só mesmo uma mulher poderia recolocá-lo no rumo certo, dar um verdadeiro sentido a sua vida; fazê-lo esquecer-se de vez, de todo drama vivido ao lado de Christopher Connell.

A aproximação dos dois foi se intensificando nas semanas subsequentes, onde eles saíam para jantar, dançar e curtir um cinema. John se mantinha sempre incentivando Hugo a namorar a garota.

– E aí, vocês já *ficaram?* – quis saber ele, curioso como sempre.

– Não, claro que não!

– Não?! Como assim, não?! Vocês estão saindo há semanas e até agora, nada?! Daqui a pouco ela vai achar que você é *viado*. Eu mesmo vou acabar achando isso de você, Hugo. Em que década você vive, *véio?* Resolveu agora dar uma de bom moço, foi? Se liga! Chega aos *finalmente* com a garota, o quanto antes. Não vai me dizer que você está precisando tomar viagra? Não me diga, por favor!

E com um tapa caloroso nas costas do amigo, John Peters gargalhou.

Desde então, Hugo se manteve receoso de que o pior acontecesse ao tentar *ficar* com Audrey Jannat. Se ele brochasse, a garota certamente espalharia para todos que Hugo Martini, o grande jogador destaque da atualidade, não era de nada na cama e isso logo se tornaria manchete nos principais meios de comunicação sensacionalista.

Ele já havia se deitado com Baby duas vezes e não tivera problema algum, mas isso fora antes de ele ficar com Christopher, antes de comprovar que tinha mesmo muito mais atração por um homem do que por uma mulher.

Certa noite, ao apanhar Audrey em seu apartamento, a jovem convidou Hugo para entrar.

– Estou quase pronta. Dê-me só mais alguns minutinhos.

– Tudo bem – respondeu Hugo com repentino acanhamento.

Minutos depois, os dois saíam para irem ver uma peça de teatro muito comentada na ocasião. Na volta, foi a própria Audrey quem sugeriu a Hugo que entrasse um pouquinho, algo que ele aceitou de prontidão, porque no fundo ansiava confrontar seu medo de não ser bom o suficiente novamente ao ter intimidades com uma mulher.

Audrey serviu-lhe um cálice de vinho e Hugo se encorajou a beber, na esperança de relaxar toda tensão que lhe atormentava a alma, naquele instante. Enquanto isso, a jovem pôs uma música suave para descontrair o ambiente e sentou-se ao seu lado no sofá.

– Gostei da peça. Foi bem divertida.

– Eu também.

Percebendo a forte tensão do rapaz, Audrey decidiu tomar a iniciativa:

– Eu quero você, Hugo. Quero-o inteirinho para mim, só para mim – murmurou ela, com voz aveludada ao seu ouvido.

Sua iniciativa o deixou ainda mais tenso. Mesmo assim, eles se beijavam e, na hora H, Hugo recuou tomado de súbito pânico.

– O que foi?! – surpreendeu-se a moça. – Relaxe. Você já fez isso antes, não fez?

Os olhos dele brilharam de tensão.

– Vem cá, vem! – insistiu ela, sedutoramente.

Ele não podia falhar, seria uma vergonha se o fizesse, lembrou Hugo silenciosamente. No entanto, era justamente o medo de falhar que mais poderia prejudicá-lo naquele momento. Entornando o cálice de vinho, Hugo admitiu:

– Desculpe. Acho que o vinho, ao invés de me relaxar, deixou-me um pouco tenso... Às vezes acontece.

– Eu entendo.

– Na próxima eu...

– Não quero pressioná-lo.

– Eu sei...

Naquele instante, Hugo queria simplesmente sumir do mapa, tamanha vergonha que sentia da situação. Por fim, a coragem surgiu de algum lugar, fazendo com que ele tivesse finalmente um intercurso com a namorada.

Apesar de toda tensão, tudo correu como esperado para sua total surpresa e alívio. Aquilo o deixou mais feliz e seguro de si, desde então.

Ao contar para John, o colega fez festa com o rapaz, ergueu-o no braço e o jogou para cima, como um pai costuma fazer com um filho, quando está muito feliz.

Não demorou muito para que a mídia começasse a comentar sobre Hugo e sua namorada. Sendo ele o jogador revelação e sensação do momento, logo as manchetes sobre seu relacionamento ganharam também destaque nos principais meios de comunicação do mundo.

Aos olhos de todos, Hugo Martini parecia realizado e feliz; por dentro, no íntimo, a solidão continuava importunando-o sobremaneira.

Por que se sentia só, tendo uma garota amorosa ao seu lado, novos amigos e o carinho dos fãs? Era a pergunta que não queria calar dentro de si. Só mesmo um metafísico poderia lhe explicar, caso tivesse oportunidade, que solidão a dois, a três ou em mil só aparece quando o ser humano se distancia de si próprio, da sua essência, da sua alma.

Em muitas noites, sem poder conciliar o sono, Hugo visitava a página de Vanessa Harper no Orkut para obter notícias de Christopher Connell. Então, recordava-se do mundo fascinante que ele e Christopher haviam compartilhado durante aqueles dez anos de convívio, especialmente da época em que namoraram. Ainda tinha bem vivo na memória, o primeiro dia em que os dois se amaram e o quanto aquilo foi transformador para ambos.

Revendo sua vida, cada minuto já vivido, Hugo constatou que Christopher estivera sempre ao seu lado nos melhores e piores momentos, transformando os maus em bons, com sua simples presença, e tornando todas as estações muito mais felizes do que normalmente seriam se não estivesse na sua companhia.

Teria Christopher realmente se esquecido dele? Seria mesmo feliz como aparentava nas fotos da rede social? Em algum momento do seu dia, seria capaz de se recordar do quão bom foi o convívio dos dois?

Hugo sabia que seria capaz de afagá-lo em seus braços, confortá-lo em seu ombro, perdoar-lhe por tudo que lhe fizera, caso o encontrasse pela vida, necessitando de sua ajuda. Perdoá-lo-ia pelos socos que ele lhe dera e pela indiferença com que o tratara nos últimos tempos, transformando sua vida num completo desamor.

Ao voltar os olhos para a tela do computador, onde se viam fotos de Vanessa, Christopher e o filho, Hugo precisou ser corajoso para admitir para si, que tudo entre ele e o rapaz agora era somente passado e que ele precisava se desprender daquilo, se realmente quisesse voltar a ser feliz. Com Audrey Jannat, ele deveria se casar e ter filhos, isso era o que de mais sensato ele poderia e deveria fazer doravante em benefício próprio.

Ainda que essa lhe parecesse a melhor opção para evitar sofrimentos futuros, Hugo se sentia mal com a ideia, especialmente por saber que para realizá-la, ele estaria enganando Audrey que pensava ser amada por ele, quando, na verdade, ele apenas a usava para fugir da solidão, da saudade de seu grande amor e se adequar àquilo que a sociedade julgava ser o certo. O que sentia por ela não era amor, nunca fora nem nunca seria, bem sabia ele após quase dois anos de namoro com a jovem.

O correto era terminar com ela, deixando-a livre para encontrar um sujeito que realmente a amasse e, com ele, construísse uma família com base na verdade e não na mentira. Isso sim, seria demonstração de caráter da sua parte, demonstração de honestidade e respeito ao próximo, como ditam as leis de Deus. Sendo assim, Hugo decidiu terminar o namoro com a jovem e quando a procurou, Audrey Jannat o surpreendeu, pedindo um tempo para os dois.

– Você quer um tempo?! – espantou-se Hugo, diante da moça que lhe parecia muito sincera.

– Sim – afirmou ela, muito certa do que queria para si. – Gosto de você, você gosta de mim, mas é apenas gostar, Hugo. Para um casal permanecer junto, é preciso paixão, uma forte e envolvente paixão, pelo menos, assim penso eu.

– Entendo.

E foi um grande alívio para Hugo ouvir aquilo, uma libertação, uma nova oportunidade para tirar suas próprias máscaras. Ao saber do rompimento, John Peters falou-lhe sem reticências:

– Mulher é que nem metrô, Hugo. Perdeu uma, vem logo outra atrás!

E Hugo novamente se divertiu com a total falta de sensibilidade do amigo.

Quando a TV, ligada num noticiário da ESPN, mostrou uma reportagem sobre o time de futebol do qual Hugo fazia parte, Christopher Connell empoleirou-se no sofá para assistir. Ao darem destaque para Hugo, a nova promessa do futebol australiano, Christopher perdeu a cor. Não sabia que o rapaz estava se destacando no mundo futebolístico àquele ponto.

Ao vê-lo ao lado de John Peters, o ponta-esquerda de maior prestígio do futebol australiano da ocasião, Christopher se sentiu novamente mordido pela inveja, pelo ciúme e pela revolta. Hugo estava vivendo a vida que ele tanto sonhou para ele, a vida que ambos planejaram ter, enquanto eram amigos.

Seus pensamentos foram interrompidos pelo choro do filho. Um choro ardido que fez com que Christopher rapidamente tampasse os ouvidos e saísse da casa, ansiando por sossego mental e físico.

Tão imerso pelo ódio ficara ele, ao ver Hugo brilhando nos campos de futebol, que demorou a notar a aproximação da esposa.

– Christopher – chamou Vanessa. – Está tudo bem?

– Não! Sim! – Ele olhou assustado para ela. – Vai ficar tudo bem... Vai, sim!

Ele queria muito acreditar naquilo.

– O Luquinha – explicou a jovem –, queria dormir e, ao mesmo tempo, não. Sabe como são as crianças, né? Por isso estava ranheta, pobrezinho.

– Luquinha?!... – inquiriu Christopher, como se Vanessa estivesse falando grego com ele.

– O nosso filho, Christopher.

– Ah, sim! Lógico!

O menino realmente não significava muito para o rapaz, tanto que ele ainda se perguntava: por que a criança tomara parte da sua vida, se ele nunca sonhou ter filhos? Seus planos eram outros, sempre foram desde que se descobrira um craque do futebol. A vida que ele levava agora era exatamente oposta a que ele tanto sonhou e planejou para si. Sua vida ideal seria a mesma que Hugo Martini estava levando e que o destino, misteriosamente havia lhe tirado das mãos.

Mas não fora o destino o responsável por aquilo, foram suas atitudes que o levaram para aquele fim. Ele não fora bravo o suficiente para assumir a vida que tanto sonhara e poderia ter. Mas isso, Christopher se recusava a ver e admitir para si mesmo, assim como muitos que preferem responsabilizar terceiros ou a vida por aquilo que lhes cabe fazer.

26
UMA NOVA
CHANCE

Enquanto Hugo ganhava fama internacional no mundo dos esportes, ele se via cada dia mais infeliz. Durante os treinos, jogos e tudo mais que girava em torno do futebol, ele se mantinha inteiro, dedicado e produtivo; longe de tudo e de todos era um rapaz cada vez mais desesperado, tentando fugir da sua própria sombra, carregada de medo, insegurança, tristeza e desilusões.

Quando chegou a notícia de que um time americano estava disposto a comprar seu passe por uma fortuna, Hugo se viu balançado. Não pelo dinheiro, mas pela oportunidade de viver noutro país, acreditando que longe do seu país natal, ele também estaria longe dos seus problemas. Ao pedir uma opinião sincera para John Peters, o amigo lhe foi direto:

– *Cara,* se fosse eu, assinava com esse time! A grana é fabulosa!

– Não é pela grana, John.

– Se não é pela grana, é pelo que, Hugo? Pela Disneylândia? Pela parada gay em Nova York? Pela Angelina Jolie?

– Não brinque.

John fez uma careta e prosseguiu:

– Assine, Hugo. Vá fundo! Meta a cara! Se não for bom, pelo menos você tentou. É uma experiência que pode ser excelente para sua vida. Vá nessa, *véio!*

Contagiado pelas palavras do amigo, o próximo passo de Hugo foi conversar com os avós a respeito. Amadeu e Martha foram da mesma opinião que John Peters.

– Uma mudança de ares – comentou Amadeu, empolgado. – Sim, meu neto, irá lhe fazer bem!

– Toda mudança nos faz bem, Hugo – pontuou Martha, carinhosa-mente. – Não que os nossos problemas deixem de existir, mas tornam-se menos evidentes, pelo menos diante de tanta coisa nova que iremos viver nesse novo lugar.

Assim sendo, Hugo aceitou a proposta do time americano e, logo, a mídia se agitou em torno da sua contratação milionária.

Com o dia da mudança para os Estados Unidos se aproximando, o rapaz começou a perder suas noites de sono. Saber que ficaria longe do país em que nasceu, ainda que somente por alguns anos, mexeu com o seu emocional. No dia do embarque, por diversas vezes, ele pensou em desistir da viagem. Amadeu então o aconselhou:

– Hugo, meu querido, vá adiante! Se não gostar de lá, você volta. Mas vá em paz e, com muito otimismo. Sem otimismo não conseguimos as melhores coisas da vida.

– Oh, vovô...

O rapaz não se conteve, abraçou Amadeu e chorou em seu ombro. Sabia que o avô se mantinha forte perante ele, somente para lhe dar a coragem necessária para dar esse grande passo em sua vida. Com a avó, Hugo chorou outro tanto. Foi John Peters quem o levou até o aeroporto. Não quisera a presença dos avós ali para não fraquejar na hora H.

– Voo 881 para Boston, USA. Plataforma 8 – anunciou a companhia aérea.

"Chegou a hora!", agitou-se Hugo internamente.

Ele deveria ter apanhado sua bagagem de mão e acompanhado os demais passageiros para a fila do embarque, no entanto, o frio na barriga o fez permanecer sentado na poltrona de espera, sentindo-se como um pêndulo, oscilando entre o sim e o não, o longe e o perto, a vontade de esquecer o passado e o medo novamente de não conseguir.

"Força, Hugo, uma nova vida o espera. Longe, bem longe de todo o peso que seu amor por Christopher desabou sobre o seu coração. Não mais haverá sobre sua cabeça, um céu cinzento e sem esperança", disse-lhe uma voz interna, à qual ele quis muito dar crédito.

Não restava mais quase ninguém na fila de embarque quando ele, finalmente, levantou-se e seguiu para lá.

"Vá em frente, *cara,* e seja feliz!", incentivou-se mais uma vez, decidido a nunca mais se lembrar de Christopher e de tudo o que viveu ao seu lado. "De agora em diante, viva somente o presente e o futuro, nada além do presente e do futuro feliz que possa vir a ter."

Ao entrar no avião, a aeromoça o acompanhou até sua poltrona na primeira classe. Minutos depois, o avião começava a deslizar vagarosamente pela pista, enquanto os comissários de bordo explicavam aos passageiros o que fazer em caso de emergência.

O avião fez meia-volta e ficou aguardando permissão para partir. Agora não havia mais volta. Seu destino estava traçado, admitiu Hugo para si. A mudança para outro país o distanciaria do caos que se transformara sua vida, em seu país natal ficariam seus problemas, longe dali, tudo poderia ser diferente.

"América", murmurou ele, aprumando-se na poltrona e respirando fundo. "Que Deus esteja comigo. Que meus pais também me acompanhem."

As turbinas do avião aceleraram e logo o Boeing ganhou os céus. Seus ouvidos ficaram entupidos da mesma forma que sentia toda vez em que descia uma serra para ir ao litoral.

Ao mesmo tempo em que a viagem lhe parecia assustadora, era também fascinante e excitante. Logo foi servido o jantar e Hugo percebeu que muitos dos passageiros se serviam de doses de uísque ou vinho para relaxar a tensão e dormirem mais facilmente. Talvez ele devesse fazer o mesmo. Dito e feito, a bebida o fez adormecer. Nada mais podia perturbá-lo, pelo menos por ora.

Segunda parte
TODO AMOR É SAGRADO

1
UM
RECOMEÇO

Quando Hugo acordou, o Boeing já sobrevoava os Estados Unidos da América. Enquanto aterrava, o conselho do avô voltou a ecoar na mente do rapaz: "Seja otimista, meu neto. Sem otimismo não conseguimos as melhores coisas da vida." E novamente Hugo se apegou àquilo com alma.

Representantes do time norte-americano aguardavam por sua chegada ao aeroporto e foi tão bem recebido por todos, que isso lhe deu a certeza de que havia mesmo feito a escolha certa, assinando com o time americano de futebol.

Do aeroporto, ele foi levado diretamente para o flat onde residiria. Pelo caminho, da janela do carro, admirou a cidade na qual agora viveria. Por se ver ali, seus olhos se encheram d'água, a esperança de esquecer de vez, tudo o que fizera parte do seu passado e que tanto o ferira, voltou a animá-lo.

O flat era espaçoso e muito bem decorado. A vizinhança, excelente, com tudo perto, um lugar verdadeiramente privilegiado da cidade.

O inglês americano era praticamente igual ao australiano, divergindo apenas em algumas palavras, expressões e sotaque.

No dia seguinte, Hugo foi apresentado aos diretores, treinadores e colegas do time do qual agora faria parte. A recepção foi também magnífica. Ele participou de muitos programas de TV e rádio, e logo não se falava noutra coisa no mundo esportivo do país e do mundo, senão na sua contratação.

Em seu jogo de estreia, Hugo marcou dois gols e, nos seguintes, pelo menos um foi de sua autoria. Com isso, conquistou ainda mais fãs.

Ao participar de coquetéis e celebrações para os quais era convidado, o rapaz voltou a se portar como heterossexual, envolvendo-se com lindas jovens, porque assim achava que deveria ser, para manter a imagem que todos no mundo apreciam de um jogador famoso como ele. Acreditava que na América, por ser um país mais liberal, ele poderia finalmente se soltar, despir-se das máscaras e ser, finalmente, quem era na alma; mas ainda lhe faltava coragem para tanto.

Enquanto isso, em seu país de origem, Christopher Connell se via tomado de pensamentos trevosos, por ver o ex-amigo cada vez mais bem-sucedido como jogador de futebol. Tornava-se cada dia mais difícil para ele, suportar sua própria realidade. Enquanto Hugo alcançava a fama, o sucesso e a fortuna, ele se mantinha preso àquela cidade e àquela vida sem oportunidades, suportando um casamento sem amor, sem paixão, somente de aparências. Não levaria muito mais tempo para que o ódio e a revolta o consumissem por inteiro; ganhando força redobrada a ponto de fazê-lo cometer uma loucura.

Certa manhã, ao encontrar o marido com aquele olhar de derrota e desilusão, Vanessa perguntou:

– Bom dia. Está tudo bem?

As faces de Christopher se ruborizaram, asfixiadas pela aparição repentina da esposa.

– Está, sim – mentiu ele, olhando com certa raiva para ela.

Vanessa já o conhecia suficientemente para saber que ele mentia. Em todo caso, achou melhor evitar confronto. Mudou de assunto:

– Você viu como o Luka está cada vez maior e mais esperto?

Christopher assentiu por assentir, nada que girava em torno do menino despertava o seu interesse.

– Você poderia brincar mais com ele, Christopher – sugeriu Vanessa pacificamente. – Ele é seu filho. Até parece que você não gosta dele.

– Trato-o da mesma forma que o meu pai me tratava. Não sei ser diferente. Sinto muito, Vanessa.

– Poderia, pelo menos, tentar ser mais amável com ele. Amável e companheiro.

– Quando ele for maior, seremos.

Ele estava para deixar a casa quando Vanessa lhe disse, olhando fundo em seus olhos:

– Christopher, não espere o dia de amanhã para se tornar presente na vida do seu filho. Precisamos amar o próximo como se não houvesse amanhã, porque tanto ele quanto você podem morrer de uma hora para outra e, com isso, jamais terem a oportunidade de viver esse amor.

As palavras dela o assustaram.

– Pense nisso com carinho, Christopher: é preciso amar, como se não houvesse amanhã!

E novamente os olhos dele se abriram um pouco mais, tomados de espanto. Sem mais, ele partiu para o seu trabalho que tanto odiava.

"É preciso amar como se não houvesse amanhã... É preciso amar como se não houvesse amanhã... É preciso amar como se não houvesse amanhã". Era só nisso que ele conseguia pensar naquele instante. Maldita frase. Vanessa jamais deveria ter lhe dito aquilo. E seu ódio se voltou contra ela dessa vez.

Mais um dia nos Estados Unidos da América, e Hugo estava mais uma vez diante do laptop, investigando a página de Vanessa Harper no facebook. Diante das fotos dela com o marido e o filho, tornava-se evidente o quanto eles eram felizes, lado a lado, especialmente Christopher. Pelas fotos, não via um traço sequer de infelicidade ou insatisfação por parte do rapaz, em relação à vida que escolhera para si. Sinal de que o ex-amigo havia mesmo feito a escolha certa: casar com uma mulher e ter filhos. Pena que com ele, Hugo, aquilo não funcionou e só lhe restava agora, uma insatisfação pessoal cada vez mais crescente. Mal sabia que aquele rapaz sorridente e entusiasmado com a vida, que nas fotos parecia extremamente apaixonado pela esposa e filho, estava longe de ser o verdadeiro Christopher Connell na alma. Por dentro, Christopher morria aos poucos de infelicidade e insatisfação, tal como ele que também se mostrava feliz e bem-sucedido como jogador na mídia, enquanto intimamente se sentia cada vez mais deprimido e desmotivado para continuar vivendo.

Um enxame de pensamentos negativos voltou a deixá-lo desesperado nos minutos seguintes como se uma força sobrenatural o obsidiasse com propósitos malignos de arrastá-lo para as trevas. Nessa hora, mais uma vez, parecia ficar fora de si, prestes a cometer uma loucura. Era preciso fechar os olhos, respirar fundo e se concentrar na respiração para se acalmar novamente.

Ao recuperar o domínio sobre si, ele se sentia completamente desprovido de energia, como se algo vampiresco a tivesse sugado totalmente do seu corpo. Aquilo começava a preocupá-lo, o ideal era procurar um psiquiatra ou um psicólogo para ajudá-lo, ainda que tivesse medo de se abrir com um deles, por receio de que revelasse ao mundo o que tanto o afligia.

Outro modo de abrandar seu desespero era procurar se entreter com um bom livro, como seu avô lhe havia ensinado quando criança. Isso o fez ir novamente até a livraria Barnes & Noble mais perto de onde morava, em busca de um bom título do universo literário que pudesse preencher seu vazio interior.

Ali, leitores de todas as idades transitavam pelo local, em busca de um bom livro para entreter o tempo. Moças lindas, louras, morenas, elegantemente vestidas e rapazes bem apanhados, com seus cabelos devidamente penteados e alisados com gel, também lotavam o Café da famosa livraria.

Espiando os títulos em exposição, Hugo chegou à sessão de literatura infantil e infanto-juvenil, onde três crianças estavam sentadas ao lado da mãe que lia para elas, com grande entusiasmo, um trecho de um livro com lindas gravuras e muito colorido. Isso o fez lembrar-se da época em que o avô fazia o mesmo por ele.

Ao notarem sua presença, os pequeninos olharam-no com cara feia; como se ele fosse um intruso, atrapalhando aquele momento tão íntimo e único dos filhos com sua progenitora.

Assim sendo, ele se afastou, decidido a procurar por seu livro favorito dos tempos de infância. "Castelos de areia" era o titulo da obra. Amadeu lera tanto para ele que Hugo chegou a decorar o texto.

Ainda estaria sendo publicado?, perguntou-se, disposto a procurar na estante com letra "C" pelo título em questão.

Ao ver um atendente, achou melhor pedir-lhe ajuda. Mas o sujeito passou tão rápido por ali, que não ouviu seu chamado. Assim, ele mesmo decidiu fazer a busca.

Ao tirar um livro da prateleira, outro veio junto e caiu. Por pouco não atingiu a cabeça de um leitor que estava ali próximo, agachado, para poder enxergar com maior facilidade, os títulos que ficavam nas prateleiras mais baixas da estante. O sujeito, muito cordialmente apanhou o livro em questão e o devolveu para Hugo.

– Obrigado! – agradeceu, corando até a raiz dos cabelos. – Caiu sem querer.

– Acontece – respondeu o fulano, olhando com maior atenção para Hugo que acabou sorrindo-lhe amarelo novamente.

Foram os olhos do sujeito, de um metro e oitenta de altura, que mais chamaram sua atenção, eram tão castanhos quanto as sobrancelhas e o cabelo devidamente penteado e repartido.

Discretamente, Hugo ficou a observar o fulano que usava um blazer marrom por cima de uma camisa num tom verde musgo muito bonito. Seu rosto era forte, sereno e agradável de ver. Transmitia-lhe algo de bom.

Hugo ainda examinava o moço quando este novamente olhou para ele e sorriu, com simpatia. Aquilo o deixou tão desconcertado que rapidamente fechou o cenho e tentou se ocupar com alguma coisa. Voltou a procurar por um atendente que finalmente lhe deu atenção.

– Pois, não?

– Procuro um livro infantil que meu avô costumava ler para mim, quando eu era criança. Gostaria de saber se a editora ainda o publica, se vocês o têm para venda...

– Qual o *nome?*

– Hugo.

– Hugo?! – estranhou o funcionário, fazendo ares de quem puxa pela memória.

– Não! Hugo sou eu! – corrigiu-se, batendo com a palma da mão na testa. – Que cabeça a minha! O nome do livro é "Castelos de Areia".

– Hum... – murmurou o funcionário, indo até o terminal consultar o estoque da loja. – Não, não temos mais esse livro na loja. E ele também está fora de catálogo. Eu sinto muito.

– Que pena! De qualquer modo, obrigado.

O rapaz lhe fez um aceno e foi atender outro cliente. Ao voltar-se para trás, Hugo se surpreendeu ao encontrar o sujeito em que, até minutos atrás, estivera de olho.

– Desculpe-me – adiantou-se o fulano com simpatia –, mas não pude deixar de ouvi-lo. Eu também fui muito fã desse livro quando eu era menino. É uma pena que muitos livros, bons como esse, deixem de ser editados com o passar do tempo. Isso impede as novas gerações de conhecerem lindas obras literárias como essa.

O sujeito de 29 anos de idade falava bonito, com um timbre de voz agradável e sonoro.

– Vim aqui lhe dizer – continuou o moço, calmamente –, que há um sebo não muito longe daqui e lá, talvez, você possa encontrar uma cópia do livro que procura.

O olhar do fulano despertou em Hugo uma deliciosa paz interior ou algo mais que ele não saberia definir em palavras. Demorou alguns bons segundos até que percebesse que o moço a sua frente havia terminado de falar e aguardava por um *feedback* seu.

– Obrigado! – exclamou Hugo, corando novamente. – Obrigado pela sugestão. Vou querer ir lá, sim! – As palavras saíram arrastadas de seus lábios, tamanho o embaraço que sentiu diante do estranho.

– Vou anotar o endereço para você – prontificou-se o sujeito, tirando a carteira do bolso e, de dentro dela, um cartão seu de visita, onde anotou no verso o que pretendia.

Ao entregar-lhe, Hugo rapidamente leu o que ele havia escrito e, virando o cartão, leu também seu nome impresso ali.

– Gabriel Callaway – pronunciou com simpatia.

– Eu mesmo, muito prazer.

– Hugo Martini.

– O jogador de futebol?!

– O próprio.

– Que honra!

Suas mãos tomaram a de Hugo num aperto quente, amigo e enco-rajador.

– Não sou muito fã de esportes, mas conheço o suficiente para saber que você é um dos melhores jogadores da atualidade.

– Obrigado.

– Eu prefiro os livros. Gosto mais da companhia deles do que do esporte em geral. – E abaixando a voz, Gabriel completou, com súbito bom humor: – Confesso a você que só vou à academia porque eu realmente preciso dela para me manter sadio, senão...

Ambos riram e Hugo comentou:

– Então você é um psicólogo. Ando pensando ultimamente em fazer análise.

– É sempre bom. Se precisar de alguma dica é só me ligar.

– Obrigado.

E sem saber por que, Hugo novamente se sentiu bobo diante do sujeito.

– Bem – gaguejou. – Eu já vou indo.

– Espero que você encontre o livro – desejou Gabriel de coração.

– Sim! Foi uma ótima dica. Obrigado.

E os dois se prenderam pelo olhar mais uma vez, o que deixou Hugo tão desnorteado que, por pouco não colidiu com uma pilha de livros em pirâmide, que havia ali perto, para exposição.

Ao sair da livraria, depois de um momento de hesitação, Hugo voltou a olhar para o interior da loja, através da vitrine. Assim, pôde avistar Gabriel que também se virou na sua direção, como se pressentisse essa ação.

O encontro de olhares deixou Hugo inibido diante da situação, rece-oso de que o sujeito o achasse estranho por ter feito aquilo ou alguém mais ali, que estivesse atento ao seu comportamento, pensasse o mesmo.

Voltando para casa, Hugo novamente olhou para o cartão recebido minutos antes. Leu e releu o nome até desanimar outra vez com a possibilidade de procurar ajuda psicológica.

Apesar de Gabriel ter-lhe passado certa confiança, lembrou-se do perigo que poderia correr, se um psicólogo desrespeitasse a ética profissional e expusesse seus segredos na mídia. Sendo um jogador famoso, muitos meios de comunicação sensacionalistas pagariam uma bela quantia por seus segredos e escândalos.

Sendo assim, amassou o cartão e o jogou numa lixeira próxima. Todavia, seguiu pensando em Gabriel, em sua simpatia e, no quanto ele gostou de conhecê-lo, ainda que por tão pouco tempo.

Ao ver-se novamente só em seu apartamento, a solidão e a tristeza atingiram-no em cheio. Saíra para comprar um livro para entreter seu tempo e nem isso trouxera com ele. O jeito era mesmo tentar distrair-se com um programa de TV, talvez o da Ellen Degeneres ou de outro apresentador de *talk show.*

2
TENTANDO SE
ENCONTRAR

Certo dia, Jordan Winters, o treinador americano de Hugo, comentou com o rapaz:

– Estamos notando certo abatimento em você, Hugo. O que há? Algum problema com seus avós?

– Não, com eles está tudo bem.

– E com você?

– Comigo?! – A pergunta pegara Hugo desprevenido. – Bem – mentiu ele despudoradamente –, acho que é saudade de casa, só isso.

– Está faltando uma garota na sua vida, Hugo. Uma que você leve a sério, com quem possa construir uma família.

– Será?...

– Certamente que sim. Namore uma por mais tempo do que o habitual, para que possa conhecê-la melhor. Jamais terá oportunidade de saber o que uma garota pode lhe oferecer, permanecendo ao lado dela por apenas uma noite, uma semana ou um mês. Sei bem que os homens gostam de aventura, mas sei também que não é de aventuras que eles se realizam mais tarde. Opinião minha, *tá?*

– Obrigado por se preocupar comigo, Jordan.

Hugo só dissera aquilo para encerrar de vez a conversa. Já não aguentava mais ter de se misturar com garotas para acobertar seu desejo de amar um homem.

No dia seguinte, ao chegar ao flat onde morava, Hugo foi surpreendido por Gabriel bem em frente à portaria.

– Hugo?!

– Gabriel?!

O sujeito sorriu para ele, demonstrando felicidade por tê-lo reencontrado.

– E aí, já deu uma passada no sebo de que lhe falei?

– Ainda não! – Hugo amarelou e para fugir do assunto, perguntou:
– Você... O que faz aqui? Veio falar comigo?

Dessa vez foi Gabriel quem corou:

– Não, vim apenas encontrar minha *girlfriend** que, por coincidência, mora nesse flat.

– Sério?!

– Pois é...

O assunto morreu e tanto um quanto o outro ficaram temporariamente sem graça um na frente do outro.

– Bem... – Gabriel voltou a falar, procurando quebrar o desconforto.
– E os treinos como vão?

– No maior esforço. Queremos ganhar a próxima Copa.

– *Bacana!*

– Temos adversários fortes, mas com um bom treino e um excelente técnico...

A conversa foi interrompida pela chegada de Daphne, a *amiga* de Gabriel. Apresentações foram feitas e logo os dois partiram.

– Bem, eu já vou indo... Foi bom reencontrá-lo.

Antes de tomar o elevador, Hugo acompanhou Gabriel se retirando do flat na companhia da moça. Uma vez mais ele pensou, no quanto seria interessante namorar um homem como ele: bonito, distinto e sereno. No entanto, Gabriel Callaway era mais um dos muitos heterossexuais felizes ao lado de sua *namorada*.

Depois do banho, para distrair a cabeça, Hugo decidiu sair para tomar alguma coisa num bar da vizinhança. Escolheu uma das mesas do fundo do local, encostada à parede, para que não fosse reconhecido e perturbado por fãs.

Dali, podia ver quem mais estava no local e também as pessoas que transitavam pela calçada. Uma ótima distração para uma cabeça vazia como a sua. Logo, uma garçonete de voz gentil e musical apareceu para atendê-lo:

– Posso ajudá-lo?

Um leve sorriso cortou o rosto sério do moço.

– Um capuchino.

---

*Em inglês, a palavra *girlfriend* significa tanto amiga quanto namorada. O que confunde muita gente durante uma conversa, pois não se sabe ao certo se uma pessoa está falando de sua amiga ou namorada. (N. A.)

A moça anotou o pedido e, minutos depois, trouxe-lhe a bebida. Assim que a colocou diante dele, permaneceu observando-o até Hugo se voltar para ela e dizer, com certa secura:

– É só. Obrigado.

– É que... – a moça corou. – Você é aquele jogador que volta e meia aparece na TV, não é?

Hugo pensou em negar, para poder ficar mais à vontade no recinto, todavia, sua sinceridade falou mais alto:

– Eu mesmo.

– *Cara...* – a garçonete suspirou. – Parabéns! Você é lindo!

Avermelhando-se como um pimentão, Hugo agradeceu o elogio e voltou a se concentrar no que bebia. Logo, outros mais no bar notaram a sua presença e chegaram a passar por sua mesa, só para confirmar se era mesmo o famoso jogador. Ele ignorou todos, limitando-se a olhar para o capuchino em suas mãos, com uma expressão desolada e infeliz.

Saber que os outros, principalmente os jovens como ele, gozavam de liberdade e alegria ao lado de seus amores e ele parecia pagar por um crime que não cometeu, era claustrofóbico e injusto. Assim sendo, ele pagou pelo que consumiu e partiu, atarracando ainda mais o boné sobre a cabeça para que se tornasse o mais irreconhecível possível.

Ao chegar ao flat, evitou usar a porta da frente, para não ter que cruzar com quem estivesse ali. Pelos fundos, era sempre mais seguro para aqueles que desejavam evitar contato com o público.

Minutos depois, lá estava ele de volta ao seu covil. Sentindo-se, mais uma vez como se tivesse sido enterrado num e, o que era pior, por si mesmo.

Diante da TV, pulando de canal em canal, encontrou uma reportagem sobre a importância da terapia na vida dos gays adolescentes. Algo que prendeu totalmente a sua atenção e o fez se perguntar, mais uma vez, se não deveria procurar por esse tipo de ajuda.

Estimulado pelo que assistiu, Hugo consultou a internet em busca de psicólogos que tivessem consultório no bairro. Por fim, interessou-se por um nome: Ellen Stone e procurou obter informações a seu respeito. Em seguida, ligou para o seu consultório e deixou seu nome e telefone para contato. No dia seguinte, logo pela manhã, a profissional retornou a ligação para marcar um horário para os dois se conhecerem e, quem sabe, firmarem uma terapia.

No dia e hora combinados, lá estava Hugo presente a sua primeira sessão. Sentia-se nervoso e não queria demonstrá-lo, o que só servia para deixá-lo ainda mais tenso.

Ellen Stone lhe fez breve apresentação do seu método de trabalho e a seguir, abriu espaço para Hugo falar.

Os olhos dele então se voltaram para o quadro dependurado na parede, o qual ficou admirando por um longo e silencioso minuto.

– Bonito... – comentou, porque achou que deveria dizer alguma coisa para quebrar seu constrangimento. Silenciou-se mais uma vez, procurando focar seus olhos em qualquer coisa que pudesse fazê-lo se sentir menos constrangido diante da psicóloga. Então, subitamente riu: – Você deve estar se perguntando, o que eu, um *cara* tão bem sucedido nos esportes está fazendo aqui, não é mesmo?

A mulher se manteve olhando naturalmente para ele.

– Eu ainda tenho dúvidas se realmente a terapia é a solução paro o meu problema.

– Você tem um problema?

– Acho que sim.

– O objetivo da terapia é ajudá-lo diante dele, Hugo.

– Acho que só nascendo de novo para eu realmente me ver livre do meu problema. – Movido por um obscuro instinto de defesa, acrescentou: – Não quer dizer que eu não seja normal. Sou sim, mas...

A profissional nada opinou, manteve-se quieta, aguardando por novas palavras que pareciam cada vez mais difíceis de serem pronunciadas pelo paciente.

Por fim, Hugo conseguiu encarar a mulher, sem se desviar de seus olhos como até então vinha fazendo e disse, com notória segurança:

– Acho melhor eu ir embora. Nem sei por que estou aqui. Foi tolice da minha parte eu ter marcado esta sessão... Isso aqui é pra maluco e eu não sou um. Não!

Ellen procurou tranquilizá-lo:

– Aqui você manda, Hugo. Esta hora é toda sua. Diga somente o que sentir necessidade e quando sentir necessidade. Ninguém o está forçando a nada. Você é livre para decidir o que é melhor para você mesmo.

E Hugo novamente olhou com atenção para ela, com seus olhos azuis cristalinos, pensando, mais uma vez, no quanto seria bom ter alguém com quem pudesse compartilhar seus temores. Ainda que incerto se deveria ou não se abrir, ele acabou cedendo:

– Eu tive um grande amigo, sabe? Conhecemo-nos quando ainda éramos crianças... Desde então, nunca mais nos separamos. Aprendemos a jogar futebol juntos. Um estimulava o outro e, por isso, nos tornamos tão bons. Então veio a adolescência e...

Novamente a incerteza e o medo o dominaram, a ponto de fazê-lo substituir o que ia dizer por outras palavras:

– Ele era tão craque no futebol quanto eu. Teria assinado com um time profissional famoso, tal como aconteceu comigo, se ele não tivesse desistido na última hora. Ele foi mesmo um estúpido, um perfeito imbecil por ter jogado fora uma oportunidade dessas... Preferiu se casar, ter filhos e...

Os olhos de Hugo brilharam, tomados novamente de súbita vergonha, enquanto a psicóloga se mantinha atenta as suas palavras, transmitindo-lhe conforto e confiança por meio do olhar. Mesmo assim, ele não conseguiu expor seu drama, o que o fez mentir, dizendo que precisava ir mais cedo para casa, pois acabara de se lembrar de um compromisso.

Sem mais, levantou-se da poltrona, pediu novamente desculpas pelo ocorrido e partiu, acelerando os passos. Somente lá fora voltou a respirar melhor. Foi como se tivesse sido privado do ar, durante o tempo em que permaneceu no consultório.

Para ele, era bem mais fácil enfrentar um ginásio lotado de torcedores, cometer uma falta ou deixar de marcar um gol decisivo, do que se abrir com qualquer um que pudesse ajudá-lo diante do que tanto lhe oprimia a alma.

Por isso, não compareceu as duas sessões seguintes, marcadas com a terapeuta, alegando uma desculpa qualquer. O mais chato naquilo tudo, foi se encontrar com a mulher no parque, no dia em que alegou estar jogando fora da cidade.

Por receio de reencontrá-la, passou a correr no local, noutro horário. Faltava-lhe agora, somente coragem para dizer à profissional que ele não queria mais continuar a terapia.

Quando junto do seu time, durante os treinos ou jogos, o conflito de Hugo lhe dava uma trégua, porque não havia tempo para pensar nos seus dramas. As atividades não lhe permitiam, a alegria de jogar o afastava de qualquer tristeza. Mas ao voltar para o flat, vendo-se longe de tudo e de todos, o choque com sua realidade era inevitável, não havia como fugir.

Certa tarde, quando o seu maior desejo era morrer por se sentir vazio e infeliz, seu celular tocou, lembrando-o de que era hora de ir para a terapia. Pela primeira vez, ele achou melhor comparecer, disposto a receber ajuda, capaz de impedi-lo de fazer qualquer loucura contra si ou qualquer semelhante seu.

Ellen Stone o aguardava, tal como das outras vezes em que ele marcara e não compareceu. Mostrou-se feliz com sua ida e ele pareceu mais solto na sua presença. Dessa vez, Hugo, sem rodeios, acabou revelando-lhe qual era o seu maior problema. Falou com tanto ímpeto que ao terminar sua narrativa, estava ofegante.

– É isso – disse, por fim. – O meu drama é este. O meu maior tormento é este. O meu maior problema, o meu maior conflito, é esse.

Ellen nada opinou, continuou em silêncio, aguardando por novas palavras.

– Você não vai me dizer nada?

– Não estou aqui para julgá-lo, Hugo. Apenas para ajudá-lo e encontrar respostas dentro de si, que possam libertá-lo de qualquer conflito ou caos interior.

Ele permaneceu olhando para ela com olhos a ir e vir. Então, subitamente, mergulhou o rosto nas mãos, arrependido amargamente de ter se aberto com ela daquela forma. Com desagrado, falou:

– Eu não deveria ter lhe dito nada. Não sei o que me deu para...

– Hugo, este espaço é seu para você dizer o que sentir necessidade.

– Mesmo assim, eu não confio. Nem em você nem em ninguém. A única alegria que me resta nesta vida é o futebol, pelo qual sou apaixonado. Se eu for expulso da Liga, minha vida, então...

– Enquanto você não confiar em mim, não poderei ajudá-lo.

Ele se levantou inquieto.

– Eu já vou indo.

– Hugo, hoje você deu um grande passo a favor do seu bem maior. Estou contente com isso.

Ele mordeu os lábios, não se permitindo compreender a importância do que ela lhe dizia.

Naquela mesma noite, depois do horário do expediente, Hugo ligou para o consultório, deixando um recado na secretária eletrônica. Ligara naquela hora exatamente para não ser atendido por ninguém, especialmente pela psicóloga. Não tinha coragem de lhe dizer, ainda que por telefone, que não mais faria terapia.

Dias depois, durante seu Cooper habitual, Hugo novamente cruzou com a mulher no parque, o que o fez se sentir muito mal diante dela. Tão desnorteado ficou que precisou se sentar num dos bancos do lugar, na esperança de acalmar seus nervos. Tomava um Gatorade para recuperar suas energias, quando Gabriel Callaway apareceu de surpresa:

– Hugo?

– Gabriel!

– Atrapalho?

– Não. Dei uma parada só para recuperar o fôlego.

– Tudo bem com você?

– Sim... Sim!

– Deve ser difícil, para não dizer, chato, não ter muita privacidade, não é mesmo?

– Em certos momentos é sim, Gabriel, mas é o preço que se paga pela fama.

– Entendo. Acho que entendo. Mas só mesmo nos tornando uma celebridade para saber exatamente como é.

Hugo assentiu, procurando sorrir amigavelmente.

Diante daqueles olhos azuis, tão lindos e tão profundos, que pareciam buscar algo inalcançável, Gabriel Callaway sentiu necessidade de dizer:

– Hugo, se você precisar de alguma coisa, pode contar comigo. Sei bem como é difícil estar morando numa cidade nova, longe da família e dos amigos.

– Sabe?

– Sim, porque também não sou daqui. Sou de Nebraska. Minha família é toda de lá, amigos, colegas...

– Entendo.

– A adaptação para você deve ser bem mais árdua do que a minha, afinal, você também está morando longe do país em que nasceu. Por isso, se precisar de um amigo, estou aqui.

– Ob-obrigado – Hugo por pouco não chorou. Seria, de fato, muito bom poder contar com um amigo, um novo amigo, mas ele teve vergonha de lhe dizer que havia amassado seu cartão de visita e o jogado fora.

Antes que se sentisse ainda mais constrangido na frente do americano, Hugo, com fingido entusiasmo, falou:

– Bem, eu já vou indo. Foi muito bom revê-lo, Gabriel. Até mais!

Sem delongas, partiu, deixando Gabriel novamente apreensivo com seu estado, com a nítida sensação de que o rapaz vivia um conflito interior muito grande, o qual poderia perturbá-lo muito mais ainda.

3
Paixão não se apaga com a dor

Em Mona Vale, Christopher Connell voltava da igreja com Vanessa e o filho, quando ele interrompeu seus passos, acometido de súbito estremecimento. Ao fundo, seus olhos focavam o trailer em que ele e Hugo tantas vezes se amaram.

– O que foi? – Vanessa estranhou sua reação.

– Nada, não.

Christopher olhava agora amedrontado na direção do veículo.

– Você me parece assustado.

– Bobagem – respondeu o rapaz, evitando o olhar da esposa.

Ao avistar o trailer, Vanessa se perguntou intimamente, por que o veículo perturbara tanto o marido. Ao olhar novamente para ele, firme e diretamente para os seus olhos, Christopher achou por bem dizer-lhe alguma coisa, ainda que fosse mentira.

– Meu pai... – começou –, lembrei-me dele agora. Ele costumava cuidar do trailer para o Senhor Taylor, proprietário do veículo. Só agora percebo o quanto este lugar está tomado de memórias do que vivemos de bom, lado a lado. Que pena que as memórias permaneçam, o certo seriam todas morrer junto com aqueles que morrem para nós.

Com um sorriso curioso enviesando-lhe os cantos da boca, Vanessa Harper comentou:

– Christopher, até parece que você está falando de outra pessoa. Não do seu pai.

– Ora, Vanessa! Endoidou? De quem mais eu poderia estar falando?

A moça mais uma vez preferiu mudar de assunto a confrontar o marido.

Naquela noite, Christopher Connell voltou a ser atormentado pelas lembranças do que viveu ao lado de Hugo Martini. Dessa vez, pelos bons momentos que passou ao lado do rapaz no trailer que se tornara o ninho de amor para os dois.

Por diversas vezes, Christopher se revirou na cama, querendo muito despertar daquilo que se tornara um pesadelo.

No dia seguinte, ao voltar do trabalho, tomou uma decisão muito séria, a única alternativa que encontrou para se livrar daquilo que tanto o afligia. Na *toca da noite,* munido de um latão com querosene, foi até o trailer, espalhou o líquido por dentro e por fora do veículo e ateou fogo, sem pensar duas vezes. Diante das chamas ele permaneceu, olhando fixamente para o trailer em destruição, como se o fogo pudesse apagar, de vez, tudo o que ele e Hugo viveram ali.

Christopher só caiu em si novamente ao ouvir vozes de pessoas vindo naquela direção. As chamas, subindo ao céu, despertaram a atenção dos moradores próximos que correram para ver o que estava acontecendo.

Antes que fosse descoberto, ele correu de volta para sua casa, com todo ímpeto de que dispunha. Foi como se a corrida pudesse libertá-lo do que havia feito há pouco. Ao vê-lo, vermelho e suando em profusão, Vanessa se assustou:

– O que houve?

Christopher havia simplesmente se esquecido dela.

– Nada, não! – Respondeu ele, tentando aparentar naturalidade. – Estava apenas me exercitando. Uma corridinha...

– Ah, *tá!*

E novamente Vanessa sentiu que o marido mentia para ela e suas mentiras começaram a deixá-la insegura diante da relação.

No dia seguinte, Vanessa voltou para casa contando, eufórica:

– O trailer, Christopher! O trailer do Senhor Taylor se incendiou. E a polícia acredita que o incêndio foi premeditado. Coisa de vândalo.

– Ah, é? – fingiu ele surpresa pelo fato.

– É.

A esposa então se recordou da estranha reação do marido, diante do veículo, um dia antes de ele ter sido incendiado. Recordou-se também de vê-lo chegando a casa, na noite anterior, noite do incêndio, todo suado e vermelho. Isso fez Vanessa levantar uma hipótese assustadora, mas plausível.

– O incêndio no trailer, Christopher... – perguntou ela, olhando-o bem. – O incêndio...

– Mude de assunto, Vanessa! Só sabe falar disso agora?

Sua irritação a assustou. Confirmou o que ela pressentia:

– Você teve alguma coisa a ver com o incêndio, Christopher?

Diante de sua hesitação e de seu espasmo de terror, Vanessa insistiu:

– Teve?

– Eu? É lógico que não, Vanessa! Que pergunta!

A questão o deixara vermelho por completo. E, por mais que ele negasse, Vanessa sabia que fora ele, sim, o responsável por aquilo. Mas por quê? Por que ele se incomodara tanto com o veículo a ponto de querer vê-lo destruído? Talvez ela nunca descobrisse o verdadeiro motivo. O importante naquilo tudo, é que a polícia jamais descobrisse que fora Christopher Connell quem ateara fogo ao trailer; caso contrário, eles estariam arruinados, tanto financeira quanto moralmente perante a população da cidade.

A sensação de que Christopher lhe ocultava algo de muito grave dentro de si, uma perturbação mental ou um caos no coração, voltou a intrigá-la. E ela desejava ajudá-lo, porque o amava, porque o queria bem e feliz. Era frustrante para ela, saber que por mais amor que lhe desse, ele se mostrava sempre distante, triste e solitário.

Naquela mesma noite, em meio à madrugada, Christopher foi levado pelo mundo dos sonhos, ao momento em que ele ateara fogo ao trailer. Enquanto observava o veículo ser consumido pelas chamas, ele percebeu que havia alguém dentro dele, também sendo consumido por elas. O fato o deixou desesperado, ainda mais quando percebeu que era Hugo quem estava ali, sendo sufocado e carbonizado pelo fogo. A descoberta o fez acordar gritando.

– Hugo! – berrou ele, aturdido e transpirando fortemente. – Ele estava lá! Eu o vi!

Vanessa, desperta por seu berro, tentou acalmar o marido:

– Christopher, foi só um pesadelo. Acalme-se.

O rapaz tremia por inteiro. Um minuto de silêncio e a jovem comentou:

– Você disse "Hugo".

– Ahn?! – estranhou Christopher, ainda em choque pelo que o fizera despertar.

– Hugo – repetiu Vanessa. – Você acordou chamando por ele.

Christopher rapidamente se constrangeu e para não dar margem ao assunto, falou, ríspido como sempre:

– Esqueça!

– É melhor você tomar um calmante.

– Não quero nada. Só paz!

De forma abrutalhada ele se levantou da cama, deixou a casa e foi respirar o ar puro da noite. Um passo aqui e outro acolá, levaram-no até os destroços do trailer que, sob a luz enfraquecida do luar, tornara-se pavoroso de se ver. Um esqueleto de ferro simplesmente assustador.

E novamente ele reviu, em pensamento, o pesadelo tido há pouco. Em que Hugo aparecia preso dentro do trailer em chamas. Ele queria matá-lo dentro de si, apagá-lo de sua memória e de seu coração, no entanto, percebia agora, seria doloroso demais vê-lo morto realmente e em todos os sentidos. Até mesmo dentro de suas lembranças.

No dia seguinte, logo pela manhã, a polícia bateu à porta da casa onde Christopher e Vanessa viviam com o filho.

– Bom dia.

– Bom dia, policial.

– Gostaríamos de ter uma palavrinha com o senhor.

Christopher concordou, voltando os olhos para trás, na direção da esposa que olhava alarmada para ele. Procurando aparentar naturalidade, Christopher deu sequência ao diálogo:

– Algum problema, policial?

– É sobre o trailer que se incendiou.

– Ah, sim. Do senhor Taylor.

– Dele próprio. Gostaríamos de saber se o senhor ou qualquer um dos seus, tem alguma pista a respeito de quem poderia ter feito aquilo, digo, ateado fogo ao veículo.

– Mas foi mesmo um incêndio premeditado?

– Os peritos afirmam que sim.

– Compreendo... – Christopher novamente olhou para Vanessa, antes de responder à pergunta que lhe fora feita: – Bem... Eu e minha esposa não vimos nada. Nada que fosse suspeito.

– Soubemos, pelo Senhor Taylor, que as chaves do veículo ficavam aqui com o senhor.

– Ah, sim! Quando meu pai era vivo, ele se prontificou a guardá-las para o Senhor Taylor, já que ele mora noutra cidade. Com as chaves aqui, meu pai poderia abrir o veículo para uma faxineira fazer a limpeza e ele próprio, solucionar algum problema, caso o veículo apresentasse um. Depois que o meu pai morreu, continuei guardando as chaves pelos mesmos motivos.

– Compreendo. Pergunto, pois segundo os peritos da polícia, o incendiário entrou no trailer para concluir seu trabalho, pela porta, sem arrombá-la. Se fez, foi certamente com as chaves do veículo. Deu pela falta delas?

– Bem...

Vanessa se intrometeu na conversa:

– Não! Elas estão aqui. Não são essas, querido?

– Sim, sim, meu bem. Essas mesmas!

Os dois policiais examinaram as chaves e pediram para levá-las com eles. Christopher não viu porque negar. Assim que se foram, Vanessa e o marido voltaram a se encarar. Por um instante, ele temeu que ela lhe perguntasse alguma coisa, algo que ele não soubesse responder de forma convincente. Por sorte, o filho chamou pela mãe, mudando o foco da situação.

Christopher agora estava preocupado. Se descobrissem que fora ele o responsável pelo incêndio, ele estaria em maus lençóis. Acabaria preso, teria também de vender a casa, único bem que possuía para ressarcir o prejuízo do proprietário do veículo.

O pior aconteceu, dois dias depois, quando os policiais voltaram à casa do casal, com uma intimação. Ambos deveriam comparecer à chefatura de polícia para prestarem depoimento. Os peritos haviam encontrado resquícios de querosene nas chaves do veículo que ali eram guardadas. O mesmo tipo de querosene que fora usada para incendiar o veículo. Christopher e Vanessa perderam o chão. Tentaram esconder o choque que tiveram com a intimação, mas não conseguiram. Desde então, não mais relaxaram.

No dia e hora marcada, o casal compareceu à chefatura de polícia para fazerem o que foram convocados. Haviam previamente combinado o que dizer, para não serem contraditórios em suas versões dos fatos.

Alegaram que qualquer estranho poderia ter entrado na casa do casal, enquanto eles haviam ido à igreja, apossado-se das chaves e mais tarde as devolvido em seu devido lugar, sem lhes dar tempo para notar o que havia acontecido.

Tanto Christopher quanto Vanessa depuseram com o máximo de veracidade possível. Mesmo assim, não foi o suficiente para convencerem o delegado e seus assessores. Assim que partiram, o delegado se voltou para o seu companheiro de trabalho e disse, convicto:

– Foi o rapaz.

– Sim! Também acho. Mas por quê?

– Aí é que está. Foi sempre um sujeito correto e muito centrado.

– Eu sei, todavia, até mesmo os mais corretos e centrados cometem erros, não é mesmo? O que faremos?

– Primeiramente vamos conversar com o proprietário do trailer, para saber se ele e o rapaz tiveram alguma divergência recentemente. Se ele também teve algum tipo de desentendimento com Charles Connell no passado, que pudesse fazer com que o filho quisesse se vingar dele na atualidade.

– Boa ideia.

E assim fez a polícia.

Dias depois, o Senhor Taylor batia à porta da casa de Christopher Connell.

– Senhor Taylor?! O senhor aqui! – exclamou Vanessa, verdadeiramente surpresa e assustada com a visita do homem.

– Olá. O Christopher está?

– Não. Mas não deve se demorar.

– Então vou esperar por ele.

– Fique à vontade.

Voltando os olhos para o pequeno Luka, o sujeito lhe fez uns gracejos.

– E esse menininho bonito, como vai?

E o garotinho sorriu, feliz pelo agrado.

Quando Christopher avistou o homem, aguardando por ele na varanda de sua humilde residência, ele simplesmente gelou. Sua vontade naquele instante, foi a de sumir dali para evitar qualquer confronto com o sujeito; mas já era tarde, ele já o havia visto.

– Senhor Taylor... Que surpresa! – falou Christopher com fingida alegria.

– Olá, Christopher. Gostaria de ter uma palavrinha com você, se possível.

– Lógico! Só vou guardar meus apetrechos e lavar minhas mãos. Um minuto, por favor.

Ao avistar Vanessa dentro da casa, com seus olhos tomados de preocupação voltados para ele, Christopher se sentiu ainda mais tenso diante da situação. Por fim, guardou suas coisas, lavou as mãos e foi enfrentar o que deveria.

– Pois não, Senhor Taylor. Sou todo ouvidos.

O homem examinou atentamente seus olhos e disse:

– Conheço você, Christopher, desde que era um garotinho, quase do tamanho do seu filho. Lembro-me bem da alegria que seu pai sentiu, por você ter nascido. Pobre Charles, foi uma grande tristeza para mim, vê-lo morrer tão cedo.

– Nem me fale...

– Pois bem, Christopher. A única pessoa dessa cidade que tinha as chaves do meu trailer era seu pai e, depois, você. Ninguém mais. Há uns quatro, cinco anos atrás, percebi que alguém andava usando meu trailer para encontros amorosos.

Christopher engoliu em seco e sem querer, acabou se entregando pelo olhar.

– Eu não me importo – continuou o homem, mansamente. – Juro que não! Especialmente se foi você quem o usava para esses fins.

– Senhor Taylor...

– Deixe-me terminar.

Christopher assentiu e o sujeito prosseguiu:

– Pois bem. Se eu nada fiz a você ou a seu pai, que pudesse fazê-lo atear fogo ao meu trailer por raiva, então, algo de muito ruim aconteceu ali, envolvendo a sua pessoa. Algo que o fez acreditar que com o fogo, apagar-se-ia de vez da sua lembrança e, talvez, do seu coração.

Christopher, com voz suplicante tentou falar em sua defesa:

– Senhor Taylor, eu não tenho como pagá-lo. Sou pobre, o senhor sabe. Essa casa é tudo o que possuo, e, mesmo assim, não vale muito, está caindo aos pedaços. Além do mais, tenho um filho pra criar, não posso ir parar na cadeia...

O homem muito ponderadamente respondeu:

– Você me colocou numa situação muito difícil, Christopher. Porque aquele trailer marcou imensamente a minha vida. Ali, também vivi grandes momentos com minha falecida esposa.

Ele tinha lágrimas nos olhos ao falar.

– Mesmo assim, Senhor Taylor...

– Não se preocupe O veículo estava velho e necessitado de consertos, não valia muito. Por isso, nada exigirei de você em pagamento, tampouco farei algo contra você em termos de justiça. Vou retirar a queixa. De você eu só quero uma coisa.

Após breve suspense, o homem se explicou:

167

– Quero saber se realmente você conseguiu apagar de dentro de si, os bons ou maus momentos que viveu ali. Se conseguiu, considere-se um vitorioso. Memórias não se apagam por meio do fogo, apagam-se por meio do perdão. Pelo menos, foi isso o que a vida me ensinou.

Christopher tentou responder à pergunta, mas tudo o que conseguiu fazer, foi chorar, como uma criança arrependida de seus atos e, também por medo das consequências negativas de suas ações.

Assim que o sujeito partiu, Vanessa foi até o marido, ansiosa para saber o que haviam conversado. Christopher então lhe contou tudo e, ela, também muito comovida, procurou tranquilizá-lo:

– Se ele lhe prometeu que nada fará contra você, Christopher, ele honrará a promessa.

E Christopher assentiu, esperançoso de que Vanessa estivesse mesmo certa quanto àquilo.

4
PROVIDÊNCIA
DIVINA

Mais um dia e lá estava Hugo Martini novamente largado no sofá do flat em que vivia, pensando no futuro que, para ele, mostrava-se cada vez mais incerto e solitário. Olhando para os remédios sobre a mesa, avistou neles, mais uma vez, a única saída para os seus problemas. Decidido, levantou-se, sentou-se ali e derramou por sobre o tampo, todos os comprimidos contidos nas cartelas. Ficou a brincar com cada um deles, enquanto esperava crescer, dentro de si, a força necessária para ingeri-los, todos de uma só vez e dar fim, para sempre, aos seus martírios.

A carta de despedida para os avós já havia sido escrita. Quem o descobrisse, ali, haveria de enviá-la para os dois. Seria um choque, um baque, sim, certamente, mas eles haveriam de compreender o quanto sua vida se tornara triste e vazia, sem poder amar abertamente alguém do mesmo sexo.

Estava prestes a tomar tudo aquilo, quando a campainha do seu quarto tocou e, imediatamente, decidiu ignorá-la. Mais um toque e Hugo se irritou. Que *saco,* murmurou em silêncio. Que hora mais inconveniente para alguém vir aqui. Ao soar novamente, o rapaz decidiu ir ver quem era para dar fim àquilo, o mais rápido possível.

Quando abriu a porta, surpreendeu-se ao ver Gabriel Callaway parado ali, olhando curiosamente para ele, com um meio sorriso, bailando em seus lábios.

– Olá – saudou-lhe o sujeito com sua simpatia de sempre.

Hugo permaneceu calado, tentando encontrar palavras.

– Tudo bem? – tornou Gabriel, lançando um olhar discreto para o interior do flat.

Hugo aprumou-se e ergueu bem a cabeça.

– Olá, Gabriel... Você aqui, que surpresa!

– Desculpe-me por ter vindo assim, sem avisar. É que eu estava no flat, visitando minha *amiga,* quando me lembrei de você. Decidi então vir

169

vê-lo, arriscar-me a fazer-lhe uma surpresa. Atrapalho?

– Sim... Não!

– Sim ou não?

Hugo havia perdido realmente o norte.

– Está tudo bem? – insistiu Gabriel atento aos olhos do jogador.

– Bem?! – Hugo se fingiu de forte. – É lógico que sim!

– Mesmo?

– Sim... – Seus olhos, infelizes e assustados, desmentiam o rosto austero e confiante.

– Que bom!

Hugo, forçando um bocejo, falou:

– Já ia dormir, estou bastante cansado.

Foi nesse momento que Gabriel avistou sobre o tampo da mesa, os comprimidos enfileirados por Hugo.

– O que pretende? – perguntou, voltando a encarar Hugo com pre-ocupação.

Hugo, muito sem graça, explicou:

– Derrubei-os sem querer.

– Mesmo?!...

– Sim, sim! Sei que parece estranho, eles todos ali, dessa forma, mas... Ora, o que está pensando?

– Eu deveria pensar noutra hipótese?

– Sim! Não! Escute aqui, Gabriel, eu realmente estou cansado e...

– Hugo, esses remédios sobre a mesa... Você pretendia tomá-los, não é mesmo? Todos de uma só vez.

Hugo perdeu o chão. Entregou-se totalmente pelo olhar.

– Acho melhor a gente conversar um pouco.

– Acho melhor, não! – Respondeu Hugo, automaticamente.

– Só quero ajudá-lo, por favor.

Por fim, Hugo lhe deu passagem e, assim, Gabriel pôde entrar no seu apartamento. Hugo estava tão envergonhado de si, que não sabia o que fazer a seguir, tampouco se tinha coragem novamente de encarar o moço a sua frente.

– Sente-se, vamos conversar um pouco – sugeriu Gabriel de forma muito tranquila.

– Estou bem de pé. Fale!

Voltando os olhos para o tampo da mesa, Gabriel comentou:

– Estou até vendo as manchetes na mídia: "Famoso jogador de futebol, rico, bonito e desejado, se mata enquanto muitos gostariam de ser como ele. De estarem no seu lugar!".

Hugo engoliu em seco e Gabriel prosseguiu, serenamente:

– Suicídio seria um péssimo exemplo para os milhares de fãs que você tem espalhados pelo mundo, Hugo. Especialmente para as crianças que o adoram. Enquanto tantos lutam para viver, você, com uma vida saudável e próspera, luta para morrer. Acha justo?

A pergunta deixou Hugo ainda mais amarelado e contraído. Sem poder mais controlar suas emoções, acabou chorando, desesperado e infeliz. Gabriel foi até ele e o conduziu até o sofá.

– Pode chorar – incentivou-o, também se emocionando com a situação. – Faz bem. Vez ou outra nos faz muito bem.

E Hugo chorou, como se nunca lhe houvesse sido permitido chorar suas derrotas, frustrações e dissabores com a vida.

– É isso aí. Põe *pra* fora! – Gabriel o apoiou mais uma vez.

Com a mão direita, o americano massageou levemente o ombro do australiano, procurando lhe transmitir apoio e compaixão.

– Que vergonha... – admitiu Hugo, minutos depois. – Que vergonha...

– É vergonhoso, sim, mas estou aqui para ajudá-lo.

Aquelas palavras deixaram Hugo ainda mais comovido. Um minuto de silêncio e ele perguntou:

– Que louco você ter aparecido bem na hora em que eu...

– Pois é... Senti necessidade de vê-lo e tinha de ser agora.

– Até parece que você sabia do que eu estava prestes a fazer. Como isso é possível?

– Sei lá! Intuição, talvez!

Nova pausa e quando achou que devia, Gabriel foi direto ao ponto:

– Você acha mesmo que vale a pena se matar porque o mundo não o aceita como você é, por dentro, na alma? Ou pior do que isso, porque você não se aceita como é, na alma?

Demorou, mas Hugo finalmente percebeu a profundidade do que o colega havia lhe dito.

– Você sabe! – exclamou ele, estupefato. – Sabe sobre mim!

– Sim, Hugo, eu sei. A princípio fiquei em dúvida, confesso, mas, depois... Teria sido melhor se eu tivesse *te sacado* de imediato, assim você não teria chegado a esse ponto.

– Não dou *pinta,* dou?

– Não.

– Então como percebeu?

Gabriel novamente respondeu em meio a um belo sorriso:

– Intuição, mais uma vez.

Hugo se arrepiou. E voltando a olhar para os comprimidos sobre a mesa, comentou:

– Teria sido melhor eu morrer. Não sou feliz. Não tenho como ser. Amei um *cara* que não quis ficar comigo para não ir contra os princípios dos pais e da sociedade. Tentei amar uma garota e não consegui. Mesmo que eu me apaixonasse por outro *cara,* eu não poderia levar adiante esse relacionamento, a mídia vive no meu pé; se descobrissem, seria um escândalo, uma vergonha para o time do qual eu faria parte no momento. Seria também, sem dúvida alguma, o fim da minha carreira no futebol.

Hugo respirou fundo e completou:

– Não tenho saída. Jamais poderei ter afeto e realização profissional ao mesmo tempo. Jamais serei feliz.

– Eu o entendo, não é fácil. Quantos e quantos não sofrem pelos mesmos motivos? Por medo de não serem aceitos, de serem rejeitados e massacrados pela sociedade, moralista e preconceituosa, sufocam quem são na alma. Mas se matar por isso, não é justo.

– Então me diz, no meu caso, qual é a saída?

– A saída é uma questão de escolha, Hugo. Você é quem decide. Permanecer sofrendo como está, sentindo-se cada vez mais sufocado e infeliz, ou se mostrando como é, doa a quem doer, porque o que importa mesmo é a sua felicidade, o seu bem-estar.

– Você sabe o que vai acontecer se eu, um jogador famoso de futebol, assumir quem sou realmente? Eu lhe digo: serei simplesmente massacrado e achincalhado pelas pessoas. Por todos que não toleram os gays.

– É o preço que você terá de pagar se fizer essa escolha.

– Escolha essa que pode também me fazer ser expulso do meu time de futebol e nunca mais ser contratado por outro, por causa da homofobia. E eu amo o que faço. Adoro o futebol.

– Isso também será consequência de sua escolha, Hugo.

– Pois é... Sem contar os milhares de fãs que vão se decepcionar comigo, por eu ser o que sou.

– Pois eu penso que muito mais gente se decepcionaria com você, ao saber que cometeu suicídio, do que se assumindo gay. Só mesmo os fortes e corajosos se assumem, quando isso realmente importa para eles. Você mesmo, se fosse seu fã, como se sentiria diante das duas atitudes? Qual delas o cobriria mais de admiração por sua pessoa?

Hugo novamente enrubesceu.

– Está vendo?

Breve pausa e Hugo admitiu:

– É obvio que a melhor opção é se assumir, como se é na alma, só me falta coragem...

– É, mas coragem para tirar a própria vida, isso você despertou em seu interior, não é mesmo? E eu refaço a pergunta: vale mesmo a pena tirar a própria vida para agradar aqueles que sofrem de intolerância? Vale?

– Não, é lógico que não, mas...

– Mas? – corroborou Gabriel, olhando com redobrada atenção para o colega.

Os olhos de Hugo brilharam novamente, tomados de súbita vergonha. Visto que ele não conseguiria dizer, Gabriel disse por ele:

– Não é somente pelo fato de não poder viver abertamente uma relação homossexual que você se deprime, Hugo. Você se deprime também, porque ainda ama o rapaz que o trocou por uma vida heterossexual, normal, entre aspas. Você o queria de volta, não é mesmo? Ao lado dele, teria coragem de enfrentar todos sem temer. Seria capaz até de virar o jogo a seu favor.

O rosto de Hugo perdeu a seriedade. Rindo, ele admitiu:

– Sim... O Christopher ainda é o grande amor da minha vida. Por mais que eu tente, não consigo esquecê-lo.

– Aposto que em todo *cara* que desperta a sua atenção, você busca encontrar o Christopher, não é mesmo? Ouso dizer até que, você se mantém no futebol, esforçando-se cada dia mais para dar o seu melhor, só para mostrar a ele que você é o *cara:* orgulho da nação, do futebol e de muitos, para mostrar claramente ao Christopher, o que ele perdeu.

Hugo voltou a rir.

– Christopher também era um excelente jogador de futebol e teria sido contratado por um time profissional, se não tivesse desistido na última hora. Era para ele estar aqui, do meu lado, gozando de toda fama, dinheiro e alegrias que o futebol me dá, mas ele não quis e apesar de nunca ter me dito o verdadeiro motivo, suspeito que foi mesmo para se afastar de mim, porque assinando com o time australiano, acabaria permanecendo ao meu lado.

– *Poxa!* Abrir mão de uma oportunidade dessas foi mesmo jogar a sorte pela janela.

– Sim. O Christopher foi mesmo um perfeito imbecil. Um asno. Um idiota ao quadrado.

– E, no entanto, você ainda ama esse idiota ao quadrado.

Hugo, rindo novamente, respondeu:

– Quão tolo sou eu também por isso, não? Amar um babaca. Eu não devia, eu sei, mas... Isso mostra que sou tão otário quanto o Christopher. Otário por ainda amá-lo, otário por ainda acreditar que possamos ficar juntos, mesmo eu sabendo que ele é feliz com a esposa e o filho que teve com ela.

– Como você sabe que ele é feliz?

– Qualquer um pode ver pelas fotos nas redes sociais. Ali se vê ele sempre sorrindo, esbanjando alegria, totalmente feliz com a vida que leva. Enquanto eu me esforço para parecer super bem sucedido, realizado e feliz, especificamente para ele, porque sei que ele saberá de mim por meio da mídia, na verdade, ele não está nem aí para mim. Eu sou mesmo um otário. Realmente, um otário!

Gabriel voltou a ficar sério, tão sério quanto a pergunta que fez a seguir:

– E voltando a falar de escolhas. Você tem novamente duas delas a sua disposição, neste caso. Continuar se deprimindo por um *cara* que não quer mais nada com você ou abrir seu coração para outro sujeito.

– Foi o que meu avô me disse, certa vez.

– E pelo visto você não o ouviu.

– Ouvi, sim, mas... Já lhe disse por que é difícil para mim levar isso adiante.

– Hugo, a vida é agora! Devemos vivê-la como se não houvesse amanhã, porque o amanhã pode nunca existir. Continua sendo também uma escolha para nós: aproveitar a vida ou não. A felicidade, sim, carece de urgência, o amanhã, nem tanto. Foi isso o que a vida ensinou aos sábios e, por isso, eu priorizo tudo o que me faz feliz, agora!

– Eu sei, Gabriel, eu sei, mas, verdade seja dita, é muito mais fácil ser heterossexual nesse planeta do que *homo,* não é mesmo? Você, mais do que ninguém sabe disso.

Gabriel riu.

– O que foi? Falei besteira? É ou não é verdade?

– Sabe, Hugo, não foi bem a intuição que me fez perceber que você era gay. Foi algo chamado *gaydar*. E *gaydar,* você já deve saber que só os gays possuem.

A cor voltou violentamente ao rosto de Hugo.

– Você?!

– Eu, sim! É tão espantoso assim?

É obvio que Hugo estava espantado. Um homem daquele porte, totalmente masculino, nem ele sendo gay poderia notar seus verdadeiros sentimentos por trás daquela masculinidade toda.

– *Poxa,* cara, eu jamais pensei que...

– As aparências enganam, não é mesmo?

Hugo admitiu que sim e logo quis saber:

– Mas você tem namorada. Eu o vi com ela. Inclusive ela mora aqui no flat.

– Amiga, Hugo. Amiga.

E Hugo novamente sorriu diante dos olhos castanhos e bonitos do americano. No minuto seguinte, tremenda curiosidade o fez perguntar:

– Como é ser gay para você? Como você lida com isso? Como foi no começo? Você é casado, tem namorado? Sua família aceita?

Gabriel tornou a rir.

– Nossa, quantas perguntas! Será que possa respondê-las uma de cada vez?

Só então Hugo notou o que havia feito, relaxou e disse:

– É claro que sim. Desculpe-me.

– Tranquilo.

Houve uma pausa apreciativa antes de o sujeito responder, olhando firmemente para os lindos olhos azuis do australiano sentado à sua frente.

– Quando eu realmente compreendi o que significava a palavra gay, perguntei-me se não seria um. A possibilidade me deixou apavorado. Era assustador demais ser algo que todo mundo recriminava e desmoralizava. Na escola, eu já era alvo de piadas por ser muito aplicado nos estudos, se eu fosse gay e todos descobrissem, eu certamente seria alvo de muito mais provocações, o que seria tremendamente chato para mim. Por receio de ser gay, comecei a *ficar* com garotas mesmo sem me sentir atraído por elas. Agindo assim, acreditava eu na ocasião, deixaria de ser o que poderia ser, como uma receita a ser seguida para se obter um resultado específico. Só que todo esse esforço foi me deixando cada vez mais vazio e triste. Andava sempre irritado porque no fundo, era muito chato viver me forçando a fazer algo de que não gostava.

Demorou para eu perceber que o que mais me preocupava naquilo tudo, não era propriamente o fato de eu ser gay e, sim, a reação negativa que minha família teria se soubesse do fato. Especialmente meu pai, religioso e tradicional ao extremo. Ele não aceitaria um filho gay, jamais! Para ele, seria uma vergonha, muito mais uma vergonha do que propriamente um pecado.

Então, pela primeira vez, eu me olhei no espelho e disse: se você for gay que seja, mas chega de tentar fugir disso tudo, por medo da reação dos outros quanto ao fato. Isso me deu um grande alívio. Respirei até melhor, desde então. Eu estava cansado de fugir de mim mesmo, de quem eu realmente era. No fundo, eu queria tirar esse peso de dentro de mim, pôr para fora porque estava me sufocando. Minha próxima atitude foi passar as férias em Londres, onde eu tive a oportunidade de ir, pela primeira vez, a um bar gay. Tive coragem, também, porque ali ninguém poderia me reconhecer. Foi a primeira vez em que eu fiquei com um *cara* e foi o suficiente para eu saber qual era a minha. Ainda que o mundo abominasse os gays, ainda que minha família não me aceitasse sendo um, me senti muito mais tranquilo porque agora sabia, exatamente, o que ia em minha alma. O segredo para a felicidade de qualquer um é realmente se encontrar.

Gabriel sorriu e prosseguiu:

– Como eu lhe disse, minha família jamais aceitaria o fato. Se soubesse, seria uma tremenda decepção para eles. Tanto para minha mãe quanto para o meu pai. Especialmente para ele que sempre foi de família conservadora e tem ojeriza a tudo que se diz moderno. Ele é quase um Amish. Então, em respeito a ele, me mantenho na minha. Por isso, mudei de cidade e de Estado, para que eu pudesse viver com maior liberdade o que sinto em minha alma. Aqui, pelo menos, posso levar uma vida mais à vontade. Quando sinto saudade, visito os dois e, assim, fica tudo bem para ambas as partes. Se para o papai, já foi uma tremenda decepção eu ter cursado a faculdade de psicologia, algo com o qual ele não se conforma até hoje, provavelmente teria um enfarto fulminante se eu lhe dissesse que sou gay.

Breve pausa e ele concluiu:

– No entanto, se um dia ele vier a descobrir, de uma forma ou de outra, sinto muito. O que eu podia fazer para poupá-lo, já fiz. Caberá a ele lidar com isso da melhor forma que puder. Opções lhe serão dadas, ele terá de escolher qual delas é mais sadia para si e para todos.

Hugo comentou a seguir:

– Meu avô reagiu bem quando lhe contei a meu respeito. Minha avó, a princípio, não, mas depois...

– Cada um reage de um jeito, Hugo. Mas isso é natural, afinal vivemos num mundo onde o *bacana* é você não ser quem realmente é, e, sim, quem a sociedade elege como ideal. Isso também em relação aos padrões de beleza.

Hugo concordou mais uma vez com Gabriel que voltou a falar, animado:

– Respondendo a sua outra pergunta: Você é casado, tem namorado? Bem, eu tive sim um namorado, mas não deu certo. Foi bom enquanto durou.

– Entendo.

– Portanto, no momento, não tenho nenhum compromisso sério com ninguém. Mas lhe confesso que estou à procura, porque amor é uma necessidade da alma. Ainda que possa nos fazer sofrer, deixar de amar por isso, também nos trará sofrimento, portanto...

E Hugo novamente gostou do que ouviu.

– Respondi tudo? Ficou alguma dúvida?

– Respondeu tudo, sim! Fui até invasivo demais.

– Que nada!

Breve pausa e ambos ficaram se admirando, com olhares levemente acanhados. Rompendo o súbito constrangimento, Gabriel comentou:

– Você não está só, Hugo. Nenhum gay do mundo está. Porque não são os únicos. Há milhares e milhares espalhados por aí. E muitos mais evitando pensar no que sentem, de verdade, por medo do que possam vir a descobrir. Saber que você não é o único nos causa um grande alívio, tal qual saber também que existem grupos de apoio para ajudá-lo a lidar com todo e qualquer processo de descoberta. Ter com quem se abrir é importantíssimo para todos que se descobrem gays. Porque nessa hora, apoio e esclarecimento só têm a contribuir para sua autoestima.

Gabriel então se levantou e sorrindo, sugeriu:

– Que tal se a gente for tomar um drinque no bar aqui perto?

– *Poxa,* eu...

– Vamos?

– Lógico que sim, por que não?

E ao passar um pelo outro, ambos se enroscaram e acabaram rindo da situação. Não demorou muito e Hugo voltou, vestido mais adequadamente para sair. Foi um passeio agradável, onde os dois puderam se conhecer um pouco mais.

A noite terminou com ambos combinando de se ver no dia seguinte, ao final da tarde, para pegarem um cineminha. Por aquela virada do destino, Hugo não esperava. Fora realmente surpreendente. Havia tanto em que pensar, tanto que ainda queria perguntar a Gabriel, mas tudo haveria de ficar para o próximo encontro, tão íntimo quanto aquele que tiveram naquele dia.

5
UM NOVO
AMANHÃ

Por volta das dez horas do dia seguinte, Hugo saltou da cama com entusiasmo redobrado pela vida. Tomou um banho caprichado e procurou uma roupa alegre que pudesse espantar a ansiedade. Experimentou algumas e optou pela camiseta preta com o símbolo do Super-Homem estampado na frente. Com ela, quem sabe, ele poderia mesmo se tornar um homem de aço, capaz de enfrentar suas velhas e novas inseguranças.

Com as horas passando, sem que Gabriel ligasse para ele como havia prometido, a ansiedade de Hugo se agravou e o entusiasmo com que despertara aquela manhã, perdeu-se.

Quando o celular finalmente tocou, Hugo atendeu-o com tanta pressa, que nem se ateve ao número de quem ligava naquele instante. Em sua opinião, só podia ser Gabriel, com sua voz doce e sem igual. Outro alguém, ser-lhe-ia uma tremenda decepção.

– Hugo? – perguntou a voz do outro lado da linha.

– Gab... – Hugo não completou o nome.

– Hugo, sou eu, o Jordan.

– Ah! – Hugo tentou parecer motivado. – Pode falar, Jordan!

O treinador lhe falou sobre o procedimento do treino do time, para a semana que se iniciaria. Hugo agradeceu a informação e desligou. Não estava para papo. Não com alguém que não fosse Gabriel. Foi então que uma possibilidade arrasou de vez com seus planos. Teria Gabriel forjado tudo aquilo que se passara entre os dois na noite anterior, só para fazê-lo expor seus verdadeiros sentimentos e, com isso, expô-lo na mídia?

Teria ele levado consigo um gravador, às escondidas, e gravado tudo o que conversaram, só para ter como provar, mais tarde, que ele, Hugo Martini, era realmente gay? Sim, só podia ter sido isso, e ele, Hugo, caíra como um pato. Como fora estúpido. Onde já se viu se abrir com um sujeito que mal conhecia? Só mesmo um otário faria o que ele fez.

Ao ouvir o interfone do flat tocando, Hugo rapidamente apanhou seu celular, por pensar que fora ele que havia tocado. Só depois é que percebeu que a chamada provinha do outro aparelho.

– Alô!

– Hugo?

– Sim, quem fala?

– É o Gabriel.

A menção do nome fez Hugo gelar e emudecer.

– Hugo, você ainda está aí? – perguntou Gabriel do outro lado da linha.

– Estou.

– Você me parece estranho, o que houve?

– Nada... Nada não. Por que você não me ligou no celular?

– Como, se você não me passou o seu número?

– Não?!

– Nunca! Eu deveria ter pedido, mas acabei me esquecendo.

– Verdade. Que cabeça a nossa.

– Acontece.

E o clima se descontraiu um pouco mais a partir de então.

– Eu lhe disse que ligaria hoje para a gente combinar de pegar um cinema no final da tarde, mas houve um imprevisto e não poderei ir. Por isso estou ligando.

– Aconteceu alguma coisa de grave?

– Minha mãe me ligou logo pela manhã, dizendo que meu pai não estava nada bem. Achei melhor vir vê-lo.

– Que dizer que você...

– Sim estou em Nebraska. Peguei o primeiro voo disponível. Devo voltar amanhã. Lá pelo fim da tarde. Se estiver a fim, podemos combinar algo para essa hora.

– Sim, sim... Pode ser. Você me liga?

– Então me passe o número do seu celular, por favor.

E assim foi feito.

– Melhoras para o seu pai.

– Obrigado.

Ao recolocar o fone no gancho, Hugo se pegou novamente pensando na possibilidade de tudo aquilo ser uma cilada para ele. Um lado seu acreditava piamente na hipótese, outro, a considerava apenas um exagero da sua parte. De qualquer modo era melhor ficar atento.

No dia seguinte, como prometido, Gabriel ligou para Hugo assim que chegou ao aeroporto da cidade.

– Cheguei! – falou, com certa euforia. – Estou indo para casa. Quero saber se você está a fim de jantar comigo. Pensei em fazer uma massa. Que tal?

Hugo adorou o convite, mas procurou não demonstrar tanta empolgação.

– Legal! Parece-me uma boa ideia.

– Molho branco ou vermelho?

– Gosto dos dois.

– Ótimo! Eu também! Anote aí o meu endereço. Espero você às dezoito.

– Combinado.

Hugo não pôde conter o riso feliz que se espalhou pela sua face, ao desligar o celular. Um furor subiu-lhe no peito. Algo gostoso de sentir. Assim, ele tomou um banho caprichado, vestiu um jeans e uma camiseta que realçavam sua beleza e se perfumou de CK. Admirando-se no espelho, em busca de aprovação interna, disse para si: nada mau!

Antes de partir, passou numa Delly e comprou um vinho para levar de presente. Pouco tempo depois, ele chegava ao apartamento de Gabriel, num bairro próximo ao seu.

– Bem-vindo ao meu lar doce lar! – falou Gabriel, abrindo um sorriso e a porta para lhe dar passagem.

Hugo fez uma reverência e lhe entregou o vinho, dizendo:

– Não sei se é dos bons. Foi o melhor que a lojinha de conveniência pôde me oferecer.

– Obrigado. Fique à vontade. A casa é sua.

Hugo procurou se descontrair. Minutos depois, os dois se sentavam à mesa para saborear a massa preparada pelo dono do AP.

– Está muito bom. Parabéns!

– Não há segredos para fazer uma boa massa, Hugo. Elas já vêm prontas. O importante é que o molho tenha o tempero certo e, o queijo ralado, seja dos bons.

Gabriel encheu a taça de vinho dos dois e propôs um brinde.

– A nós!

– A nós!

Seu sorriso carismático fez Hugo também sorrir e apreciar a bebida com outro paladar. Um minuto depois, ele gargalhava, inesperadamente, avermelhando-se todo.

– O que foi?! – espantou-se Gabriel, achando graça dele.

– É que... – O constrangimento de Hugo era total.

– Diga.

– Tenho vergonha.

– Bobagem. O que foi?

– É que ontem, por você não ter entrado em contato comigo, como disse que faria pela manhã, mil coisas a seu respeito me passaram pela cabeça.

– Mil coisas? Por exemplo...

Vermelho como um pimentão, Hugo compartilhou com o colega sua teoria.

– Olhe só! – exclamou Gabriel bem humorado. – Além de bom jogador, você também tem uma imaginação fértil. Que maravilha!

– É que...

– Eu entendo a sua dificuldade em acreditar nas pessoas, Hugo. É compreensível. De qualquer modo, pode ficar tranquilo. Pelo menos em relação a mim. Ok?

– Vou tentar. – E Hugo novamente se avermelhou todo. – É que nos conhecemos há tão pouco tempo e...

– É assim que se começam as amizades, Hugo. Todos os nossos amigos ou conhecidos já foram estranhos para nós um dia.

– É verdade.

– Por isso, relaxe...

E Hugo tentou. E em meio às garfadas saborosas e goles de um bom vinho italiano, estendeu-se uma conversa agradável e descontraída.

Ao término do jantar, Hugo se prontificou a ajudar Gabriel a tirar a mesa. Foi nessa hora, entre um vai e vem e outro, que os dois se esbarraram, sorriram e se constrangeram mais uma vez diante do fato. Então, depois de toda louça posta no lava-louças e demais utensílios guardados em seus devidos lugares, Gabriel arrastou o convidado para a sala de estar, onde apanhou um embrulho e entregou para ele.

– O que é isso?

– Abra! Acho que vai gostar.

Curioso, Hugo desembrulhou o que recebeu. Era um exemplar do livro "Castelos de areia", seu favorito de criança.

– *Cara*, que surpresa boa! Adorei!

– Que bom que gostou! Estava na casa dos meus pais. Trouxe exclusivamente para você.

– É sinal de que não se esqueceu de mim.

– E eu poderia?

A atenção dos dois foi desviada a seguir, para a canção que começou a tocar no aparelho de som. "My heart will go on" com Celine Dion.

– Essa canção é mesmo incrível.

– Eu também gosto muito.

Olhos nos olhos, os dois se deixaram envolver pela música. E quando Hugo pensou que Gabriel lhe diria algo mais envolvente, ele simplesmente lhe perguntou:

– Quer mais vinho?

Hugo fez que sim com a cabeça e Gabriel novamente encheu as taças.

– Delicioso... – elogiou Gabriel, degustando a bebida, sem tirar, por momento algum, os olhos do mais novo amigo.

– Sim, muito bom – concordou Hugo que, diante dos lábios rosados do americano, não mais se conteve: beijou-o inesperadamente.

– Desculpe-me – disse ele ao recuar o rosto. – Não resisti.

Gabriel sorriu e com certa hesitação, admitiu:

– Preciso lhe confessar algo.

– Oh, meu Deus, o que é? – alarmou-se Hugo. – Não vai me dizer que você...

Gabriel riu.

– Calma, Hugo. Não é nada disso que você está pensando.

– O que é, então?

– É que gostei de você, desde o primeiro instante em que o vi na Barnes & Nobles. Apesar de já tê-lo visto pela TV, pessoalmente, você me causou muito mais impacto.

– Por que você não me disse isso logo de cara?

– Porque eu simplesmente não sabia, com certeza, se você era gay. O importante é que estou lhe dizendo agora.

– Ainda bem! Antes tarde do que nunca.

Ambos riram e Gabriel, novamente sério, falou:

– Lembra-se quando eu lhe disse, para abrir seu coração para um novo sujeito? Pois bem. Eu gostaria de ser esse novo sujeito, Hugo. Pelo menos comigo, você não entrará numa roubada.

– Será?

– Será?! O que será, será... *What ever Will be, Will be...*

O trechinho da canção de Jay Livingston e Ray Evans fez ambos novamente rirem e se descontraírem.

– Então me diga, Hugo – insistiu Gabriel com certa ansiedade. – Posso ser esse novo sujeito?

Mordendo os lábios inseguros, Hugo lhe perguntou:

– Você realmente quer um babaca como eu, que estava prestes a cometer suicídio?

– Eu perguntei apenas se você me deixa ser o *cara* que... Responda-me simplesmente: sim ou não. – Retrucou Gabriel, mirando fundo os olhos azuis do australiano.

Ainda que seu coração batesse de medo e receio de reviver o que tanto o ferira no passado, Hugo optou pelo sim, em nome da oportunidade de poder ser finalmente feliz, ao lado de um sujeito bacana como Gabriel Callaway.

– Sim, Gabriel, é claro que pode. Ou melhor, deve!

Os dois novamente se beijaram e foram para o sofá, onde ficaram entregues ao simples prazer de estarem lado a lado, despertos para uma nova paixão.

– Só teremos que levar o nosso relacionamento no maior sigilo possível, Gabriel. Pelo menos enquanto eu estiver brilhando no futebol.

– Por mim, tudo bem, Hugo, pois isso também poupará a minha família de qualquer estresse em relação a isso.

– Ótimo!

– A verdade, Hugo, é que ninguém precisa saber do que sentimos um pelo outro, senão nós mesmos. Se um dia pudermos contar a todos que nos amamos, assim faremos. Até lá, viveremos em segredo.

– Como muitos.

– Melhor viver em segredo do que sem amor, não acha? O que importa, agora, é que somos dois *caras* dispostos a ser felizes, lado a lado. Isso é o que mais importa, o resto...

A naturalidade com que Gabriel afirmou aquilo impressionou Hugo mais uma vez. O mesmo tom, Gabriel usou para expressar sua opinião seguinte:

– Um dia, Hugo, ser gay será encarado com tanta naturalidade por todos que, muitos da época em questão, jamais acreditarão que no passado, houve tanto desconforto em relação à homossexualidade.

– Abençoado seja esse dia, Gabriel!

E novamente eles se perderam da realidade, em meio a beijos e afagos. Mais tarde, depois do amor, ficaram se admirando por alguns minutos, enquanto sorrisos tímidos e apaixonados escapavam de seus lábios. Depois, compartilharam lembranças felizes e cômicas, bem como as ambições saudáveis que ainda tinham na vida. Algo que os fez se esquecerem do mundo e seus temores.

Começava ali uma nova história de amor para Hugo Martini e Gabriel Callaway.

6
POR AMOR
SOMOS MAIS FORTES

Estimulado por Hugo, Gabriel passou a correr com ele no parque, aos finais de tarde; intercalando as corridas com deliciosas caminhadas e papos diversos. Depois, seguiam para o apartamento de Gabriel, por ser o local mais discreto para os dois ficarem à vontade. Ali, comiam alguma coisa e se divertiam com um seriado no Netflix ou com um filme pela HBO ou vendo um show pelo Showtime. Foi num desses momentos que Hugo quis saber:

– Você me disse que seu pai não gostou nem um pouco de você ter escolhido psicologia para cursar na faculdade...

– E não gostou, mesmo! Com letras garrafais ele me disse:

"Meu filho, para que perder tempo com uma faculdade tão sem graça como essa? Ela nunca vai poder garantir o seu sustento. Não um digno, como você merece ter."

"Há muitos psicólogos bem sucedidos no país e pelo mundo, papai", respondi, porque é verdade. "Eu posso me tornar um deles".

"Para que arriscar, filho? Nessa vida, apostas devem ser feitas naquilo que se tem maiores chances de se sair vitorioso."

"Mesmo assim, papai, eu quero tentar."

"Siga por sua conta e risco."

Gabriel riu.

– Esse é o meu pai. Uma figura. Meu irmão é igualzinho a ele, em todos os sentidos.

Hugo opinou:

– Deve ser muito bom ter um irmão, não?

– No meu caso não fez a menor diferença. O Arthur, meu irmão, nunca se deu bem comigo. E temos apenas um ano de diferença um do outro. O Arthur só pensa em dinheiro, poder, status... No fundo, ele quer herdar sozinho toda a empresa do meu pai. É um egoísta nato. Por isso, teremos problemas no futuro. Ou melhor, eu terei com ele.

Hugo jamais pensou que dois irmãos pudessem ser tão diferentes e terem tantas divergências; para ele, laços de família eram mais fortes do que qualquer ambição.

– Mas, afinal, por que você fez psicologia? – perguntou Hugo a seguir.

– Em primeiro lugar, pelos mesmos motivos que levam a maioria a cursar a matéria: entender a si próprio e se ajudar. Depois, por perceber que eu me sentiria muito mais útil na vida, escutando e ajudando o próximo na medida do possível, do que fazendo qualquer outra coisa. Se ao me descobrir gay, eu havia passado por alguns dramas, outros certamente enfrentavam o mesmo e com ajuda psicológica, essa travessia seria muito mais fácil de ser encarada do que sem. Por isso, pensei em me especializar no assunto para ajudar todos que enfrentam esse período e é o que venho fazendo, de forma discreta, desde então. É muito importante o gay saber que não está só nessa difícil adaptação com a realidade. E que ele pode encontrar apoio em terapias sensatas.

– Isso é formidável, Gabriel. Se tivesse me dado a chance de levar adiante uma terapia, eu, certamente, teria me sentido bem melhor com o fato de ser gay.

– É isso aí.

– Ontem, li uma reportagem na internet, a respeito dos milhares de gays no planeta que são agredidos ou, até mesmo mortos, simplesmente por serem gays. Isso me fez pensar se realmente vale a pena *sair do armário* ou não. Porque gays assumidos estão sempre em maior evidência, correndo muito mais risco de serem agredidos por aqueles que não os toleram do que os enrustidos.

– Seu ponto de vista, Hugo, é também o de muita gente. O que muito prejudica os gays é a visão distorcida que a maioria das pessoas têm a respeito deles. Muitos pensam que os gays querem desmoralizar os alicerces da família, destruir a moral e os bons costumes, mas isso não é verdade, eles também querem viver em família, construir uma família, ser, enfim, família. É justamente a intolerância, o preconceito e a violência que afastam os gays de uma família, da sociedade e das religiões. Se fossem bem recebidos, todos poderiam vê-los como realmente são, melhorando assim o convívio entre todos.

E muito mais foi falado até o relógio pontuar meia-noite. Gabriel então levou Hugo de carro até o flat onde ele residia.

– Nos vemos amanhã? – perguntou amorosamente para o rapaz.

– Sim – respondeu Hugo, olhando-o apaixonadamente. – Na mesma *Bat-hora* e mesmo *Bat-local*.

Os dois se desejaram boa noite e Gabriel esperou até que Hugo entrasse no flat. Só então ligou o motor e partiu, acelerando devagarzinho, ao som de Lady Gaga, a cantora revelação do momento, tocando bem alto no som do veículo.

Dias depois, os dois foram ao show da turnê do Coldplay que alcançava grande sucesso mundial com a música "Viva La vida". (2008) Foi um show memorável, ambos se divertiram muito.

O namoro com Gabriel fez Hugo voltar a dar o melhor de si nos treinos e jogos, surpreendendo seu técnico, colegas de time, diretores e fãs espalhados pelo país e pelo mundo. O rapaz se sentia novamente feliz, amado. A vida voltara a ter grande sentido.

Com Gabriel, Hugo também começou a frequentar as baladas e eventos para os quais era convidado. Sendo Gabriel um *cara* másculo, nada afeminado, ninguém poderia suspeitar que ambos eram namorados. Mas havia, certamente, quem achasse estranho a aproximação dos dois e o fato de estarem sempre ligados. Esses eram encarados pelos céticos, como maldosos e invejosos.

7
SURPRESAS DA
VIDA

Nesse ínterim, na cidade de Sidney, Austrália, Sonia Mendoza deixava a lanchonete onde trabalhava, exausta após mais um dia de serviço. O que mais desejava, naquele momento, era tomar um banho, vestir uma roupa limpa e cheirosa e ir para a cama.

Àquela hora, o bairro já estava bem silencioso e as calçadas quase vazias. Era uma daquelas noites raras de outono, em que o céu fica forrado de estrelas lindas e o luar mais intenso.

Apertando o passo, como se estivesse atrasada para um encontro, Sonia seguia o caminho para casa, chegando a parar, por duas vezes, para ajeitar o sapato novo que voltara a lhe incomodar os pés.

Vozes, então, despertaram-na dos planos que fazia consigo para o dia seguinte. Vozes alteradas, sons esquisitos e gemidos esganiçados ecoavam de um beco a sua frente. Diante do local, Sonia Mendoza parou. Ali, garotos com seus casacos e bonés coloridos aprontavam alguma coisa com alguém. Por ser um local mal iluminado, ela não podia saber exatamente o que estava acontecendo. Um dos adolescentes de dentro do beco, ao avistá-la, gritou:

– *Sujô!*

Rapidamente, ele e seus amigos saíram correndo do lugar, e se Sonia não lhes tivesse dado passagem, tê-la-iam derrubado.

– Delinquentes – resmungou ela, procurando voltar à calmaria de antes.

Sem mais, ela retomou seu caminho, mas nem bem dera três passos, teve a impressão de ter ouvido um gemido, ecoando do beco. Teria mesmo ouvido ou fora coisa da sua cabeça? Deveria voltar para verificar o que era ou simplesmente seguir em frente? Pensou então na possibilidade de ter sido um gato. Sim, só podia. Ao mover-se novamente, o gemido voltou a ecoar até seus ouvidos. Ainda que não quisesse, por medo, ela retornou ao local.

– Há alguém aí?! – perguntou, espremendo os olhos para enxergar melhor o interior do beco.

O gemido se repetiu e Sonia impostou a voz:

– Quem está aí?! Responda!

Nenhuma resposta senão o silêncio. O melhor a se fazer, no caso, seria mesmo continuar seu caminho e chamar um policial para verificar o lugar. Novamente um grunhido alcançou seus ouvidos e, a necessidade de desvendar o mistério fez Sonia entrar no beco, caminhando compassadamente em direção aos fundos. Ela mesma nunca se vira tão corajosa como naquele instante.

O gemido se repetiu no exato momento em que ela avistou alguém caído sobre o chão de paralelepípedos. O que via, parecia ser cena de um pesadelo. Assustou-se ainda mais ao perceber que se tratava de um garoto de não mais que 15, 16 anos de idade. Os olhos da vítima ainda transpareciam medo e desespero pelo que acabara de lhe acontecer. O corpo se esvaía em sangue. Imóvel, apenas seus olhos pareciam ter vida.

– O que fizeram com você, criatura? – questionou Sonia, horrorizada. – Socorro! – Ela começou a gritar até perceber que de nada adiantaria.

Isso fez com que ela apanhasse o celular de dentro da bolsa e ligasse para o 000 (190 no Brasil) e quando não obteve sinal, corresse para fora do local, até que pudesse pedir por socorro. Em seguida, ligou para o marido para lhe explicar o que havia descoberto.

Quando a ambulância chegou, Sonia imediatamente guiou os paramédicos até o jovem agredido. A polícia chegou bem no momento em que a vítima era colocada dentro da ambulância. George chegou em seguida.

– A senhora conhece a vítima? – perguntou-lhe um dos policiais.

– Não – respondeu Sonia, imediatamente. – Trabalho perto daqui. Na Sam's Burguer lanchonete. Voltava para casa quando...

Sonia não conseguiu completar a frase, bambeou e George a amparou em seus braços.

– A vítima está sem os seus documentos – explicou um dos paramédicos aos policiais.

– Deve ter caído no beco. Vamos tentar localizar.

Sem mais, a ambulância seguiu seu destino, deixando com as autoridades o endereço do hospital ao qual pertencia. A seguir, a polícia começou uma busca em vão pelos documentos da vítima. Nada foi encontrado no beco.

Sabendo que naquela noite a esposa não sossegaria enquanto não soubesse do estado de saúde do garoto agredido, George levou-a até o hospital, para onde havia sido levado.

Ali, o casal foi rapidamente posto a par dos procedimentos médicos que o adolescente recebera desde que dera entrada no pronto-socorro.

– Que judiação... – lamentou Sonia, derramando-se em lágrimas no ombro do marido. – Essa juventude de hoje não tem mais jeito mesmo. Drogam-se tanto e acabam fazendo isso com um semelhante. É lamentável. As drogas estão destruindo as novas gerações. Que pena!

– Calma, meu amor. Ele ficará bem – opinou George, querendo muito confortar a esposa. – A sorte desse menino foi você ter passado em frente ao beco bem naquele instante, se não tivesse, ele provavelmente não teria tido chances de sobreviver.

– E agora, George? Sem documentos, como é que o hospital ou as autoridades vão avisar os pais desse garoto? Eles precisam saber o que lhe aconteceu. Será um baque, certamente, mas precisam tomar conhecimento do ocorrido.

– Sim, com certeza! Mas enquanto ele não recobrar os sentidos, ficará difícil de localizá-los. A não ser que alguém dê parte na polícia pelo seu desaparecimento.

– Tomara que o façam – argumentou Sonia, quase implorando aos céus.

Levou praticamente duas semanas até que o adolescente despertasse do coma. Quando aconteceu, o hospital ligou para Sonia, para informá-la, como ela havia lhes pedido para fazer, assim que o jovem recobrasse os sentidos.

Ela chegou ansiosa ao local e foi direto ver o garoto na UTI. Com o rosto menos inchado e limpo, pôde admirá-lo melhor. Era uma face de traços perfeitos. Clara e rosada. Os cabelos eram loiros e parecia haver uma fina camada de ouro sobre alguns fios. Em muito, ele a fazia se lembrar de Christopher, seu filho adorado.

Ao notar sua chegada, o garoto reabriu seus olhos esverdeados, lindos e tristes, ao mesmo tempo. Abaixo das sobrancelhas delicadas, seus pequenos e vivos olhos fitaram Sonia com interesse.

– Olá... – disse ela, emocionada.

– Olá – a voz dele mal saía. – A senhora...

Sonia inclinou-se para a frente, levando a mão à orelha para ouvi-lo melhor.

– Oi?...

– A senhora... – tornou ele com um fio de voz. – Foi a senhora quem me encontrou no beco?

– Foi, sim.

– Obrigado.

Suas pálpebras piscaram projetando lágrimas.

– Fiz apenas a minha obrigação. Qualquer um teria feito o mesmo.

– Será? Nesse mundo de ódio em que a gente vive? Não, senhora.

– Seus pais... Já foram avisados?

– Não. Nem serão.

– Como não? Eles precisam saber do que lhe aconteceu, onde você se encontra. Eles devem estar preocupados. Você está internado aqui, nesse hospital, já faz duas semanas.

– Eles não estão nem aí para mim.

– Que nada. Todo pai e toda mãe se preocupa com seus filhos.

– Não os meus, acredite.

– Jamais soube de um pai ou mãe que não se importasse com seu filho.

– Prefiro não falar a respeito.

– Tem a ver com drogas, é isso?

– Não, dona. Mas também não vou dizer que não uso às vezes.

– Sei...

Sonia achou melhor mudar de assunto, pelo menos por ora.

– Seu nome? Você ainda não me disse.

– David.

– Prazer, David, o meu é Sonia. Trabalho no Sam's Burger. Conhece?

– Quem não conhece? Faz o melhor hambúrguer da cidade.

– Pois é.

Breve pausa e ela perguntou:

– Você mora lá perto?

– Trabalho lá perto.

– Certo! – Sonia sorriu e se sentiu feliz por dizer: – Se você quiser que eu ligue para os seus pais e explique a eles o que lhe aconteceu, posso fazer...

– Esqueça, dona.

– Para mim não custa nada.

O adolescente abaixou os olhos e uma nova expressão de tristeza tomou-lhe a face. Sonia aproveitou o momento para lhe perguntar, o que muito a intrigava:

– Os vândalos que agrediram você, David. Você os conhecia? Quem são? Eram traficantes? Por que fizeram isso com você?

– Já os tinha visto uma vez. De longe. Não moram no bairro. Vêm para essas bandas só mesmo *pra* zoar com a gente.

– A polícia está aguardando você melhorar para poder descrevê-los.

– É melhor esquecer tudo isso, dona.

– Não, você deve cooperar, antes que eles façam o mesmo a outro rapaz na rua. Além do mais, não é justo que fiquem impunes ao que lhe fizeram.

– Ainda assim, prefiro ficar na minha. É mais seguro.

Sonia mordeu os lábios, preferindo mais uma vez concordar com o jovem, pelo menos por ora.

Nos dias que se seguiram, David continuou se recusando a passar qualquer informação a respeito de seus pais. Tampouco quis descrever seus agressores para a polícia. Mentiu para eles, dizendo não recordar da fisionomia de nenhum deles, por ter sido pego de surpresa e, logo em seguida, arrastado para o beco escuro. A polícia pareceu acreditar na sua versão.

8
INTOLERÂNCIA

Ao receber alta do hospital, Sonia e George fizeram questão de levar David até sua casa. Pelo caminho, ela tentou alegrá-lo com palavras de otimismo que pareceram surtir efeito sobre o rapaz. Ao chegarem ao bairro, bem perto do beco onde David havia sido agredido, o jovem pediu para que parassem o veículo.

– Aqui já está bom. Muito obrigado – disse ele com sinceridade.

Sonia desceu do carro, acompanhada de George.

– Desejo-lhe boa sorte, David – falou ela, com a mesma emoção que teria ao se despedir de um filho.

– Obrigado, dona. Devo-lhe uma!

A seguir, foi a vez de George se despedir do garoto:

– Se precisar de nós, por alguma eventualidade, é só nos procurar.

E lhe entregou seu cartão de visita.

– Obrigado. O senhor também foi muito bom para mim.

Era visível o esforço que o adolescente fazia para não chorar na frente do casal.

– Onde é sua casa? – perguntou-lhe Sonia, a seguir, para poder ir visitá-lo quando desejasse.

– Minha casa?! Bem... – David riu. – Minha casa é aqui!

Ela enviesou o cenho, sinal de incompreensão.

– Aqui?! Aqui onde, David?

Ele novamente riu, exibindo seus dentes perfeitos.

– Ando morando na rua, ultimamente, dona. Não tenho uma casa, propriamente falando.

– Mas...

– Desde que os meus pais me expulsaram de casa... Fiz da rua o meu cafofo.

– Não pode ser... – Sonia perdera o chão.

193

– Eu não me importo – completou David, parecendo bem seguro do que dizia. – Bem, obrigado mais uma vez por tudo. Adeus!

Sonia e George entraram novamente no carro e, acenando para o adolescente, partiram. Nem bem chegaram à esquina, o veículo deu marcha ré.

– Ei – chamou Sonia, pela janela do automóvel.

– O que foi, dona?

Sonia abriu a porta e saiu, dizendo:

– Não posso deixá-lo aqui, David. Você está em recuperação. Não pode ficar sozinho numa hora dessas. Permita-me que eu procure seus pais. Que o leve até eles.

– Não, dona. Isso não! Eles me odeiam!

– Deixe-me conversar com eles.

– Não, obrigado.

Os olhos muito abertos de Sonia, fitavam recriminatoriamente o lindo e frágil rapaz.

– Então... – ela bufou, impaciente. – Um minuto, por favor.

Sonia contornou o veículo e cochichou algo com George, que se matinha no assento, aguardando por ela. Então, ela voltou até David e muito segura do que pretendia, falou:

– Conversei com meu marido e ambos decidimos levá-lo para a nossa casa, onde você poderá ficar, até que se sinta totalmente restabelecido.

– Dona Sonia, tenho a certeza de que a senhora já tem seus problemas. Não queira mais um.

– Por favor, David, aceite. Vou me sentir melhor assim.

O adolescente respirou fundo e livre da paralisia momentânea, acabou aceitando o convite:

– Está bem. Se não vou realmente ser um problema para vocês...

Dessa vez, o jovem não conseguiu conter as lágrimas. Pelo espelho retrovisor do carro, George pôde vê-las riscando, sem parar, a face de anjo.

Quando na casa, Sonia ajeitou o quarto de hóspedes para o jovem. Depois, preparou-lhe algo para comer e deixou-lhe claro, mais uma vez, que se sentisse à vontade enquanto estivesse hospedado ali. Pediu-lhe apenas que não levasse estranhos para dentro da casa, nem fizesse uso de drogas no local. Isso, ela e George realmente não aprovavam.

– Está bom? – perguntou Sonia, alegre por vê-lo sorvendo com vontade, a canja que lhe preparara.

Com um brilho alegre nos olhos, David assentiu.

Ao término da refeição, o garoto fez questão de ajudá-la com a louça. Tirou a mesa e pôs tudo no lava-louças, ainda que Sonia lhe pedisse para não se preocupar com aquilo.

– Não custa nada – disse ele em ação.

Depois, os dois seguiram para a sala onde se sentaram ao sofá e começaram a trocar ideias.

– E seu trabalho? – quis saber Sonia. – Você me disse que trabalhava, não?

– Sou autônomo, digamos assim.

– Se quiser, posso arranjar algo para você na lanchonete.

– Sério?! Um trabalho ali seria bem melhor do que tenho feito para descolar algum trocado.

– Não me vai dizer que é traficante.

– Não, mas quase fui, diante das circunstâncias...

– Não faça isso. Sequer pense a respeito.

Ele ia dizer alguma coisa, mas pareceu mudar de ideia. Seu rosto entristeceu e seus olhos lacrimejaram.

– O que foi? – empertigou-se Sonia, também se entristecendo por ver o jovem naquele estado.

– A senhora me disse que nunca conheceu um pai ou uma mãe, capaz de não se importar com seu filho, mas... Eles existem. Meus pais não são os únicos, há muitos outros iguais a eles. E tudo porque não aceitam os filhos como são, como vieram ao mundo. Se a senhora tivesse um filho como eu, talvez reagisse da mesma forma que meus pais reagiram e, outros mais, por aí, espalhados pelo planeta.

– Eu não compreendo. Eu amo meu filho acima de tudo. Sou louca por ele. Sou capaz de qualquer coisa por ele. Ainda mais por ser ele, o meu único filho.

Mirando fundo, os olhos verdes em Sonia, David se fez direto:

– E se seu filho fosse gay, a senhora o amaria da mesma forma?

A palavra gay ecoou de forma assustadora pelo interior de Sonia.

– Você disse... gay?

– Disse, sim! Sou gay e não tenho nenhum problema em assumir isso perante as pessoas. Naquela noite em que a senhora me encontrou, eu estava fazendo ponto, quando aqueles *caras* apareceram e me puxaram para dentro do beco. Eles realmente teriam me matado se a senhora não tivesse aparecido.

– Você disse "ponto"?

– Disse, sim.

– Quando você diz ponto, você quer dizer...

– Prostituição. Desde que fui expulso de casa, por ser gay, passei a me prostituir para sobreviver.

Naquele instante, Sonia Mendoza não sabia dizer para si, o que era mais horrível em relação ao adolescente. Se era o fato de ele ser gay ou garoto de programa, ou as duas coisas, ao mesmo tempo. Sua decepção com ele era tamanha, tão grande que a fez se sentir mal. Sem perceber, o que se passava com ela, David voltou a falar:

– Eu estava revoltado com os meus pais pelo que me fizeram, sabe? Acho que ainda estou. Eles foram impiedosos comigo. Em questão de segundos, esqueceram tudo que eu significava na vida deles, pelo simples fato de eu ter me assumido gay. Nada do que fui para eles importou nessa hora e desde então. Apagou-se tudo, simplesmente, por causa do maldito preconceito e da vergonha de ter um filho gay.

Sonia pareceu não ouvi-lo, pois não se sensibilizou com o que ouviu. Tudo o que disse, foi:

– Você é tão bonito, não deveria se prostituir.

– A senhora está querendo me dizer que, só os feios é que devem se prostituir? – Ele riu.

– Não! – assustou-se Sonia, completamente sem chão.

Breve pausa e David repetiu a pergunta feita há pouco:

– A senhora não me respondeu. Se seu filho fosse gay, a senhora o amaria da mesma forma?

Sonia sentiu seu coração disparar. O que ela mais queria, naquele momento, era desaparecer dali. Ou melhor, fazer com que David fosse embora de sua casa, de sua vida, de tudo mais que ele tomara parte, o quanto antes.

– A senhora está chocada, não está? Não só por eu ser gay, mas por eu também ser *michê*.

– Você vai mudar de vida, David! Ouviu? Vou ajudá-lo a sair disso tudo.

– Disso tudo o que, Dona Sonia?

– Dessa vida ingrata que você está levando.

– Conseguindo um trabalho para mim, na lanchonete, a senhora já estará me ajudando e muito. Ou melhor, ajudando-me ainda mais do que já está fazendo por mim.

– Quero fazer bem mais do que isso por você, David. Quero ajudá-lo a ser homem.

– Mas eu sou homem!

– Homem de verdade, eu quero dizer.

– Não é porque eu deseje outros homens que deixei de ser um.

– Mas isso não é certo, não é certo, não é certo! Ser homossexual é questão de opção. Todos sabem!

– Não é opção, Dona Sonia. Se fosse, diante do tamanho preconceito que existe na humanidade, seria mais sensato optar por não ser gay. Só que não temos controle sobre isso. É o mesmo que querer deixar de ser preto, japonês, anão ou velho. Não dá pra mudar pelo simples querer.

– Me escuta, David. Vou levá-lo até seus pais e...

– Escute-me a senhora, Dona Sonia. Meus pais não me querem mais como um filho. Não fazem questão da minha presença, tampouco querem saber se continuo vivo ou não. Na verdade, para eles, eu morri no dia em que *saí do armário.*

– O problema, meu querido, não está nos seus pais, está em você. Nessa sua insistência em querer ser gay...

– Não tenho problema algum em ser gay. Meus pais é que têm problema com isso. E, pelo visto, a senhora também e aqueles *caras* que me espancaram e, por pouco, não me mataram.

– Se você optasse por não ser gay, não teria passado por nada disso. Por isso, o melhor que tem a fazer, é voltar a se comportar como um homem heterossexual normal.

O garoto se levantou:

– Eu vou-me embora.

– Não, espere!

– Vou, sim! A senhora é tal qual o meu pai e a minha mãe: preconceituosa, moralista e hipócrita! Aposto até, que está arrependida de ter me acudido naquela noite. Um gay, ainda mais prostituto. Que sorte seu filho ter nascido hetero, se tivesse nascido gay, ele teria sido tão infeliz quanto eu nas mãos dos pais dele.

Sem mais, David seguiu para o quarto para pôr seu tênis e quando reapareceu na sala, falou, claramente:

– Obrigado mais uma vez por tudo.

Ele já ia abrindo a porta da frente da casa quando, voltou-se para Sonia e disse, seriamente:

– A senhora acredita em Deus, não acredita? Em providência divina, não é mesmo? Eu também acredito. Pois bem, foi Ele quem pôs a senhora no meu caminho. Para me salvar naquela noite fatídica. Então eu lhe pergunto: por que Deus se preocuparia comigo, um gay, se reprovasse o que sou, na alma?

A resposta de Sonia foi rápida e precisa:

– Deus me pôs no seu caminho, David, para salvá-lo dessa imoralidade em que vive. Para conduzi-lo de volta aos padrões normais de comportamento humano, como lhe propus há pouco.

O garoto mal podia acreditar no que a mulher havia lhe dito. Foi o suficiente para fazê-lo abrir a porta de vez e partir.

Sonia permaneceu ali, em choque por saber que David, aos 15, 16 anos de idade, havia decidido ser gay assumido e *michê*.

Ao chegar do trabalho, George Romero encontrou a esposa parada no mesmo lugar.

– Sonia?! Você está bem? O que houve? – preocupou-se o marido ao ver sua apatia e palidez.

Ela, com muito custo, contou-lhe tudo o que David lhe revelara. George rapidamente a repreendeu por sua atitude e Sonia, tão rápido quanto ele, defendeu-se no mesmo instante:

– Eu não suporto gay!

– Esquece o fato de ele ser gay, Sonia. Lembre-se apenas de que ele é um ser humano tal qual você.

– Não, George! Ele não é igual a mim. Você sabe que ele não é! E se for mesmo verdade que um gay já nasce gay, então eu sou ainda muito mais diferente dele. De todos! Porque sou normal! Normal!

A réplica de George foi precisa:

– Quem realmente nesse mundo é normal, Sonia? Quem? O bando que mandou Cristo pra cruz? Os que esmurraram David, quase até a morte? Os ambiciosos pelo poder, capazes de tudo, até mesmo de destruir a humanidade para atingir seus objetivos? Quem? E tem mais! Que mal fizeram os gays a você, ou para qualquer um, a ponto de criar tanto asco em seu coração por eles? Responda-me, mulher.

Ao ver o marido se preparando para sair novamente, a mulher se exaltou:

– Aonde você vai?

– Atrás do garoto. Estávamos dispostos a ajudá-lo, lembra?

– Isso foi enquanto eu achava que ele era normal, George. Normal!

– Mesmo assim, vou trazê-lo de volta para cá. Porque sei que ele está necessitado de amparo. E você, Sonia, vai tratá-lo com a mesma dignidade e carinho de antes. Você se esqueceu, por acaso, do que aprendemos na igreja? Que devemos estender a mão ao próximo, independentemente de sua cor, raça ou religião?

Sem mais, George Romero deixou a casa, pegou seu carro e partiu. Logo estava diante do local onde David e outros como ele, faziam *ponto*. Ao vê-lo, o garoto abaixou a cabeça, tomado de súbita vergonha.

– David! – chamou George.

– Pois não, Sr. George?

– Volte para casa. Fique lá pelo menos até que esteja totalmente restabelecido. Perdoe minha esposa por qualquer coisa...

O adolescente fez esforço para não chorar. Mais uma palavra por parte de George e ele acabou cedendo. Minutos depois, os dois entravam pela porta da frente da casa, onde Sonia se mantinha calada, acuada e confusa. Para quebrar o gelo, George comentou com o adolescente:

– Devo concordar com Sonia num ponto, David. No que diz respeito a você procurar seus pais, para tentar uma reaproximação.

– O senhor acha mesmo que eu devo procurá-los? Se eles souberem que me prostituí, enquanto estive longe de casa, aí que eles não me perdoarão jamais. Se ser gay, para eles já é um horror, ter me deitado com outros homens por dinheiro é hediondo.

– Eles não precisam ficar sabendo.

– Como explicar o meu espancamento?

– Bem...

– Eles vão achar é pouco o que me aconteceu. Acho até que se eu tivesse morrido naquela noite, para eles teria sido melhor. Seria mais fácil explicar para a família, amigos e conhecidos, o porquê do meu sumiço. Ao me assumir gay, eles me disseram: "Ser gay é viver em pecado; é se condenar ao inferno, já, aqui e agora. Ser gay, significa: promiscuidade, doença, solidão e infelicidade. É isso o que você quer para você? Se é, então fique longe de nós. Nunca mais nos procure." Então, não há por que procurá-los.

Suas sobrancelhas se uniram ao franzir a testa.

– Eu poderia ter escondido deles a minha homossexualidade, mas não seria justo. Por isso eu lhes contei a verdade, para que realmente me conhecessem como sou. Não foi para afrontá-los, feri-los, ou humilhá-los que me assumi. Eu apenas queria que eles amassem o verdadeiro David, do jeito que ele realmente veio ao mundo e não um *cara* que eles idealizaram.

Seus olhos verdes eram tão sinceros e francos quanto suas palavras.

– Ao perceber que eu não mudaria de opinião, meu pai me disse, com todas as letras: "Se é isso mesmo o que você quer para si, David, que assim seja; só que bem longe de nós."

"Não é uma questão de querer nem de escolha, papai!", respondi porque é verdade.

"É uma questão de escolha, sim!", retrucou ele num berro. "Tudo na vida é questão de escolha!".

"Algumas coisas são, outras, não!", tentei explicar, mas ele não me permitiu. Simplesmente foi até o cofre, onde guardava dinheiro e joias, pegou uma boa quantia em notas e me entregou, dizendo:

"Toma! E agora vá embora desta casa, da nossa vida, esqueça-se de nós! Eu e sua mãe não merecemos você. Nunca mais nos procure! Se nos perguntarem a seu respeito, diremos simplesmente que morreu. Será mais fácil. Bem menos vergonhoso e humilhante."

O dinheiro que ele me deu era muito, muito dinheiro... Com o qual eu poderia me virar por um longo tempo. Mas naquela hora, meu ódio foi tanto que eu, simplesmente, fui até a lareira e joguei tudo ali. Só me recordo de ver meu pai, gritando, correndo para evitar que o dinheiro se queimasse. Porque dinheiro, para ele, foi sempre muito mais importante do que eu em sua vida. Não só dinheiro, mas a sociedade, o status, as aparências, tudo, enfim. Na vida de minha mãe, também. Eu só fui a alegria de ambos, enquanto condizia com a realidade que eles tanto apreciavam. Depois...

O tom de David mudou a seguir, a tristeza em sua voz tornou-se evidente e assustadora:

– Entendem, agora, por que não quero procurá-los? São eles que não me merecem, não o contrário.

– Eu admiro sua força, David – pontuou George, sentindo-se tocado por tudo que ouviu.

Sonia, por sua vez, permanecia calada, com os olhos voltados ora para o chão, noutras vezes, na direção da janela. O desabafo de David, por mais sincero e verdadeiro que fosse, não conseguia fazê-la ver seu lado.

Voltando-se para ela, David, pela primeira vez lhe dirigiu a palavra desde que ali chegou:

– Dona Sonia, a senhora me disse que o George é o seu segundo marido. Que do primeiro, pai do seu filho, a senhora se separou porque não se combinava em nada com ele; porque ele também a fazia se sentir oprimida, tolhida e sufocada, não é mesmo? Pois bem, essa é a mesma sensação que um gay tem, ao tentar fingir que não é um. Por esse exemplo, a senhora já pode ter uma ideia do quão claustrofóbico é tentar sufocar nossa alma.

Sonia simplesmente lhe respondeu, com secura:

– O que você falou, não tem nada a ver uma coisa com a outra. Não misture as bolas, por favor.

O jovem achou melhor se calar. A mulher não aceitaria nenhum ponto de vista seu, porque continuava com ódio crescente de sua pessoa, por ele ter a coragem de ser, explicitamente, o que vinha de sua alma. David encerrou o assunto, dizendo:

– Não saí de casa por causa de um grande amor. Antes tivesse sido por um, assim eu teria tido um companheiro durante esse período difícil de transição. Saí, ou melhor, fui expulso de casa pelo simples fato de me assumir gay. Imagine se eu tivesse dito aos meus pais que eu já estava namorando um *cara...*

David calou-se, tomado de forte e súbita comoção. George foi até ele e, segurando firme em seus ombros, disse, num tom encorajador:

– Conte conosco, David. Você não está só.

Sonia simplesmente não lhe disse nada, apenas bufou, sinal de profunda contrariedade e foi cuidar das suas obrigações. Todavia, no dia seguinte, arranjou um emprego de lava-pratos para David, na lanchonete em que trabalhava. Assim, o adolescente abandonou a prostituição e começou a se sentir mais entusiasmado com os novos rumos que sua vida estava tomando. De agora em diante, teria maior oportunidade de arranjar um namorado que o ensinasse a amar, como todos merecem ser amados.

9
Em meio a
NATUREZA

Num fim de semana prolongado, Gabriel finalmente conseguiu levar Hugo para conhecer a casa de veraneio que ele herdara de sua madrinha, no estado norte-americano do Tennessee, próximo às cidades de Gatlinburg, Pigeon Forge e Chattanooga. Um lugar montanhoso, com rio, riachos e cachoeiras, perfeito para relaxar, divertir-se e namorar mais à vontade.

No aeroporto em Sevierville, ambos alugaram um carro para chegarem até a casa. Além dos limites das cidades, tudo o que se via era o verde esplendoroso da vegetação que ladeava a estrada que mais parecia um fio a cortar tudo aquilo. Por todo trajeto, o uso despreocupado de palavras dominou o diálogo dos dois namorados.

Depois de alguns quilômetros percorridos, Gabriel parou o carro num local onde havia espaço suficiente para estacionar alguns veículos.

– Chegamos? – questionou Hugo, achando o lugar muito ermo para se ter uma casa de campo.

– Não. Só parei aqui para você ver a vista que se tem do lugar. É magnífica. Venha!

Os dois saltaram do automóvel, espreguiçaram-se e se dirigiram para o local indicado por Gabriel. Realmente, a vista que se tinha dali era estupenda, confirmou Hugo, assim que tudo se descortinou a sua frente.

– *Cara,* que lugar é esse? Lindo! Simplesmente lindo!

– Eu sabia que você iria gostar. Por isso fiz questão de parar. Dá uma paz, né?

Hugo inspirou o ar e abriu os braços.

– Se dá! – suspirou, sorrindo.

– Vamos, temos ainda um bom caminho pela frente.

E novamente os dois entraram no carro e seguiram viagem, pela estrada que serpenteava a floresta verdejante e brumosa. Chegando ao seu destino, Hugo maravilhou-se de imediato com a casa construída em meio as árvores. Uma casa pré-fabricada, com chão em tábuas largas e teto de vigas altas, forrado de madeiras envernizadas. Uma espécie de refúgio dos deuses, decorada com muito bom gosto, o que fez Hugo cobrir o namorado de merecidos elogios.

Aproveitando o calor do dia, ambos saíram para dar um passeio pela aconchegante natureza ao redor da belíssima morada. Seguiram por uma trilha ladeada de magníficas coníferas e caducifólias, verde, enfim, a se perder de vista.

Levou tempo para que Hugo percebesse que o calor exorbitante que sentia naquele momento provinha mais do seu interior do que propriamente do exterior. Era por estar ao lado de Gabriel, a quem amava cada dia mais, que vivia aquela *febre contente*.

Admirando o seu perfil, ele pensou no quanto Gabriel era perfeito e, no quanto sua perfeição o apavorava, porque já a encontrara antes em Christopher e o perdera, em meio a tanta dor e sofrimento. Nunca mais gostaria de provar aquilo. Nunca mais!

– O que foi? – perguntou Gabriel, despertando Hugo de suas inquietações. – Algo o preocupa.

– Como você pode me conhecer tão bem, em tão pouco tempo?

– Pois é. Mistérios que a vida não explica. – Gabriel riu. – E então, o que é?

– Estava pensando no quanto você é maravilhoso e, no quanto eu temo perdê-lo.

– Acredite em nós, Hugo.

– Eu tento, mas é tão difícil quando se sabe que o outro pode mudar de opinião, de uma hora para outra e, com isso, arrasar com seus planos.

– Como fez aquele que você tanto amou?

Hugo não precisou responder que sim.

– Hugo, cada um é um. Cada relacionamento, uma história. Conosco pode ser tudo diferente.

– Eu sei.

– Se sabe, por que o drama?

– Insegurança.

– Total!

Hugo riu e Gabriel riu com ele.

– Venha! Quero levá-lo para conhecer o rio. No verão podemos até nadar nele.

– Que maravilha! Está aí algo que nunca fiz: nadar num rio. Seria uma boa experiência.

Em meio a flores silvestres e a relva macia, os dois seguiram entusiasmados até as águas ocultas pelas sombras do bosque. O local era realmente estupendo, conferiu Hugo, assim que se viu ali.

– Que delícia de lugar, Gabriel. Longe de tudo e de todos. Somente nós e a natureza.

– Aqui, Hugo, podemos ficar à vontade.

Então, tendo apenas o verde como testemunha de seus atos, os dois se beijaram. E agarrando a face do namorado com suas mãos vigorosas, Hugo opinou, com precisão:

– É de um lugar assim que precisamos para viver, Gabriel. Onde podemos ser nós mesmos, expressando nossos sentimentos um pelo outro, sem correr o risco de sermos vaiados ou apedrejados pelos intolerantes e preconceituosos.

E Gabriel concordou plenamente, encerrando o assunto com um novo beijo.

Na noite daquele primeiro dia, lado a lado, ambos prepararam o que comer no jantar e, depois de ajeitarem tudo, foram para a sala, onde puseram o DVD de uma das temporadas dos Friends, para assistir. Muitas risadas, vinho e beijos repentinos um no outro *rolaram,* nessa hora tão de paz e descontração.

– A Phoebe é demais... – comentou Hugo, rindo um bocado da personagem.

– O meu episódio favorito é aquele em que a Julia Roberts participa, fazendo o papel de amiga do Chandler, só para se vingar dele, pelo que ele lhe fez no colégio.

– Bom, também, Gabriel. Mas o que eu mais gosto, é daquele no qual eles sabem que a Mônica e o Chandler são amantes e fingem não saber.

– Esse é realmente impagável.

Naquela noite, depois de se amarem, Hugo deitou sua cabeça sobre o tórax do namorado, onde se aquietou e deixou sua mente se silenciar por alguns segundos. Com o rosto ainda pousado em seu peito, ouvindo sua respiração ir e vir, Hugo comentou, com grande emoção:

– Se não fosse você aquela noite, Gabriel... Eu não estaria aqui.

– Nós não estaríamos aqui, Hugo. O importante é que tudo acabou bem, muito melhor até do que esperávamos.

Mais algumas palavras e os dois adormeceram. Tiveram um sono tranquilo, do qual só despertaram com o bom hálito da manhã e o sol, tentando invadir o quarto, através das frestas da janela.

Gabriel, entusiasmado, espreguiçou-se e falou, com apetite:

– Hora do café da manhã, meu caro.

Hugo, absorvendo imediatamente seu estado de espírito, saltou da cama com disposição redobrada e, junto de Gabriel, preparou as omeletes, os bacons, o queijo quente e o suco para o desjejum.

Sorrisos encantados escapavam de seus lábios ao abrir um iogurte para saborear.

– Morango é o meu preferido – comentou Gabriel, lançando um olhar de pidão para o copinho nas mãos do namorado.

Hugo forçando uma careta, encheu de iogurte uma colher de sobremesa e levou até o alcance da boca do companheiro que abocanhou tudo com muito apetite.

Aproveitando o dia de sol, Gabriel levou Hugo para conhecer uma cidadezinha aconchegante nas imediações. Um daqueles lugares em que o tempo pareceu preservá-lo de qualquer modernidade. Havia uma velha igreja, uma velha escola, algumas lojas de souvenir e artesanato, um mercado, um Café e uma fila de simpáticas casas de campo, financiadas pelo governo.

Naquele lugar, simples e acolhedor, era como se todos pudessem voltar no tempo, para uma época em que as pessoas trabalhavam com mais calma, sem as tensões ou correrias do mundo moderno. E também olhavam para o seu semelhante, com simpatia, reconhecendo em cada um, uma extensão do próprio ser.

Depois de estacionarem o carro, Hugo e Gabriel saíram a pé pela cidade, sem direção certa a tomar. Qualquer lugar seria bem-vindo. Seus passos os levaram até uma senhora que, naquele instante, pintava uma tela a óleo. Ao notá-los, a pintora sorriu para ambos e os saudou com surpreendente simpatia:

– Bom dia!

– Bom dia! – responderam os dois ao mesmo tempo.

– Visitando a cidade?

– Sim – foi Gabriel quem respondeu. – Minha família tem uma casa de campo, não muito longe daqui. Por isso, a gente vem sempre pra cá.

– Que bom! As pessoas, principalmente os jovens, não dão muito importância para um lugar sossegado, pequeno e sem muitos recursos como este. Mas há momentos na vida da gente, que o que mais precisamos é de um lugar assim.

E depois de dar mais uma pincelada na tela, a mulher completou:

– A vida é como um quadro, cada pincelada equivale a uma atitude que tomamos no nosso dia a dia. O resultado final espelha as nossas decisões. Se não for bom, devemos pegar uma nova tela em branco e começar tudo outra vez. Será trabalhoso? Sim, será! Porém, teremos a oportunidade de fazer tudo diferente nessa nova etapa.

E novamente a mulher estudou a fisionomia dos recém-chegados e, bem humorada, comentou:

– Confesso a vocês que, se eu fosse mais jovem, não saberia por qual dos dois eu me apaixonaria.

Hugo e Gabriel coraram visivelmente.

– Desejo a vocês, muitas felicidades! Não a breve felicidade da juventude, mas a felicidade que dura e se firma sobre uma pedra com limo.

Sem mais, Hugo e Gabriel seguiram caminho, observando com curiosidade, cada cantinho aconchegante da pequenina cidade. Depois, tomaram um capuchino no pequeno e único Café do município e voltaram até o local onde haviam estacionado o carro. Partiram dali, sentindo-se mais leves; cientes de que não precisavam ter muito para serem felizes.

Ao chegarem a casa, os raios do sol do cair da tarde se filtravam pelas janelas laterais, indo descansar nos móveis; deixando o interior semi-iluminado e mais aconchegante. Depois de um rápido giro por ali, Gabriel levou Hugo para conhecer mais um pedacinho dos arredores.

Subiram por trás da morada, seguindo por uma vereda que passava por entre as árvores.

– Este foi sempre o meu passeio predileto desde garoto – comentou Gabriel, voltando os olhos para o passado.

Chegando à parte mais alta do lugar, os dois se sentaram num tronco de árvore que havia ali e se deixaram, temporariamente, contagiar-se pela paz do local.

Era um desses fins de tarde em que o céu explode de estrelas e a lua já pode ser vista, redonda, amarela e exuberante. Uma brisa calma movia os galhos e folhas das magníficas coníferas e caducifólias.

– É tão bom ficarmos longe de tudo e de todos, às vezes, não? Num lugar silencioso como este, curtindo simplesmente o silêncio... – comentou Gabriel totalmente zen. – É dessa forma que eu me sinto bem mais próximo de Deus. É como se Ele falasse comigo por meio do silêncio. – ele suspirou. – Diante de um lugar assim, tão lindo, impossível deixar de perceber que só mesmo uma inteligência tamanha poderia ter criado tudo isso e continuar mantendo tudo em perfeito funcionamento.

206

– Sem dúvida – admitiu Hugo também em paz. – O que me faz lembrar de uma antiga canção de ninar que minha mãe cantava para mim e, depois que ela morreu, meu avô passou a cantá-la. Talvez você a conheça. Dizia assim:

"Quem pôs as estrelas no céu? Foi Deus!"

"Quem pintou o universo? Foi Deus!"

"Quem criou os mares e as planícies? Foi Deus!"

"Quem encheu o mundo de flores para perfumar o ar? Foi Deus!"

"Tudo é obra de Deus. Em tudo está Deus. Sábio aquele que tem consciência disso."

– Eu me lembro – admitiu Gabriel com lágrimas nos olhos. – Minha mãe também costumava cantar para mim. Canções como essa, nunca se apagam da memória da gente, não é mesmo? Eu sempre acreditei em Deus, sabe? Num Deus boníssimo, tolerante e misericordioso. Por isso, tenho a absoluta certeza de que o nosso encontro foi assentado no plano espiritual.

– Eu também já havia pensado nisso, Gabriel – admitiu Hugo também derramando algumas lágrimas. – Caso contrário, você não teria aparecido no flat, naquela noite tão caótica para mim.

– Verdade. Que louco, *né?*

– Sim. Sua ida até lá foi mesmo uma providência divina.

E os dois novamente se olharam, tomados de forte emoção. Hugo então comentou:

– Não só acredito em Deus, como também na vida além da matéria. Já lhe disse que meus pais morreram quando eu ainda era menino, não é mesmo? Pois bem, eu tinha quatro, cinco anos de idade quando isso aconteceu e me lembro bem de ver os dois, tanto meu pai quanto minha mãe, por diversas vezes, no meu quarto, assim que meu avô me punha para dormir. Você acredita que isso seja possível, Gabriel? Ou você acha que tudo não passou de uma fantasia da minha cabeça?

– Acredito em tudo, Hugo, até que seja provado o contrário. Eu nunca tive uma visão desse tipo, mas sei que muitas crianças têm e que muitos adultos antes de morreram, também comentam ter visto um parente seu já falecido.

– Outro dia li uma matéria muito interessante sobre reencarnação. Desde então, tenho refletido a respeito. Estou quase certo de que há um elo que une todos nesta vida. Um elo que possivelmente teve início em existências passadas.

– Pode ser...

Uma breve pausa e Gabriel comentou:

– Algumas pessoas pensam que os gays não se preocupam com o seu lado espiritual. Que não acreditam, tampouco respeitam Deus. Mas isso não é verdade, muitos gays são, sim, espiritualizados e cristãos. Podem não ser assíduos frequentadores de uma religião, mas isso acontece mais porque ali são recriminados e discriminados do que por qualquer outra coisa. Tanto que se vê muito mais gays participando de religiões que os acolhem sem criticas ou condenações do que naquelas que os condenam. Na Bíblia, só há um artigo que recrimina a homossexualidade e ele foi escrito por Paulo, não por Jesus. Paulo diz também que as mulheres não podem ensinar ou se manifestar numa igreja, ou seja, se fôssemos seguir suas palavras ao pé da letra, a mulher também seria tolhida, mais do que já foi e continua sendo em nossa sociedade. Toda mulher que se tornou professora, teria cometido um terrível pecado. Cabe a cada um, neste caso, fazer uso de bom discernimento quanto ao que Paulo escreveu. Mesmo porque ninguém respeita tudo o que está na Bíblia, a não ser quando lhes convém.

– Outra verdade.

– Muitos pensam também que os gays só se preocupam em saciar seu apetite sexual, nada mais. Como se o homem heterossexual não tivesse a mesma necessidade. Esquecem que a ânsia pelo sexo é coisa do homem em geral, tanto que a maioria é capaz de muitas proezas para satisfazerem suas necessidades sexuais. Traem, mentem, iludem, fazem qualquer coisa por sexo, mesmo tendo noiva, esposa e filhos, e, isso, desde muito, muito tempo. No passado, inclusive, era normal um homem de família ter uma amante ou frequentar um prostíbulo.

– É verdade. Isso é mesmo coisa do homem.

– Pois é.

Uma estrela cadente chamou a atenção de ambos,

– Você viu?

– Se vi. Lindo, *né?*

E olhando para as estrelas, Gabriel curiosamente comentou:

– Gosto muito de ficar admirando as estrelas. Com tantas espalhadas pelo universo, sinto-me bem acompanhado, como se eu estivesse cercado de bons amigos. Olhando para elas, é quase inevitável não se perguntar, se elas não representam o espírito de cada um que já viveu neste planeta.

– Será?

– É uma possibilidade, não acha?

– Sim.

– Você sabia que ao olhar humano, as estrelas se movem com imensa lentidão? Que as mesmas que vemos agora, foram admiradas por nossos antepassados?

– É mesmo, Gabriel?! Que fato mais interessante.

– Sim, Hugo, como muitos que cercam a vida do homem neste Universo.

E voltando a olhar fundo nos olhos de namorado, Hugo se fez sincero outra vez:

– Amo você, Gabriel.

– Eu também o amo, Hugo.

E novamente ele o beijou, forte e intensamente. Gabriel então ficou de pé num pulo e disse, preocupado:

– O jantar! Ficamos tão entretidos um com o outro que nos esquecemos de preparar algo para comer.

– Calma aí, Gabriel. Se não tiver comida a gente mata a fome com amor.

– Ah, é, é?

– Hum-hum.

– Se essa moda pega.

– Quem dera pegasse e se espalhasse pelo mundo. Assim a humanidade seria muito mais feliz.

Assim que chegaram a casa, Gabriel engoliu uma barra de cereal, em três dentadas. Não suportaria esperar até que o macarrão estivesse pronto e saboroso. Enquanto foi tomar seu banho, Hugo preparou o molho de tomate como seu avô o ensinou, certa vez. Foi mais uma noite agradável e memorável para ambos, unidos pelo destino e pelo amor mais puro que o ser humano pode trocar com o outro.

10
O PASSEIO
CONTINUA

Às sete e meia do dia seguinte, os olhos azuis de Hugo se abriram para mais um dia. Como sempre, logo estava bem acordado, espreguiçando e entusiasmado com o dia. Ao notar que Gabriel também despertara, beijou-lhe o ombro, desejando-lhe bom dia. Então, saltou da cama, caminhou até a janela e abriu a persiana que permitiu que a luz pálida de um amanhecer de setembro invadisse o aposento.

– Teremos sol... Pelo menos pela manhã – comentou ele, espiando com visível prazer o mundo lá fora. Ao avistar dois esquilos, Hugo, com satisfação comentou: – O Tico e o Teco já estão na ativa.

– Tico e Teco?! – indagou Gabriel, levando alguns segundos para compreender a menção dos nomes dos dois personagens famosos de desenho animado.

Hugo então se sentou na pontinha da cama, descobriu os pés do namorado e começou a massageá-los. Com renovado bom humor, sussurrou:

– Tem gente com uma preguiça danada esta manhã, hein?

Gabriel fingiu não tê-lo ouvido, espreguiçou-se e bocejou gostoso até que Hugo, muito sacana, segurou firmemente seu tornozelo e começou a lhe fazer cócegas na sola dos pés. Gabriel agora parecia um cavalo a dar coices.

– Pare! – pediu, rindo e se contorcendo todo. – Pare, por favor!

E quanto mais ele pedia, mais Hugo se divertia com ele. Por fim, atendeu ao seu pedido, saltou da cama e disse:

– Pronto, agora você realmente acordou!

– Também, depois de uma violência dessas.

– Violência?!

E Hugo, num novo repente, saltou sobre ele, fazendo-lhe, dessa vez, cosquinhas na barriga.

Meia hora depois, os dois já estavam vestidos, penteados e perfumados, tomando um reforçado café da manhã.

– Quais são os planos para hoje? Não muito extenso, porque certamente vai chover à tarde.

– Eu sei. Aqui chove muito. Mas não iremos muito longe, um giro pelas montanhas e só.

O ar de aventura nos olhos de Gabriel, pensou Hugo, fariam até mesmo o mais desanimado ser do planeta se aventurar com ele até os confins do mundo.

Os dois partiram da casa, com nuvens escuras lançando sombras pela estrada e fazendo a temperatura cair. Ao tomarem uma ladeira íngreme em direção ao cume de uma belíssima montanha, Hugo teve a sensação de que já vira aquele lugar. Era como se soubesse o que esperava por eles, assim que chegassem ao topo.

Quando lá, uma brisa fria, vinda do rio, soprou forte até os dois.

– Vai esfriar – comentou Hugo, abraçando a si mesmo.

– Eu o aqueço – respondeu Gabriel, fazendo-lhe um rápido afago.
– Não se preocupe.

Foi então, inesperado até mesmo para si, que Hugo admitiu, com alma e coração:

– Gabriel, você está se tonando pra mim, o que há de mais importante na minha vida. Obrigado por estar junto de mim nessa loucura ou nesse processo chamado vida.

– Obrigado?

– É, obrigado.

– Obrigado só não basta, Hugo. Logo lhe passo a minha conta, para você depositar meus honorários, pelos favores sentimentais que tenho lhe prestado.

– Ah, é, é?

– É sim.

Ao perceber que Hugo iria para cima dele, Gabriel, muito rapidamente se esquivou dele, como faria um bom artilheiro. De longe, quem os visse, pensaria tratar-se de dois amigos inseparáveis, divertindo-se um com o outro.

Durante a parada num Café de estrada, para tomarem um dos cafés deliciosos do lugar, as nuvens enfileiradas no céu, escurecendo o dia, ameaçavam despencar chuva a qualquer momento.

Ao ver Hugo, olhando com preocupação para a tempestade que se aproximava, Gabriel procurou tranquilizá-lo:

– Relaxe. Chegaremos em casa antes de a chuva desabar.

– Duvido.

– Quer apostar?

Se tivesse, Hugo teria perdido, pois de fato, a água só desabou dos céus, um minuto depois de eles adentrarem a casa de campo.

– Eu lhe disse que só choveria quando chegássemos aqui. Ah, se eu tivesse apostado! – brincou Gabriel com seu bom humor de sempre.

– Ainda bem que não pegamos esse temporal na estrada – comentou Hugo, assustado com a força da água que desabava do céu. – Teria sido perigoso.

– O importante é que chegamos sãos e salvos, Hugo. Agora, com esse aguaceiro, teremos de nos divertir dentro de casa.

– Por mim, tudo bem.

– Pensei que diria que, ao meu lado, você se divertiria em qualquer lugar.

– Será?!...

E Hugo saiu correndo atrás do seu *better half,* para lhe fazer cócegas e outros gracejos que deixaram os dois em deliciosa manemolência. Mais tarde, Gabriel vasculhou seu armário em busca dos seus DVDs favoritos que havia deixado na casa, para rever num momento como aquele.

– Agora só nos resta assistir a um bom filme, embalados por um delicioso vinho e pipoca, com cobertura de manteiga em dose dupla.

Hugo sorriu, motivado pela ideia.

– Você já assistiu Sob o sol da Toscana? Não?! Vale a pena! Gostei tanto do filme que o comprei em DVD. *Tá* a fim?

– *Tô!*

Os dois se aconchegaram na sala com lareira, saboreando o vinho e a pipoca, enquanto curtiam a belíssima história interpretada pela atriz Diane Lane. Depois de se fartarem, ficaram colados um ao outro, envolvidos totalmente pelo filme.

– Sensacional! – elogiou Hugo, ao final da *película.* – Adorei!

Olhando com empolgação para o rapaz, Gabriel lhe foi sincero:

– Sabe o que é melhor do que um filme romântico, Hugo? Dois *caras* que se amam, vivendo romanticamente na real!

– Como nós?

– Como nós.

Hugo então ergueu o namorado nos braços e o levou para cama, onde sempre acabam os mal-entendidos, discussões e diferenças de personalidade de um casal que se ama verdadeiramente.

O dia seguinte amanheceu pálido e com cerração. A queda da temperatura deixou o clima propício para saborearem um bom chocolate. Durante o bate-papo do café da manhã, Gabriel comentou:

– Outro bom filme para a gente ver junto é "O banquete de casamento".

– Já ouvi falar.

– É muito legal, Hugo. Fala de um filho disposto a qualquer coisa para impedir que seu pai descubra que ele é gay e vive com um *cara* em Nova York.

– Drama de muitos.

– Pois é. Amo meu pai tanto quanto ele me ama. Mas sei que o amor dele por mim fraquejaria diante do fato de eu ser gay. O que me faz pensar se seria amor de verdade, pois amor real é capaz de tolerar todas as diferenças. Ainda mais de um pai para um filho. Pelo menos, assim penso eu. Para o meu pai e muitos outros em geral, a sociedade é muito mais importante do que o próprio filho e a felicidade dele. Incrível, né? Por isso o poupo, de todas as formas possíveis, que ele venha saber a meu respeito. Mas se o que faço não for o suficiente, como já lhe disse certa vez, sinto muito, fiz o meu melhor. Ele terá de lidar com a verdade, ainda que lhe doa na alma.

Hugo assentiu e pensativo, perguntou:

– Por que será que a maioria dos gays nasce em lares de pais preconceituosos, hein? Até parece sina.

– Os metafísicos dirão que é uma lição. Uma ajuda dos céus para que esses pais possam evoluir e transcender os próprios limites impostos pelo preconceito e a intolerância.

– É também uma boa explicação.

– É, não é?

Breve pausa e Gabriel abordou um assunto completamente diferente dessa vez:

– Sobre seu ex-namorado, Hugo. Já lhe passou pela cabeça que toda alegria e satisfação que você vê nele, nas fotos do *facebook*, não passem de uma encenação? A maioria das pessoas sempre se mostram felizes e radiantes com a vida, nas fotos que postam em suas páginas nas redes sociais, contudo, na vida real, não são nada disso. Tudo não passa de encenação, uma máscara que vestem só para ficarem bem na foto.

Hugo, após breve reflexão respondeu:

– Não sei se o Christopher seria capaz de suportar, por muito tempo, uma mentira.

Gabriel opinou:

– Na vida real, não, mas durante uma foto, sim, afinal, levam-se meros segundos para se tirar uma, não é mesmo?

– É...

Hugo ficou ainda mais reflexivo.

– E se, de repente – continuou Gabriel persuasivo –, você descobrir que ele é infeliz no casamento e, ele próprio quiser se separar da esposa pra ficar com você?

– Pera aí, Gabriel.

– É uma possibilidade, Hugo. Você me diz que tem medo de que eu desista de você, de uma hora para outra, mas você também pode fazer o mesmo comigo.

– Mas eu o amo, Gabriel. Você é o *cara* que me impediu de cometer uma besteira e vem me ensinando muito mais do que eu esperava aprender e viver um dia com um parceiro. Eu realmente o amo.

– Pode ser apenas gratidão. Amor de gratidão.

– Não *viaja,* Gabriel. É amor, gratidão, é tudo isso e muito mais. É tesão também. Sou louco pelo seu corpo, pelos seus beijos, pelo seu toque.

Sorrindo, Gabriel respondeu:

– Só quis mostrar a você que incertezas quanto ao futuro existem, mas que não podemos deixar de viver o agora e, da melhor forma possível, por causa delas.

– Só lhe digo uma coisa, Gabriel. É de você que eu gosto, é com você que eu quero passar o resto da minha vida.

– Mesmo assim você ainda ama o Christopher, não o ama?

– Sim, Gabriel, amo. Não poderia deixar de amá-lo. Crescemos juntos. Muito antes de sermos namorados, éramos amigos. O melhor amigo um do outro. Quase irmãos. Acho que praticamente irmãos, portanto...

– Eu entendo você.

– Entende mesmo? Consegue diferenciar o amor que sinto por você e o amor que sinto pelo Christopher? Espero mesmo que sim. Porque é com você que eu quero ficar.

E o assunto se encerrou com Hugo beijando apaixonadamente o rapaz que se tornara simplesmente tudo para ele no último ano.

O fim de semana prolongado terminou tão bom quanto começou.

Eles agora voltavam pela estrada já escura, iluminada somente pelos faróis, ao som de Pink, tocando no som do carro. Juntos cantavam o refrão da música, cada qual à sua maneira.

Uma hora depois, Gabriel estacionava o carro em frente ao flat em que Hugo morava.

– Chegamos!

– Pois é.

– Que tal o passeio?

– Adorei ainda mais a companhia.

– Boa noite.

– Boa noite – respondeu Gabriel, sorrindo feliz. – Nos vemos amanhã à noite?

– No mesmo *Bat local e hora*.

Hugo saiu do carro, contornou o veículo e acenou para Gabriel que lhe arremessou uma piscadela afetuosa. Só então ele partiu, sob os olhos apaixonados do australiano que, naquele instante, pensava no quanto era bom poder amar novamente.

Sem mais, Hugo entrou no flat e foi dormir, feliz.

11
DANÇA
COMIGO?

Enquanto isso, em Sidney, Austrália, Sonia Mendoza encontrava David se divertindo com o seriado Will & Grace na TV. Dessa vez, ela não mais se conteve; deu sua opinião mais sincera quanto ao seriado e tudo mais que se passava na mídia com personagens gays.

– A culpa é toda da TV! Desses seriados, filmes e novelas que estimulam os jovens a ver os gays como se fossem normais, e a *coisa* mais maravilhosa do mundo. E os artistas também são culpados por isso, pois ficam prestigiando essa gente como se fossem o primor da sociedade. Estão errados.

– Mas, Dona Sonia – respondeu David, pacientemente –, no passado não havia filmes, seriados e novelas com personagens gays que pudessem, como a senhora mesma disse, estimular os jovens a se tornarem gays. Não havia também, artistas famosos como Madonna, por exemplo, apoiando a minoria. As pessoas simplesmente se tornavam gays sem ter estímulo algum, porque nasceram gays, não foi nem nunca será uma questão de opção sexual.

– Então isso é mesmo coisa do demônio.

David riu e Sonia foi adiante, com maior agressividade dessa vez:

– David, responda-me com sinceridade: você alguma vez já ficou com uma garota para saber que não gosta de mulher?

O adolescente também lhe foi implacável:

– Passo a pergunta para a senhora, Dona Sonia. Com todo respeito, me diga: como a senhora pode saber que não gosta de mulher, se nunca ficou com uma?

Sonia, por pouco não gritou de ódio. Sua próxima pergunta também foi feita com agressividade:

– Você não tem medo de pegar AIDS, David?

O jovem novamente lhe respondeu com calma:

– Tomo os devidos cuidados, Dona Sonia.

– Mesmo assim é arriscado. A camisinha pode estourar. Você pode ser infectado simplesmente por fazer sexo oral. É perigoso. Você pode morrer a qualquer minuto por isso, David. A qualquer minuto!

– Dona Sonia, eu posso ser morto por tanta coisa a qualquer minuto. Até mesmo por uma depressão. Posso morrer também engasgado com um farelo de aveia ou atropelado na esquina por um motorista embriagado. A vida é cheia de riscos e perigos constantes. Além do mais, a AIDS não atinge somente os gays. Os heterossexuais também correm o risco de contraí-la. As mesmas doenças venéreas que um gay pode pegar, um heterossexual também pode. Portanto... A senhora me entendeu.

– Quem não me entendeu foi você, David. Estou tentando protegê-lo desse mundo promíscuo em que você vive. Promíscuo, sim!

E David simplesmente respondeu:

– Obrigado pela senhora se preocupar comigo. Sei que me diz tudo isso porque quer o meu melhor. Eu sei. Obrigado.

E Sonia voltou a olhar para a TV, franzindo a testa, indignada mais uma vez com o seriado de comédia. Nesse momento, David imaginou a mulher assistindo ao "Queer as folk", outro seriado com temática gay, grande sucesso da HBO. Se ela já se incomodava com Will & Grace, com seu humor inofensivo, imagine como reagiria diante de um seriado que mostrava explicitamente, a vida dos gays por diversos ângulos. Seria a morte para ela. Simplesmente a morte.

Dias depois acontecia um baile beneficente, no salão de festas da igreja que Sonia e George participavam. Por ser também a noite de folga de David, George convidou o adolescente para ir com eles ao baile. A princípio, Sonia torceu o nariz, depois, achou ótima ideia, pois lá, ela poderia apresentar David ao pastor e a alguma jovem que pudesse despertar seu interesse.

David foi ao baile porque simplesmente adorava dançar, algo que Sonia também gostava e se ressentia pelo fato de George não ser um bom dançarino. Ao saber disso, David lhe quis ser gentil.

– Dar-me-ia honra dessa dança, *mademoiselle?* – perguntou ele, fazendo-lhe uma reverência à moda antiga.

Secamente, ela respondeu:

– Você é muito garoto para mim.

– Ahhhh???!!!!

George rapidamente interveio. Ao ouvido da esposa, cochichou:

– Aceite, Sonia. O rapaz está tentando lhe ser gentil.

A mulher acabou cedendo. Pegou a mão que o jovem estendia para ela, e se deixou ser levada por ele até a pista de dança. Logo, os dois estavam totalmente envolvidos pelas lindas canções, tocadas ao vivo por uma banda virtuosa.

– Uau! – admitiu Sonia, minutos depois. – Você dança muito bem, David.

– Há muita coisa que eu faço bem, Dona Sonia.

– Dançando desse modo, você deixaria as mulheres loucas por você, David...

– Eu sei. Muitas me cantam por aí. Ainda assim, fico com os homens. Que seja feita a vontade do meu coração, da minha alma e do meu destino.

Sonia novamente amarrou o cenho, mas foi temporário, o prazer de dançar logo fez com que ela relaxasse e deixasse se envolver novamente pelos ritmos das mais inesquecíveis canções dos anos cinquenta. Canções que se tornaram mundialmente famosas nas vozes de Frank Sinatra, Dean Martin, Sammy Davis Jr, dentre outros e regravadas por grandes nomes da atualidade como Michael Bublé e Robbie Williams.

Ao perceber que aquela seria uma ótima oportunidade para David e Sonia se aproximarem, George inventou uma desculpa qualquer e voltou mais cedo para casa. Seria ótimo para os dois, especialmente para Sonia, que ela e David se tornassem verdadeiramente amigos.

Já era meia-noite quando ambos deixaram o baile, sendo praticamente um dos últimos a deixar o local. Voltaram a pé para casa, porque a noite estava propícia para uma gostosa caminhada.

– Foi bom, não foi? – perguntou David, após longo e desconfortável silêncio.

– Foi ótimo! – admitiu Sonia, porque era verdade. – Você realmente dança muito bem. É um dançarino nato.

– E nunca frequentei escola de dança...

– O que prova que as pessoas já nascem mesmo com seus dons.

– Pois é.

Um carro passou por eles, despertando a atenção de ambos.

– Conhecidos seus? – perguntou Sonia, ao ver o jovem olhando com interesse para o veículo.

– Aquele senhor com esposa e filhos... Foi um dos meus clientes.

– Você quer dizer...

– Sim! Ele e uns três homens casados que estavam no baile há pouco, também já me pagaram por sexo. Não os recrimino, só tenho pena, do peso que carregam por terem de viver, desempenhando um papel para a esposa, filhos e família... Mas tudo bem, cada um faz a sua escolha. Neste caso é uma escolha, sim! Ser homossexual não é, mas o que fazer da sua homossexualidade, sim!

Os olhos de Sônia reviraram-se, tamanho o nojo que sentia por saber que muitos homens casados realmente pagavam por *michê*. Percebendo seu estado, David mudou de assunto para alegrá-la:

– E seu filho?

– O que tem meu filho?! – assustou-se ela.

– Você fala tão pouco dele. Como é mesmo o nome dele?

– Christopher. Ele é tudo para mim. Meu tesouro.

– Eu também pensei que fosse tudo na vida da minha mãe, mas...

– Um dia você e ela voltarão a ficar de bem.

– Será? – O adolescente fez uma careta duvidosa. A seguir, perguntou: – O George me disse que o Christopher quase se tornou um jogador de futebol profissional.

– É verdade.

– E que desistiu na última hora.

– Foi porque ele preferiu se casar e ter filhos.

– Está vendo? Foi uma escolha.

– Sim, sim, uma escolha!

– O George contou-me também que ele foi amigo do Hugo Martini, um dos jogadores sensação do momento. Que os dois cresceram juntos.

– Isso também é verdade.

– Nossa, ele deve se orgulhar muito do amigo, por ter chegado aonde chegou, não é mesmo?

– Sim, sim... Acho que sim.

A voz de Sonia vacilou, não queria falar sobre aquilo que, por algum motivo a incomodava, por isso abordou outro assunto.

Naquela noite, ao se deitar, Sonia decidiu ir visitar o filho no fim de semana. Falar com ele, por telefone, nunca era o mesmo que vê-lo pessoalmente.

Estar novamente junto da mãe foi uma grande alegria para Christopher Connell. Ao seu lado, ele sempre se sentia mais alegre. Foram à praia caminhar, prepararam o almoço; Sonia também estava feliz por rever o neto, para o qual havia levado alguns presentes.

– Luka é quase um homenzinho – brincou ela, admirando o menino. – Incrível como essa criançada de hoje cresce rápido, não?

Christopher assentiu, enquanto entornava sua quinta latinha de cerveja. A mãe então lhe perguntou:

– Vanessa é mesmo um amor. Você a ama, não a ama, Christopher?

A pergunta o pegara de surpresa. O que responder?

Por sorte, Vanessa reapareceu com o filho, permitindo que ele se esquivasse da pergunta. Ela havia ido dar banho no menino.

Só mesmo quando a mãe partiu, é que Christopher voltou a pensar na pergunta que ela lhe fizera naquela tarde. Pensando em Vanessa, ele se perguntou, intimamente, o que seria sua vida sem ela? Nada senão a lembrança dolorosa do que poderia ter sido ao lado de Hugo. Mas não fora isso o que a mãe havia lhe perguntado. Ela fora bem específica: "Você a ama, não a ama, Christopher?".

Não, ele não poderia dizer que amava Vanessa Harper, mas que lhe era grato por tudo o que ela fazia por ele. Se o amor e a gratidão andavam de mãos dadas, da mesma forma que muitos diziam acontecer entre o amor e o ódio, então, ele poderia dizer que amava Vanessa, caso contrário, o que sentia por ela não passava de simples gratidão.

12
NATAL EM FAMÍLIA

Com a aproximação do Natal, Hugo e Gabriel teriam de se separar pela primeira vez. Foi Gabriel quem mais lamentou o fato:

– Eu gostaria realmente que você passasse o Natal comigo e a minha família, se eles aceitassem tudo numa boa, mas...

– Não se preocupe, Gabriel. Como de hábito, passarei a data com os meus avós em Sidney. Se você quiser ir comigo para lá, eles não se importarão de tê-lo conosco, aceitarão você como meu namorado, numa boa.

– Eu sei, mas minha mãe não me perdoaria se eu me ausentasse da ceia em família. Para ela, o Natal em família é sagrado. Por mim, eu o levaria comigo, convidaria até mesmo seus avós para passarem conosco, no entanto, meu pai me metralharia de perguntas: por que levar um amigo e não uma namorada ou até mesmo uma esposa? Seria um caos. E isso me chateia um bocado. Não sei até quando vou suportar esconder deles, o que vivo com você, Hugo.

– Eu o entendo, Gabriel. Mas vá com calma!

– Mais ainda do que já tenho?

Hugo se aproximou dele e falou, muito seriamente:

– Um dia, tudo entre nós será diferente, Gabriel. Especialmente se você aceitar se casar comigo.

– Casar?!

– Falei cedo demais?

– Não! É que...

– Um dia a gente chega lá, Gabriel. Quando isso não mais atrapalhar minha carreira no futebol e sua família, por um milagre, aceitar o fato. O importante é que passaremos o ano-novo juntos em Nova York. E isso já é uma grande conquista.

– Sem dúvida.

A chegada de Hugo a Sidney causou bochicho no aeroporto. Ao rever os avós, abraços e muita choradeira de saudade *rolou* entre os três. Hugo levou tantos presentes para Martha e Amadeu que ambos ficaram sem graça.

– Não precisava, filho – agradeceu Martha com lágrimas nos olhos.

– Precisava, sim! Além do mais, eu sempre quis dar uma de Papai Noel.

Risos.

– E como vai o namoro, Hugo?

– Maravilhoso, vovô. O Gabriel é um *cara* e tanto. Estou muito feliz ao lado dele. Mas ninguém ainda pode saber sobre eu e ele, vovô. Seria um desastre para a minha carreira no futebol e um perigo para o Gabriel, que é de família extremamente conservadora, não aceita, em hipótese alguma, um relacionamento gay.

– Fique tranquilo, meu querido. Da minha boca ninguém saberá de nada.

O neto abraçou novamente o avô, agradecido, mais uma vez, por seu apoio de sempre.

– Obrigado, vovô. O senhor é o melhor avô do mundo.

E voltando-se para Martha Martini, Hugo também a elogiou:

– A senhora também, vovó. A melhor avó de todos os tempos.

E deu-lhe um novo beijo afetuoso.

Nesse ínterim, Gabriel chegou à casa de sua família em Nebraska, USA. Os Callaway moravam numa mansão localizada no melhor bairro da cidade. Uma casa de muitos ambientes, com muitos quadros decorando as paredes, revestidas com os mais luxuosos e caros papéis de parede.

No primeiro almoço em família, o Senhor Callaway, presidindo a mesa, observou Gabriel com atenção. Olhando-o clinicamente para o filho, perguntou:

– Gabriel.

– Sim, papai.

– Seu irmão viu uma foto sua ao lado do famoso jogador de futebol: Hugo Martini.

– É mesmo?! – Gabriel tentou não corar.

– O que você e ele faziam juntos? Você nunca foi fã de esportes.

– Verdade, papai. É que presto acessória psicológica ao time do qual

222

ele faz parte e foi assim que nos conhecemos.

– Muito me orgulha saber que você, Gabriel, está prosperando como psicólogo. Só mesmo os bons e, de muita sorte, conseguiriam chegar ao ponto de serem contratados por um time tão famoso quanto esse.

– Mas a decisão partiu de mim, papai. Fui eu quem foi até eles, oferecer meus serviços.

– Fez bem, Gabriel. Bela atitude da sua parte. Você sabe que, por um minuto, eu estranhei você ao lado de um rapaz numa foto na mídia. Você deveria estar ao lado de uma garota. Não de um rapaz.

E novamente Gabriel percebeu o olhar desconfiado de seu irmão para ele. Nada mais foi abordado, pois o almoço foi servido. Antes, porém, o Senhor Callaway fez uma prece, para agradecer a Deus por estarem reunidos em família, e pelo alimento que iriam comer. Só então começaram a saborear os pratos deliciosos preparados para tão importante data em família.

Foi somente quando o pai e a mãe se retiraram para fazer a cesta, que Arthur Callaway, irmão de Gabriel, comentou:

– Se eu não soubesse que no mundo do futebol não existem gays, eu diria que você e o tal do Hugo Martini estariam tendo um caso. Se bem que essa praga de gays, hoje em dia, está infiltrada em tudo quanto é meio.

– Mas eu e o Hugo, Arthur, somos apenas bons amigos. Pode ficar tranquilo.

– Você não me engana, Gabriel, todos sabem que psicólogos e desportistas são, na maioria dos casos, *viados*.

– Há exceções.

– Espero mesmo que haja.

– Você é mesmo muito parecido com o papai, Arthur. Nos seus valores.

– Sou e tenho muito orgulho disso.

– Bom *pra* você.

– Bom pra mim, sim!

– Terminou?

– Não! Você sabe muito bem que eu já estou trabalhando na empresa do papai, há um bom tempo. Se você pensa que vou aceitar dividir tudo aquilo, meio a meio, depois que ele morrer, você está muito enganado, Gabriel. Dou duro naquele lugar, todo dia. Por isso, mereço herdar muito mais do que a metade. E já que você nunca se interessou pela empresa, é mais do que justo que você me venda a sua parte e...

Gabriel o interrompeu:

– Arthur, não acelere o tempo. O papai ainda está vivo. Não desprezo seu esforço pela empresa, mas foi decisão sua trabalhar ali. Você deveria até me agradecer por eu deixar tudo em suas mãos, se trabalhássemos lado a lado, você certamente acabaria me matando. Você nunca gostou de mim, nunca aprovou minhas ideias... Seria um caos para ambas as partes.

– Nisso, você tem toda razão, Gabriel.

– Pois é. Que bom que você reconhece isso.

Gabriel já ia seguindo caminho, quando se voltou para Arthur e disse, mirando fundo em seus olhos:

– Você só pensa em dinheiro, não é mesmo, Arthur? Dinheiro, status e poder. É mesmo uma cópia fiel do papai.

– Ainda bem que eu nasci, Gabriel. Se o papai tivesse tido só você de filho, tudo o que ele conquistou ao longo da vida, seria perdido num piscar de olhos, ao ir parar em suas mãos. Porque você é fraco para negócios, fraco para lidar com dinheiro e poder. É fraco em todos os sentidos.

– Você insiste em me ferir, Arthur. Por quê?

– Porque você é fraco! Se fosse forte, realmente, assumiria perante todos o que é...

Gabriel se segurou para não socar o irmão. Não era de briga, mas Arthur o estava tirando do sério.

– Não, Arthur, você não vai destruir os meus dias aqui com o papai e a mamãe. Não mesmo!

Sem mais, ele deixou o aposento e seguiu para o seu quarto, de onde ligou para Hugo, para saber como estava sendo sua véspera de Natal ao lado dos avós.

– Não tão bom quanto seria, se você estivesse aqui do meu lado, Gabriel – respondeu Hugo com sinceridade.

– Eu sei. Mas você me compreende, não?

– É lógico que sim! Também não estou cobrando nada. Aproveite sua família e quando voltar, aproveitaremos um ao outro da melhor forma, como sempre.

– Combinado.

Com palavras de amor, ambos encerraram a ligação.

Ao verem o neto, com os olhos cheios d'água, sorrindo feito bobo, os avós tiveram a certeza de que Hugo havia finalmente encontrado um rapaz merecedor do seu afeto.

Na ceia da pequena família Martini, aquela noite, havia peru assado com batata doce, tender com fio de ovos, torta de queijo e presunto, cuscuz, dentre outros pratos saborosos. De sobremesa foi servida uma torta alemã, trufas com recheios variados e frutas da época.

Em Mona Vale, ao mesmo tempo, Christopher Connell tomava sua décima garrafinha de cerveja. Para ele, o Natal em família não significava nada, por isso, não fazia questão da companhia de ninguém. Ele só queria se embebedar para esquecer que mais um ano estava prestes a terminar e ele, até então, não vivera nada do que pudesse fazê-lo sentir orgulho de si. Mesmo com a ida de Sonia para lá, para passar o dia 25 de dezembro com ele, a nora e o neto, Christopher não se empolgou com a data. Bebeu até, para que o feriado passasse o mais rápido possível e ele voltasse para sua zona de conforto o quanto antes.

David, por sua vez, pegou um bico num Buffet, para não ter de encarar o dia de Natal, longe de sua família, com a qual sempre passou os natais desde que era pequenino. Chegou a pensar que sua mãe, pelo menos ela, ligaria para lhe desejar um feliz Natal, mas isso não aconteceu. Pensou ele, então, em ligar para ela. Já que não tivera essa atitude, ele a teria. Mas desistiu na última hora, ao se recordar das palavras do pai. Ele se fizera bem claro com ele: "...agora vá embora desta casa, da nossa vida, esqueça-se de nós! Eu e sua mãe não merecemos você. Nunca mais nos procure! Se nos perguntarem a seu respeito, diremos simplesmente que morreu. Será mais fácil. Bem menos vergonhoso e humilhante."

E assim se passou mais um Natal que é sempre uma boa desculpa para se reunir as famílias sob um mesmo teto.

Na volta de Hugo para os Estados Unidos, Gabriel Callaway fez questão de ir, ele mesmo apanhá-lo no aeroporto. Trocaram um abraço apertado e pelo caminho, Hugo comentou:

— Foi bom rever os meus avós, sabia? Estava morto de saudade dos dois.

— Que bom!

— E você? Como foi estar com a sua família?

— Foi bom também, mas poderia ter sido bem melhor se meu irmão não me torrasse tanto a paciência, e meu pai não me metralhasse de perguntas. Por sinal, todos lá já sabem que nos conhecemos.

— Sério?!

— Meu irmão mostrou aos meus pais, uma foto nossa tirada numa dessas festas a que fomos juntos. Mas tudo bem, foi melhor assim. Isso já vai amaciando o terreno.

225

– Quer dizer então que o seu irmão é mesmo um chato?

– Chato, não! Muito chato! Interesseiro, materialista e preconceituoso. Nele se reúne tudo o que eu mais abomino no ser humano. Haja paciência!

E para alegrar o namorado, Hugo lhe deu um *selinho* relâmpago e disse:

– Posso lhe ser sincero, mais uma vez? Fico angustiado quando estou longe de você. Juntos, a vida é muito melhor. Por isso, Gabriel Callaway, nunca se afaste de mim. Promete?

– Prometo!

E os dois trocaram um novo *selo*.

Dias depois, como haviam combinado, os dois tomaram um voo para Nova York onde passaram a virada de ano novo no Times Square. Algo eletrizante.

13
O DOCE AMARGO
DA REVOLTA

No novo ano que se abriu, Christopher, por sua vez, mantinha-se discretamente atento à vida de Hugo pela internet. Diante do seu sucesso e, por acreditar que ele era feliz, muito mais do que um dia pensou ser ao seu lado, Christopher se sentia cada vez mais diminuído.

Hugo, feliz. Hugo, bem-sucedido. Hugo, realizando seus sonhos. Hugo, uma celebridade. Hugo, Hugo, Hugo... E ele, Christopher, infeliz, preso a uma vida besta, onde seus sonhos foram massacrados pelo pai que nem teve tempo de apreciar todo o sacrifício que fizera por ele. Nem sua mãe que morava longe, e o abandonara sozinho, para realizar o que tanto sonhou para si. Restavam somente ele, Christopher, e a infelicidade, Christopher e a frustração, Christopher e a morte em vida...

– Morte... – repetiu ele para si mesmo. – Morte.

E novamente ele sentiu vontade de se libertar de tudo aquilo para poder, quem sabe, encontrar a felicidade que um dia conheceu e perdeu, devido as suas próprias escolhas.

Foi num domingo, começo de outono, que o inevitável e surpreendente aconteceu. Vanessa tirou o filho da cama, ajudou-o a escovar os dentes, e depois preparou o café da manhã para ambos. Só então, ela avistou o marido, sentado na varanda da casa, alheio a tudo mais a sua volta.

Ao ir até ele, para lhe desejar bom dia, a jovem se assustou com seu rosto pálido e seus olhos brilhando, estranhamente, como se retivessem lágrimas. Não eram mais azuis, estavam quase negros.

– Christopher... – falou ela, com profunda cautela. – Está tudo bem? Bom dia!

Ele nada respondeu, apenas olhou para ela como profunda estranheza. Para animá-lo, ela disse com forçado gracejo:

– Está um dia tão bonito, não acha? Sereno...

– Sereno... – repetiu ele, com voz abafada, em luta íntima. Foi então que lhe ocorreu uma ideia: – Estava pensando em levá-la para dar uma volta de bote. O que acha?

A sugestão surpreendeu Vanessa.

– Não seria má ideia. O dia está realmente bonito para isso.

– Vamos, então?

– Vamos! Mas antes acho melhor deixar o Luka com minha mãe.

– Você quem sabe.

Depois de deixarem o menino com os avós maternos, o casal pegou o caminho da praia, passando junto às margens seixosas até o ancoradouro. Ali ficavam atracados os mais variados tipos de embarcação. Dos mais simples aos mais equipados pelos pescadores. Olhando para o mar, com um sorriso inseguro, pairando em seus lábios, Vanessa confessou:

– Será que vou sentir enjoo?

Sorrindo estranhamente para ela, Christopher respondeu:

– Que nada, venha!

Em seguida, ele a ajudou entrar no bote que balançava levemente ao movimento da água.

– Ui! – suspirou Vanessa. – Senti um friozinho na barriga.

O olhar dele para ela tornou-se repentinamente sinistro, algo que a fez sorrir amarelo, procurando se sentar rapidamente no banco e se segurar na borda.

Com toda força de que dispunha, Christopher Connell foi remando, distanciando-se da praia. Nada dizia, apenas olhava atentamente para a esposa, com o mesmo olhar ambíguo de antes. Vanessa, querendo alegrar o passeio, procurou contar fatos de quando era menina junto ao mar.

Christopher agora a olhava com mágoa nos olhos. Suas sobrancelhas estavam unidas, seus olhos azuis, vermelhos, estranhamente vermelhos. Foi então que ele lhe disse algo, num tom que não lhe era nada peculiar:

– Muita gente que entra no mar, jamais sai.

– O que foi que disse? – perguntou Vanessa, por não acreditar que tivesse ouvido corretamente.

Ele repetiu suas palavras, com voz tranquila, mas sua expressão ainda era sombria e assustadora.

– Por que me disse isso, Christopher? – indagou Vanessa, ficando nervosa.

– Porque é verdade – respondeu ele, com frieza absurda. Seu tom mudou, e a ameaça em sua voz tornou-se evidente e assustadora. – Pode acontecer comigo, com você, com nós dois e ao mesmo tempo.

Ela novamente se sentiu arrepiar enquanto ele remava, remava e remava, cada vez mais para alto mar.

– É melhor voltarmos, Christopher. Está ficando longe da praia. Estou começando a ficar enjoada.

Ele negou com a cabeça, enquanto seus olhos pareciam vidrados.

– Por favor, Christopher...

Um minuto a mais e ele parou de remar, deixou os remos nos seus devidos lugares e sentou-se ao lado da esposa, envolvendo-a em seus braços, abrigando-a, protetoramente. Vanessa, por sua vez, olhou para o marido com lágrimas a brilhar em seus olhos. Diante de seu rosto perfeito, olhando para ela, retorcido em uma máscara de indecisão e dor, Vanessa novamente se inquietou.

– O que foi, Christopher? Por que está me olhando assim tão estranhamente?

Intimamente ele pensou. Estava ali, sua chance de se libertar de vez daquela vida infeliz. Conquistar, de vez, a felicidade que ainda poderia existir em algum lugar. Por isso, ele não podia fraquejar. Não, agora. Assim, com determinação ardente, ele se levantou puxando-a para si, fazendo o bote balançar devido ao movimento brusco dos dois.

– Deixe-me sentar novamente, Christopher – pediu-lhe Vanessa, aflita. – Este balanço me dá tontura...

Ao sentir a mão dele, segurando firmemente seus braços, a jovem novamente olhou assustada para o marido.

– Solte-me, Christopher! – insistiu, sentindo o seu estômago se revirar.

Os olhos dele agora ardiam assustadoramente. Uma ardência febril. O sangue subia-lhe à face e a doce expressão de seu rosto, tornara-se demoníaca.

– Solte-me, Christopher! – gritou ela, desesperando-se ainda mais.

Num movimento rápido, ele a ergueu nos braços e disse, com ódio profundo:

– Eu não suporto você! Tenho nojo de você. – Sua voz se escurecia cada vez mais. – Você destruiu a minha vida. Só me fez infeliz. Vou matá-la! Matá-la!

Aquela voz não podia ser dele, horrorizou-se Vanessa. Era uma voz masculina, de tenor, genérica e assustadora que ela nunca ouvira antes. Ao tentar gritar por socorro, sua voz perdeu a força. De qualquer modo, num lugar como aquele ninguém poderia ouvi-la. Seu fim chegara, não havia mais o que fazer.

229

Num movimento relâmpago, ele arremessou a esposa para fora do bote e o impacto dela com a água fria, despertou-a, fazendo lutar para não se afogar.

– Christopher – dizia ela em tom de súplica. – Ajude-me! Ajude-me!

Ela nadou na sua direção, na esperança de ele ajudá-la a voltar para o interior do bote. Foi quando ele segurou sua cabeça, com toda força de que dispunha, empurrando-a para dentro da água, para que ela morresse afogada o quanto antes.

Vanessa se debatia, em pânico. Os braços do marido eram fortes. No geral ele era muito mais forte do que ela, de que adiantaria lutar? Ela ia morrer, já estava morrendo. Era o fim...

Nesse momento, Vanessa Harper ouviu uma voz chamando por ela. Uma voz suave e, ao mesmo tempo, precisa. Dizia para desistir de lutar para voltar à superfície da água. Desista! Desista! Desista! Mas se desistisse, ela morreria. Que voz era aquela disposta a matá-la, de vez? Em todo caso, sem ver outra escolha, acabou aceitando a sugestão. Isso fez Christopher, tomado de loucura, pensar que ela finalmente havia morrido; sendo assim, deixou de pressionar a cabeça dela para dentro d'água. Então, ele se ajeitou no banco do bote, arfando violentamente, até perder totalmente a noção da realidade. Havia caído num transe, entrado num profundo choque emocional.

Vanessa pôde assim voltar à superfície da água, sem enfrentar barreiras. Emergiu e se segurou no pedaço de corda presa ao bote. Por enquanto, estava a salvo, pelo menos, até que Christopher a notasse escondidinha ali.

Por minutos, Vanessa ficou olhando a água ondulante, tentando tirar algum sentido daquele pesadelo vivido há pouco. A cada lembrança do acontecido, seu estômago se revirava.

Ela ainda tentava pensar com clareza, apesar do terror que se apoderara do seu cérebro, enquanto se derramava em lágrimas, descontroladamente. Ela tinha de sobreviver, não só por respeito à vida que Deus lhe dera, mas pelo filho adorado que tanto amava. Um amor recíproco e incondicional.

Sua decisão estava tomada: sobreviver era sua única escolha. Com isso, abafou o medo e a ansiedade, empurrou o temor para um fundo qualquer de seu subconsciente e se apegou à vida, com toda garra de que dispunha. Que surgisse alguém para salvá-la.

Os minutos pareciam levar horas para passar. Só mesmo quando notou a quietude do lugar, a falta total de ação por parte de Christopher, é que ela ousou espiar o interior do bote. Ao avistá-lo, desfalecido, ela relaxou e, ao mesmo tempo, não. E agora, como sairia dali? Seu único recurso, naquele instante, foi rezar. Rezar fervorosamente para que Deus a ajudasse.

14
O SURTO
PSICÓTICO

O estado de espírito criado pela fé ajudou Vanessa a se manter firme até que chegasse algum socorro, o que seria verdadeiramente um milagre num domingo em que poucos se atreviam a velejar. Mas a providência divina agiu maravilhosamente bem outra vez. O auxílio chegou em menos tempo do que ela previra. Uma lancha seguia naquela direção e ao avistá-la, dentro d'água, acenando, parou para socorrê-la.

– Fique calma, moça, nós vamos tirá-la daí – disse-lhe um dos tripulantes.

Só mesmo quando dentro da lancha, envolta numa toalha, Vanessa conseguiu dizer algo em agradecimento:

– Obrigada... – Sua voz soou trêmula porque ela ainda tremia de frio.

Christopher foi o próximo a ser retirado do bote.

Minutos depois, eles chegavam ao ancoradouro onde as lanchas e barcos eram guardados por seus proprietários. Ao ver-se em terra firme, Vanessa novamente agradeceu a Deus. Nunca lhe fôra tão grata como naquele dia.

Não demorou muito para que a ambulância chegasse e levasse Christopher para o hospital. Ele se mantinha vivo, mas desacordado, como se tivesse entrado em coma. No hospital, foi examinado e levado para a UTI. Ainda não se sabia se ele havia tido um AVC ou, simplesmente, um choque emocional a ponto de fazê-lo perder a consciência.

Ao ser questionada pelos médicos sobre os últimos acontecimentos, Vanessa omitiu a verdade; seria melhor, ao menos por ora, para proteger o marido. A seguir ela ligou para Sonia.

– Dona Sonia – começou ela. – O Christopher foi internado. Acho melhor a senhora vir para cá.

– O quê?! Ele está bem?

– Sim. Os médicos ainda não sabem exatamente o que ele teve, mas foi provavelmente um estresse muito grande. Achei que a senhora, sendo mãe dele, deveria saber.

– Sim, minha querida. Estou indo para aí imediatamente.

Assim que desligou o telefone, a mulher rompeu-se num choro agonizante.

– Dona Sonia! – assustou-se David ao vê-la naquele estado. – O que houve?

– Meu filho foi internado, David. Um mal súbito... Estou indo para Mona Vale, agora mesmo.

O jovem abraçou a mulher que se derramou em prantos nos seus braços. Depois, a pedido dela, deram-lhe um Rivotril para tomar. Ela sempre fazia uso de um, quando tinha insônia ou preocupação. Visto que George não poderia se ausentar de seu serviço, por causa de uma reunião importante no dia seguinte, Sonia seguiu só, para Mona Vale, de ônibus. Chegando lá, foi direto para o hospital.

– Dona Sonia, que bom que a senhora veio! – exclamou Vanessa Harper, verdadeiramente alegre com a chegada da sogra.

As duas mulheres se abraçaram.

– Como ele está? Posso vê-lo?

– Acho que os médicos não farão objeção.

Ao ver-se diante do filho, acamado, em coma, a mãe provou de uma tristeza tão cruel que a fez perder a fala e chorar baixinho, por longos minutos. Depois de lhe dar um beijo na testa, deixando, sem querer, que suas lágrimas quentes pingassem sobre o rosto de Christopher, suas mãos flutuaram impotentes por sobre o corpo, tentando encontrar um lugar seguro para afagá-lo, sem soltar os fios que monitoravam seus batimentos. Acabou escolhendo o antebraço.

A seguir, chegou uma enfermeira determinada que, com os olhos experientes, examinou o monitor cardíaco do paciente.

– Os batimentos cardíacos do rapaz permanecem bons – comentou, com segurança. – Isso é bom sinal.

Antes de partir, a mulher lançou mais um olhar profissional para a aparelhagem e outro para Sonia.

Sentindo-se um pouco mais serena, Sonia Mendoza pôde conversar mais tranquilamente com a nora.

– Agora me conte, Vanessa. O que houve exatamente? Por que Christopher ficou assim?

Vanessa engoliu em seco, ainda lhe era difícil falar de algo que tanto a surpreendeu e, por pouco, não a matou. Minutos depois, a sogra se via perplexa com tudo que ouviu.

– Christopher... Tentando matá-la?... Isso não pode ser verdade.

– Eu não teria por que inventar uma barbaridade dessas, Dona Sonia.

A mulher se mantinha boquiaberta, enquanto seu cérebro tentava encontrar algum sentido para aquilo. Seu rosto então se enrijeceu e seus olhos se esbugalharam. Descontrolada, disse a seguir:

– O que foi que você fez a ele, Vanessa? Diga-me! Só pode ter sido algo de muito grave para ele tentar... Você o traiu, foi isso?

Sonia agarrou firmemente a nora pelos braços, chacoalhando-a histericamente:

– Você traiu meu filho, sua... Como pôde? Como pôde?

Paul Summer Field, um dos médicos que cuidava de Christopher, por estar nas proximidades, ao ver a cena, correu em defesa de Vanessa.

– Calma, minha senhora – pediu-lhe gentilmente o profissional.

Sonia se atirou nos braços do sujeito, chorando convulsivamente. Novo calmante lhe foi dado e assim que ela pareceu relaxar, o médico se voltou para Vanessa, preocupado com ela:

– Talvez seja melhor você também tomar um.

– Não, obrigada. Estou bem.

Ele a olhava com atenção. Constrangida sob o seu olhar, Vanessa abaixou a cabeça. O sujeito então lhe perguntou:

– Não tive como deixar de ouvir o que você e sua sogra conversavam. O que você disse a respeito do seu marido, é mesmo verdade? Ele realmente tentou matá-la?

Apavorada, Vanessa voltou a encará-lo no mesmo instante.

– Por favor, não diga nada a ninguém – pediu-lhe suplicante. – Meu marido deve ter tido um surto, ou qualquer coisa do tipo. Se essa história se espalha... Cidade pequena, o senhor sabe, notícias voam. Eu o entendo, entendo seus motivos...

Ainda olhando atentamente para ela, o médico respondeu:

– Mesmo assim é perigoso. Isso pode voltar a se repetir.

– Não se preocupe.

– Seria melhor levá-lo a um psiquiatra.

– Sim, certamente.

– Prometa-me que fará.

– Sim. Obrigada por se preocupar.

O sujeito estava verdadeiramente preocupado com a moça. Havia gostado dela e agora se via preocupado com a sua segurança.

Haviam se passado duas horas desde o último episódio. Sonia e Vanessa estavam novamente lado a lado, na discreta sala de espera do hospital.

– Não consigo acreditar que o Christopher tenha feito o que fez... – repetia Sonia, mais uma vez, em tom de pura incredibilidade.

– Eu não queria que a senhora soubesse, Dona Sonia. Juro que não! – argumentou Vanessa. – Sabia que iria sofrer e pensar mal de mim. Mas eu lhe garanto, jamais fiz algo de errado. Fui sempre uma esposa fiel.

Havia agora um pouco de compaixão transparecendo nos olhos entristecidos de Sonia Mendoza.

– A verdade, Dona Sonia... – continuou Vanessa, em tom ponderado. – A verdade é que o Christopher não está bem já faz um tempo. Anda sempre tristonho e desanimado com a vida. Nunca me procura para sequer fazer-lhe um agrado. Se não sou eu... Depois do que ele me disse no bote, estou certa de que ele não gosta de mim. Sempre tive a sensação de que ele gostava de outra garota e ela, sei lá por qual motivo, não quis ficar com ele ou não pôde. A senhora sabe de alguma coisa? Ele nunca comentou?

Sonia se lembrou de Hugo no mesmo instante, o que a fez estremecer.

– O que foi? A senhora está bem?

– Sim... sim – mentiu Sonia, sentindo um aperto na altura do estômago.

Naquele instante, palavras que David havia lhe dito certa vez, voltaram a ecoar em sua mente. "Homossexualidade não é uma questão de escolha, Dona Sonia. As pessoas nascem homossexuais. Se fosse questão de escolha, quem optasse por se casar e ter filhos deixaria de sentir atração por alguém do mesmo sexo. Não existe cura para gays, porque não é uma doença, é coisa da alma. A alma é gay. Sabe quantos e quantos homens casados procuram michês como eu fui? Muitos! Casaram-se para ficar bem diante da sociedade e da família. Vivem uma vida de fachada. A senhora nunca ouviu falar disso? Nunca conheceu alguém que sabe que é gay e se forçou a viver uma vida de aparências? Há tantos! Mas eu entendo a senhora, é mesmo difícil de perceber, porque sabem disfarçar muito bem."

O que Vanessa disse a seguir, despertou Sonia de suas reflexões:

– Eu sei por que o Christopher fez isso, Dona Sonia.

A sogra ficou em estado de alerta:

– Sabe?!

– Sim! E a senhora também, se refletir a respeito.

Sentindo a alma gelar, Sonia respondeu:

– Não, eu não sei! Juro que não!

Vanessa, sem se dar conta do estado desesperador da sogra, continuou:

– Christopher queria brilhar nos campos de futebol, tornar-se um jogador profissional famoso e o nosso amor acabou roubando-lhe a oportunidade. De certa forma, eu o impedi de realizar seus sonhos e isso o fez se revoltar contra mim; querer me matar para, quem sabe, ser livre novamente para ir atrás de suas metas. Eu me transformei num estorvo na vida dele, por isso, ele me detesta e ao filho também.

Sonia, respirando mais aliviada, respondeu:

– Você acha então que foi isso que o fez perder a cabeça?

– Sim. Por quê? Haveria outro motivo?

– Não! É lógico que não!

Vanessa intensificou o olhar sobre a sogra.

– Curioso... Tive a impressão de que a senhora sabe de algo que não sei. Um motivo a mais para o Christopher ter feito o que fez.

– Não, bobagem. Impressão sua!

O assunto se encerrou, momentaneamente, porque Paul Summer, o médico responsável por Christopher chegou para falar com as duas.

15
CONFRONTANDO A
VERDADE

Margareth só foi visitar Christopher naquela tarde, porque só então soubera do que havia lhe acontecido. Amava o rapaz como a um filho, por isso, não poderia deixá-lo só num momento tão preocupante como aquele. Ela aguardava na sala de visitas para ver o rapaz na UTI, quando Sonia apareceu ali em busca de um copo d'água. Ao vê-la, ambas se encararam como duas rivais.

– Olá, Sonia – foi Margareth quem rompeu o gelo.

– Olá – respondeu Sonia sem fazer muita questão.

– Como ele está?

– Na mesma. Mas ele há de sair dessa. Com a graça de Deus.

Enquanto ela enchia um copo plástico de água, Margareth tomou coragem de lhe dizer o que há muito estava engasgado:

– Você deveria dar mais atenção ao Christopher, não acha?

– Ora, por quê?

– Porque ele não está bem, Sonia.

– Ele lhe disse isso?

– Não. Ainda que confie em mim, Christopher nunca faria. Ele tem enorme dificuldade de se abrir com as pessoas. Mesmo assim, eu sinto que ele não está nada bem.

– Ora, por que ele não haveria de estar? Tem uma mulher que o ama, um filho adorável.

Margareth não mais se conteve. Aproximou-se de Sonia e olhando, desafiadoramente para ela, perguntou:

– Diga-me. Você é mesmo cega ou se faz de cega?

– Você me respeite, Margareth.

– Eu gosto do Christopher. Tenho-o como se fosse meu filho. Não quero vê-lo sofrer mais do que já sofre.

– Só porque ele não se tornou jogador de futebol profissional é que ele agora vai se voltar contra o mundo?! Todos nós temos de aprender a lidar com as nossas frustrações.

– Não se faça de boba, Sonia. Você sabe que o motivo da infelicidade dele é outro! Sabe, sim!

– Tudo o que sei...

– Não, você não sabe de tudo, Sonia! Não sabe, por exemplo, que o Charles espancou seu filho quase até a morte, meses antes de ele se casar.

A mulher estava assombrada.

– É isso mesmo o que você ouviu. E eu nada contei na ocasião, porque o Charles me pediu para não lhe dizer nada. Mas agora que ele está morto, não há mais razão para esconder isso de você. Como mãe, você deveria ter sabido disso muito antes. Estúpida fui eu em ter lhe ocultado o fato.

– Isso não é verdade – Sonia se recusava a acreditar naquilo.

– É verdade, sim! Christopher ficou uma semana internado no hospital.

– Charles teria me dito. O próprio Christopher teria me contado.

– Mas não fizeram. Sabe por quê?

Sonia olhou ainda mais horrorizada para ela que, audaciosamente lhe perguntou:

– Preciso mesmo dizer por quê?

Sonia se sentiu tão mal com aquilo que deixou o local, pisando duro. Estava sem ar, sem rumo, desesperada. Percebendo seu estado, Margareth correu atrás dela.

– É melhor você voltar – disse, procurando ser-lhe solidária. – Você não está bem.

– Afaste-se de mim!

– Largue de teimosia. Daqui a pouco você tem um treco e vou me sentir culpada por isso. Venha, vamos medir sua pressão.

Temerosa do pior, Sonia acabou cedendo. Voltaram para dentro do hospital e, no pronto-socorro foi lhe tirada a pressão. Estava alta e um calmante lhe foi prescrito. Por ter de voltar para o trabalho, Margareth deixou-a na companhia de Vanessa, prometendo-lhe, voltar assim que possível. A moça lhe agradeceu pela atenção.

Pela calçada, enquanto se dirigia para o restaurante, Margareth se perguntou, por diversas vezes, se havia realmente feito bem em contar para Sonia, a respeito da surra que Charles havia dado em Christopher.

“Certas verdades é melhor se manterem ocultas”. Fora isso o que sua mãe lhe dissera tantas vezes e ela nunca seguiu seu conselho. Sua impetuosidade ariana não lhe permitia.

Não foi na sua próxima ida ao hospital que Sonia teve coragem de abordar o assunto novamente com Margareth. Levou pelos menos dois dias até que ela encontrasse coragem dentro de si, para falar a respeito.

— Você quer mesmo falar sobre isso? – perguntou Margareth ao ser indagada pela mulher, quando a sós numa sala reservada do hospital.

— Sim, Margareth. Você falou com tanta propriedade. Preciso saber se isso realmente aconteceu.

— Está bem. Eu lhe direi tudo que sei. Charles me pediu segredo, mas... Você é mãe do Christopher, por ser, merece saber de tudo que diz respeito a seu filho.

Sonia ouviu atentamente tudo o que se passou entre Christopher e o pai, e o motivo da surra que quase o matou. Sonia ouviu tudo, sem derramar uma lágrima sequer. Apenas seus olhos ficaram vermelhos.

— Charles não queria que você soubesse de nada, por acreditar que você o culparia eternamente pelo que aconteceu entre Christopher e Hugo.

A mulher se mantinha silenciosa, avaliando intimamente tudo o que ouviu, de acordo com seus próprios valores. Diante do seu repentino silêncio, Margareth se inquietou:

— Você não vai me dizer nada?

— Preciso?

— Ora...

Sonia fez um gesto arrebicado com as mãos e após breve vacilo, opinou, conforme sua própria conduta e moral:

— Charles agiu corretamente com o Christopher, Margareth. Pela primeira vez, tomou uma atitude sensata. A surra dada surtiu o efeito desejado: Christopher se afastou daquele pervertido e se casou com uma mulher, como todo homem deve se casar. Teve também um filho como todo homem deve ter.

— Você concorda com o Charles, mesmo com o Christopher quase morrendo com a surra?

— Sim! Porque isso fez do meu filho um homem como deve ser.

— Ele nunca deixou de ser homem por ser gay, Sonia.

— Ele não é gay! O outro é! Foi ele quem levou o meu filho *pro* mau caminho. É ele quem não prestava. Ainda bem que foi embora daqui, para nunca mais voltar.

— Eu a entendo. Entendo, sim! É mesmo difícil para uma mãe ou um pai aceitar esse tipo de coisa, contudo, Christopher sofre por ter a vida que leva e foi isso que o fez tentar matar Vanessa.

– Fale baixo. Quem lhe disse que ele tentou matá-la?

– Vanessa me contou. Ela confia em mim. Por isso lhe digo, com todas as letras: Christopher surtou naquela tarde em que saíram para dar uma volta de bote, porque não suporta mais ser quem não é, no intimo, na alma. O fato é que ele poderia tê-la matado e, com a facilidade com que as autoridades descobrem um assassino nos dias de hoje, logo estaria preso e provavelmente pegaria prisão perpétua. É isso o que mais me preocupa: o surto. Ele pode voltar a ter outro e, dessa vez, Vanessa ou Luka podem não ter a mesma sorte que tiveram da última vez.

– Isso nunca mais irá acontecer, Margareth. Christopher vai procurar um psiquiatra e ele haverá de dar um jeito nele. Há tantos remédios bons, hoje em dia, para isso...

– Não para aqueles que sufocam sua alma, sua essência, sua felicidade.

Sonia estava completamente aturdida. As últimas observações de Margareth a haviam deixado realmente em pânico.

Enquanto isso, na UTI, Christopher Connell despertava do coma. Seus olhos se abriam novamente para a realidade, em meio a uma luz amena e azulada. Ele estava acamado, sim e num quarto desconhecido, um quarto branco e isolado. O travesseiro era fino, mas altamente reconfortante para a cabeça. Havia um bipe irritante, soando ao seu lado e uma máscara de oxigênio sobre sua face. O que lhe teria acontecido? Era preciso reorganizar as ideias, tentar puxar pela memória, para rever os últimos acontecimentos, na esperança de chegar ao ponto onde ele, possivelmente, havia tido motivos para ir parar ali.

Descobrir-se vivo, o fez sentir uma alegria infinita e uma profunda gratidão a Deus. Ele jamais quisera morrer cedo, ainda que vivesse de riscos constantes; que a morte o encontrasse somente quando não pudesse mais suportar as dores de um físico envelhecido e caquético.

Ao tentar se levantar para se sentar na cama, sua cabeça girou como um carrossel. Foi bem no momento em que sua mãe chegava ao local e, ao vê-lo em movimento, rapidamente correu em seu auxilio, fazendo-o com que se deitasse novamente, relaxando a cabeça sobre o travesseiro macio.

– Mãe...

– Filho...

Ela tentou não chorar. Para confortá-lo, segurou delicadamente sua mão com todo cuidado para não soltar nenhum dos fios que o conectavam a um dos monitores.

Olhando seu corpo sobre o lençol, Christopher perguntou:

– Onde estou? Por que vim parar aqui? Tenho a sensação de que estou dormindo há dias...

– E está mesmo, Christopher.

O monitor ficou frenético e um olhar especulativo apareceu nos olhos dele.

– Quero ir embora daqui, mamãe...

– Agora que você recobrou a consciência, você em breve terá alta.

A expressão de ansiedade no rosto dele, transformou-se em alívio, enquanto o monitor descrevia o recomeço dos batimentos.

– A senhora ainda não me disse. O que houve? Por que vim parar aqui?

Sonia ficou imediatamente incerta se deveria contar a ele, tudo o que havia acontecido, ou abordar o assunto mais tarde, numa hora mais conveniente.

– Você não se recorda mesmo de nada?

O rapaz se esforçou, mas nada lhe veio à mente. A mãe achou melhor apaziguar a situação:

– Depois você pensa nisso, Christopher. O importante agora é vê-lo recuperado.

Vanessa entrou no quarto a seguir. Ao encontrar o marido desperto do coma, sua alegria foi notável. Os olhos dele dispararam na sua direção. Encararam-na por um longo minuto, enquanto seus batimentos cardíacos subiam. Não havia medo nos olhos dela, tampouco raiva pelo que ele lhe fizera, só mesmo compaixão.

– Christopher! Que bom vê-lo desperto, meu amor – disse ela, verdadeiramente contente por encontrá-lo lúcido.

Os olhos dele examinavam o rosto dela com atenção.

– O que me aconteceu, Vanessa? Por que vim parar aqui?

Ela preferiu mentir, ainda que soubesse que ele poderia ver a verdade por meio do seu olhar.

– Você apagou, Christopher. Foi de uma hora para outra. Então chamei a ambulância e o trouxemos para cá.

A mentira o convenceu, percebeu ela, aliviada, ao ver sua expressão se serenando.

– Não tenho mesmo sorte – murmurou ele, acreditando piamente na

241

versão que a esposa lhe apresentou para ele ter ido parar na UTI.

— Que nada, Christopher. Bola *pra* frente!

Sua voz tranquila ajudou a amenizar a atmosfera pesada em torno do rapaz. Seu estado de espírito melhorou, o que muito a alegrou. No entanto, minutos depois, Christopher começou a ser perturbado por flashes dele com Vanessa no bote. Percebendo seu estado, a esposa quis logo saber o que estava acontecendo.

— Um bote, Vanessa... — murmurou ele, tentando manter a imagem intacta na cabeça.

Ela e Sonia se entreolharam.

— Vi eu e você num bote... — continuou Christopher, examinando o rosto da jovem com atenção. — Uma visão esquisita. Uma sensação esquisita.

— Deve ser por causa dos remédios que você está tomando, Christopher. Não se preocupe com isso. Respire fundo e procure relaxar, por favor.

E novamente ela e a sogra se entreolharam, tomadas de apreensão. A seguir, o quarto ficou silencioso, exceto pelo zumbido dos aparelhos, o bipe, e o tique-taque do relógio grande dependurado na parede.

Dias depois, Christopher estava de volta a sua casa, ao lado da esposa e do filho. Diante de sua recuperação, Sonia pôde finalmente voltar para casa.

— Tenho de trabalhar, meu querido. Não há outro jeito. Mas ao lado de sua esposa, sei que você ficará em boas mãos. Parto, tranquila.

Christopher procurou sorrir, enquanto a mãe o beijava com afeto redobrado.

— Cuide-se! — foram suas últimas palavras antes de deixar a casa.

Na varanda, com Vanessa, Sonia reforçou seu pedido.

— Cuide dele por mim, Vanessa. Por favor. E lhe perdoe pelo que ele lhe fez.

— Eu já lhe perdoei, Dona Sonia. E a senhora pode ficar tranquila, quantos aos cuidados... Cuidarei de Christopher com amor redobrado.

— Qualquer coisa me ligue.

— Pode deixar.

— Será que um dia ele se lembrará do que fez?

— Talvez nunca o faça. Pode ser melhor assim.

— Concordo. Adeus!

A mulher entrou no táxi e partiu.

Ao chegar a Sidney, George aguardava ansioso pela esposa.

– E aí, meu amor, como ele está? – perguntou-lhe, olhando atentamente para ela.

– Bem melhor, graças a Deus.

– Afinal, Sonia, o que realmente aconteceu com ele?

– Um estresse. Um bem forte.

– Sei... – George não se convenceu com a resposta, porque se fosse verdadeira, a esposa a teria dito encarando seus olhos.

Após um breve suspiro de desolação, ela foi para o seu quarto tomar um banho. Ao jantar, George novamente a questionou a respeito do que se passara com Christopher.

– Sei que está mentindo, Sonia. De duas uma, ou o Christopher está em estado muito grave, ou não foi estresse que ele teve.

A mulher mordeu os lábios e começou a chorar. Então, subitamente começou a bater na mesa, com os punhos fechados, em total descontrole. George nunca a vira naquele estado. Entre lágrimas, depois de muito hesitar, ela conseguiu contar ao marido sobre a surra que Charles havia dado em Christopher e o que ele havia tentado fazer com a esposa. Ao término, tudo o que ela conseguiu dizer foi:

– Ele não é gay, George. Não é! – E batendo forte na mesa, mais uma vez, repetiu: – Não é!

Ela tomou ar e opinou mais uma vez:

– Charles nunca foi de tomar uma atitude sensata em toda a sua vida, mas neste caso, agiu corretamente com o Christopher. Foi uma surra necessária. Altamente necessária. Um corretivo bem dado que surtiu efeito, pois o Christopher se afastou do Hugo e agiu como homem desde então.

– Sonia – murmurou George, pasmo com o que ouviu. – Você não pode estar falando sério.

– Estou sim, George. Se o filho fosse seu, você teria feito o mesmo para impedi-lo de virar gay. Essa coisa pavorosa, indecente e imoral.

George Romero achou melhor não estender o assunto por ora.

16
DEPOIS DO
CHOQUE

Enquanto isso, na casa de Christopher e Vanessa, a jovem punha o filho para dormir. Depois, voltou à sala e decidiu fazer um agrado no marido. Pediu-lhe que deitasse a cabeça no seu colo e ele, pela primeira vez, pareceu gostar de uma sugestão daquele tipo.

– A vida é mesmo imprevisível – comentou Christopher, enquanto a esposa massageava seus cabelos. – Um dia se está bem, no outro... É pior do que isso. Num minuto se está bem e no outro...

– Relaxe... – pediu-lhe Vanessa, amorosamente. – Não pense no pior... O que importa é você estar bem novamente. Isso é o que mais importa.

E então uma nova visão do bote com ele e a esposa, atingiu-o em cheio, provocando-lhe arrepios.

– O bote... – murmurou ele para surpresa dela. – O bote... – tornou ele, com voz assustada.

– Relaxe...

– Eu e você num bote... – insistiu ele. – Volta e meia tenho essa visão.

Ele se sentou no sofá, olhou bem para ela e questionou:

– Onde foi mesmo que eu apaguei?

Ela ficou visivelmente desconcertada. Seu rosto pálido e seus olhos tentando ocultar o pavor, despertaram nele grande interesse. Então ele se lembrou de tudo, em cada detalhe, até perder os sentidos. Com os olhos presos na parede da sala, sua mente andava em círculos, tentando descobrir se aquilo fora real ou não. A cada lembrança do acontecido, seu estômago se revirava, inquieto.

– O bote... Eu a levei para dar uma volta no bote e...

Ele ainda tentava pensar com clareza, apesar do terror que se apoderara de seu cérebro. As lágrimas surgiam, mesmo com ele tentando reprimi-las. O desespero o dominou.

– Esqueça tudo isso, Christopher.

– O bote – insistiu ele, ansioso, puxando pela memória.

– Esqueça...

Então ele se viu erguendo a esposa nos braços e arremessando-a contra a água. Depois, viu-se empurrando a cabeça dela com toda força, para que não pudesse respirar, afogasse o mais rápido possível.

– Eu tentei matá-la... – gaguejou ele atônito. – Foi isso, não foi? Eu tentei matá-la!

O horror pelo que fizera a ela, fê-lo encará-la com aflição e vergonha ao mesmo tempo. Vanessa achou melhor dizer algo para abrandar a situação.

– Eu entendo você, Christopher. Entendo, sim! Transformei-me num estorvo na sua vida, não é mesmo? Você queria brilhar nos campos de futebol e o nosso amor acabou roubando-lhe a oportunidade.

Ele agora a encarava, com olhos avermelhados e tomados de horror.

– Não me abandone por isso, Vanessa. Não me deixe sozinho.

Ele se agarrava a ela, como uma criança ansiosa por proteção se agarra à mãe.

– Eu não vou abandoná-lo, meu amor. Prometo! Acalme-se.

Só então Vanessa percebeu o quanto ela desconhecia o marido. Aquele com quem vivera casada até o surto fora um personagem interpretado por Christopher e com maestria, pois conseguira ocultar sua verdadeira face. No íntimo ele era um rapaz amedrontado, inseguro e extremamente frágil.

Ele franzia o cenho, apertando os dedos longos nas têmporas e fechando os olhos como quem faz para fugir de algo que muito o apavora. A seguir, Vanessa tentou erguer sua estima:

– Talvez você ainda tenha a chance de se tornar um grande jogador de futebol profissional, Christopher. Você precisa voltar a correr atrás do seu sonho.

– É tarde demais, Vanessa.

– Tente.

– Não. Nesses últimos anos fiquei totalmente despreparado fisicamente. Hoje, já deve existir, pelo menos, uns dez melhores do que eu poderia ter sido no futebol, no auge do meu vigor. As oportunidades para um jogador são únicas, perdeu, perdeu, outro mais disposto, logo apanha.

– Hugo!

– O que tem o Hugo?

– Ele hoje é um jogador famoso. Fale com ele. Ele pode ajudá-lo.

– Você disse bem: hoje ele é famoso e pessoas famosas como ele tornam-se inacessíveis.

– Mas ele foi seu grande amigo.

– Tem razão: foi! Além do mais, nos desentendemos, esqueceu? Não temos mais amizade já faz um bom tempo.

– Duvido que o Hugo se recuse a falar com você por causa disso. Ele nunca me pareceu ser uma pessoa rancorosa. Se fosse, não teria ido ao enterro do seu pai.

– Não importa. Dele não me aproximo, com ele não falo e ponto final. Hoje deve ser um esnobe, pedante, um entojo.

– Tira esse orgulho de lado, Christopher. Orgulhosos nunca vencem na vida, é o que meu pai sempre diz.

– Orgulho ou não, jamais pedirei alguma coisa ao Hugo Martini. Há muito que não gosto mais dele, há muito que não o quero como meu amigo, quero mais é distância.

– Não pense assim, Christopher.

– Não insista, Vanessa. Por favor.

Pensando em ajudar o marido, Vanessa descolou o endereço de Amadeu e Martha Martini em Sidney, com um amigo do casal. Num dia propício, pegou um ônibus e partiu para lá. Para isso, deixou o filho com seus pais e alegou uma desculpa qualquer para o marido.

– Boa tarde – cumprimentou Vanessa, assim que foi recebida por Martha Martini à porta de sua casa. – Sou a esposa do Christopher Connell, filho de Charles Connell, pescador e reparador de cascos em Mona Vale. Christopher, meu marido, foi muito amigo do Hugo, neto de vocês. Eu também fui colega do Hugo enquanto morava na cidade.

– Sim, sim... – concordou Martha, lançando um olhar cismado para Amadeu que se mantinha, até então, acomodado no sofá. Foi o suficiente para ele se levantar e ir conversar com a moça.

– Pois não?

Ela lhe repetiu o que disse, acrescentando:

– Pois bem, eu gostaria de saber se vocês têm um e-mail particular do Hugo, ou algum outro contato para que eu possa me comunicar diretamente. Sendo uma celebridade, de nada me adiantará escrever para o seu fã clube ou para a sede do time em que ele joga, atualmente. Eles, com certeza não lhe darão meu recado.

A seguir, Vanessa Harper apresentou ao casal, seus motivos para querer entrar em contato com o jogador.

Martha e Amadeu novamente se entreolharam, ficando temporariamente em dúvida se deveriam ou não atender ao pedido da moça.

– Sei que o Hugo, hoje, é uma pessoa muito ocupada, que dedica, praticamente as 24 horas do seu dia, aos treinos de futebol, mas...

Por fim, Amadeu reagiu:

– Temos sim, o e-mail particular dele. Atualmente mora nos Estados Unidos. Joga para um time americano. Por isso, não sei se terá como ajudá-la nos seus propósitos. De qualquer modo, vou anotar o e-mail dele para você.

– Muito obrigada.

Assim que Vanessa partiu, Martha Martini imediatamente reprovou o gesto do marido:

– Você não deveria ter-lhe dado o contato. Não será nada bom para o Hugo e o Christopher reatarem a amizade, pelos motivos que você já está careca de saber.

– Dei o contato porque acho que Hugo o faria.

– Deveria tê-lo consultado, antes.

– Conheço bem o meu neto, Martha.

– Eu também. Ele pode vir a pensar que o Christopher está querendo se aproximar dele e...

– Não creio que uma possível reconciliação ou reaproximação dos dois possa interferir na vida de ambos. Além do mais, Hugo está feliz com Gabriel e Christopher com a esposa. Como a própria moça disse, o contato com nosso neto é só para saber se ele pode indicar alguém que dê uma oportunidade para o Christopher no futebol profissional.

Martha fez ar de mofa, enquanto Amadeu comentava, entristecido:

– Pobre Christopher. Tinha tanto talento para o esporte e não soube aproveitar. Oportunidades devem ser apanhadas, não desprezadas.

E ele verdadeiramente sentia pena do rapaz que viu crescer ao lado do neto.

De volta a Mona Vale, Vanessa Harper foi à biblioteca da cidade onde os frequentadores tinham acesso a internet gratuita e, mandou um e-mail para Hugo Martini, explicando o que desejava de sua pessoa. Infelizmente, o e-mail foi parar na sua caixa de quarentena e, por receber tantos, especialmente de fãs, ele acabou deixando passar batido.

Os avós do rapaz nada comentaram com ele a respeito da visita de

Vanessa em Sidney. Aguardariam ele dizer alguma coisa quando recebesse o e-mail da moça. Caso não fizesse, é porque não havia tido interesse em ajudar Christopher nos seus propósitos.

Dias depois, Vanessa reencontrava o Dr. Paul Summer Field em seu local de trabalho. Ao vê-lo, acenando para ela, a jovem abriu um sorriso bonito e foi lhe falar:

— Dr. Paul, que surpresa agradável.

— Chame-me apenas de Paul, Vanessa.

— Acho que não conseguirei. — Ela riu de suas próprias palavras e ele riu com ela. — O que o doutor faz aqui? Por coincidência, este é o meu local de trabalho.

— Eu sei. Vim aqui só para vê-la.

— Algum problema com o Christopher?

— É exatamente dele que vim lhe perguntar. Como ele está? Psico-logicamente, falando? Você já o levou ao psiquiatra como lhe sugeri? É importante que o faça. Seu marido surtou naquele dia e pode surtar nova-mente. Se foi capaz de tentar matá-la, pode tentar outra vez. Receio que você e seu filho estejam correndo perigo.

— Não, Christopher não chegaria a esse ponto.

— Ele já chegou uma vez, Vanessa. A quem você quer enganar? Você sabe o quanto ele é perigoso quando fica fora de si.

— Sim, eu sei, mas agora ele vai melhorar. Já sei bem o que o levou a fazer o que fez e estou tomando providências. — E ela lhe apresentou os mesmos motivos que apresentou a Sonia, para Christopher ter surtado naquele dia. — Compreendeu? Além do mais, Dr. Paul, não temos dinheiro para pagar um psiquiatra e...

— Eu empresto. Pedi referências e soube que o Dr. Shepard é um psiquiatra muito bom.

— Agradeço sua atenção, mas...

— Vanessa — ele a segurou pelo braço, delicadamente. — Deixe-me ajudá-la, por favor.

Seu toque a fez estremecer. Os olhos dele, tão concentrados nos dela, provocaram-lhe um súbito calor.

— Por favor — insistiu ele, persuasivamente.

— Está bem, Doutor. É muita gentileza da sua parte. Mas lhe pagarei, assim que...

— Não se preocupe com isso. Além do mais, acho que o Dr. Shepard nem vai cobrar a consulta de mim. O que importa, é que seu marido o consulte e se precisar tomar algum remédio, que o faça. Não quero ser forçado a denunciá-lo às autoridades, Vanessa, para que eu fique certo de que você e seu filho estejam seguros.

– Por que se importa tanto conosco?

– Porque gostei de você. – Os olhos dele brilharam. – Também porque não acho que seja feliz ao lado de seu marido. E penso que deveria ser... feliz.

Ela abaixou os olhos, evitando chorar.

– Ligue para o Dr. Shepard e marque a consulta. Diga-lhe que foi indicação minha e ele nada lhe cobrará. Vou deixá-lo de sobreaviso de que você ligará, marcando a consulta e que serei responsável pelos seus honorários. A propósito, aqui está novamente o meu cartão de visita, caso tenha perdido o anterior que lhe dei.

– Não o perdi, Dr. Paul. Ainda o tenho e bem guardado.

– Que bom! Não hesite em me procurar ou me ligar, caso precise. Por favor.

– Obrigada.

Os dois novamente se olharam com admiração, despediram-se e cada um seguiu seu rumo. Desde que conhecera Vanessa Harper, o Dr. Paul Summer Field nunca mais conseguiu tirá-la do pensamento. Não só por receio do que o marido pudesse fazer contra ela e o filho do casal, mas também por ter se apaixonado por ela.

Ao saber da consulta psiquiátrica, Christopher se enfureceu com a esposa.

– Não estou doido, Vanessa! Só os doidos vão a um psiquiatra!

– Mas você...

– É por causa do que aconteceu no bote, não é mesmo?

Ela nem precisou responder que sim. Aquilo deixou Christopher ainda mais furioso.

– Não vou, não vou e não vou! Não adianta insistir.

A jovem achou melhor dar-lhe tempo para aceitar a ideia.

Duas semanas depois, o Dr. Paul reencontrava Vanessa pela rua principal da cidade. Ambos se olharam cuidadosamente. Ele pegou sua mão e a apertou de leve, sem tirar os olhos dos dela. O modo como ele a olhava, era como se quisesse dizer alguma coisa além. Parecia duelar consigo, algo que só ele e seus pensamentos sabiam. Não era culpa dela que sua voz fosse tão irresistível e que seus olhos fossem capazes de lhe

249

provocar aquela terna e deliciosa volúpia.

– E então, Vanessa? – perguntou ele enfim. – Já levou seu marido ao psiquiatra?

Ela, muito timidamente respondeu que não.

– O Christopher precisa de um bom tempo para aceitar a ideia. E estou lhe dando esse tempo. Para ele, ir a um psicólogo ou psiquiatra é coisa pra maluco e...

– Incrível como as pessoas, em pleno século vinte e um, ainda acreditam nisso. Mas tudo bem, dê-lhe o tempo necessário, mas não desista de levá-lo, por favor.

– Está bem, Paul. Obrigada mais uma vez por se preocupar com a gente.

Antes de partir, o médico lhe endereçou mais um de seus olhares sugestivos, o que obrigou Vanessa a reprimir um suspiro, sem saber ao certo o porquê.

Quando o pequeno Luka adoeceu, ela se lembrou, no mesmo instante, do médico que lhe era sempre tão gentil. Sem hesitar, ligou para o seu celular e lhe pediu ajuda, que ele atendeu prontamente. Examinou o garoto de graça e procurou tranquilizá-la:

– É apenas uma virose, não se preocupe.

– Obrigada – agradeceu Vanessa, sentindo-se mais tranquila.

– Fiz só a minha obrigação – respondeu o sujeito, olhando para ela com olhos apaixonados.

Sem graça, diante do seu olhar, a jovem agradeceu-lhe mais uma vez por seus préstimos e partiu com o filho.

17
NEBRASKA

Nos Estados Unidos, enquanto isso, Hugo e Gabriel continuavam a escrever uma linda história de amor nas linhas do tempo. No apartamento de Gabriel, os dois passavam mais um fim de semana de amor e aprendizado a dois.

Era relaxante para Hugo, ficar na companhia de Gabriel, tipo de pessoa que não sentia necessidade de preencher o silêncio com tagarelice. Deixava-o livre para esvaziar a mente, relaxando-a totalmente.

Foi então que o celular de Gabriel tocou e ele só o atendeu, porque a chamada era de seu pai. Poderia ser uma emergência.

Depois das costumeiras palavras de saudação, o Sr. Callaway sugeriu ao filho, algo que muito o impressionou. Ao término da ligação, Gabriel se voltou para Hugo e disse:

– Papai me sugeriu convidá-lo para passar um fim de semana com nossa família.

– O quê?!!! – Hugo abriu um sorriso.

– É isso mesmo o que você ouviu: meu pai quer conhecê-lo. Mas é só porque você é um famoso jogador de futebol, ok? Se ele soubesse que nós... O que acha da ideia?

– Por mim tudo bem.

– Legal! Assim você conhece a cidade onde eu nasci, e passamos um final de semana diferente.

– Feito!

E, no dia combinado, os dois tomaram um voo para Nebraska.

Por ser um fã incondicional de esportes, o Senhor Callaway se sentia extremamente lisonjeado por ter Hugo Martini, o famoso jogador, em sua casa.

– Muito me orgulha saber que meu filho tem um amigo como você, meu rapaz. Um esportista, certamente sem vícios, exemplo de vigor e saúde, caráter e dignidade.

– O Gabriel é também um sujeito e tanto, Sr. Callaway. Não muito fã de esportes, concordo; nem de praticá-los, mas o venho estimulando a se empenhar mais na prática porque é fundamental para sua saúde.

– Faz bem! Muito bem! E por falar nos esportes, como anda o futebol na América? Progredindo? E nossa seleção tem chances de ganhar a próxima Copa do Mundo?

E Hugo se pôs a falar sobre o assunto com propriedade. Há tempos que o Senhor Callaway não se empolgava tanto com um bate-papo como aquele.

Depois do almoço, Gabriel fez uma sugestão que muito agradou o companheiro:

– Que tal darmos uma volta pela cidade para você conhecer um pouco do que ela tem a nos oferecer como entretenimento?

– Ótima ideia! – entusiasmou-se Hugo, verdadeiramente empolgado.

– Vá mesmo! – incentivou o Senhor Callaway, querendo muito ser gentil com o jogador.

– É uma pena que não estejamos mais no inverno, pois nesta estação, os lagos ao redor da cidade congelam e podemos patinar no gelo à vontade.

– Taí uma coisa que nunca fiz – respondeu Hugo, abrindo um sorriso simpático para o americano. – Patinar no gelo.

O Senhor Callaway deu sua mais sincera opinião a respeito do tema:

– Meu caro, Hugo, também nunca patinei. Mas é porque nunca vi a patinação no gelo como um esporte para homens. Para mim, isso é coisa *pra* marica. Tanto que a maioria dos grandes patinadores do gelo são pederastas.

Hugo engasgou ao tentar sorrir para o homem e Gabriel deu seu parecer:

– De qualquer modo, papai, muitos homens heterossexuais patinam no gelo. Acredite.

– É... Até pode ser. Mas que não é esporte pra homem de verdade, ah, isso não é.

E Hugo e Gabriel se entreolharam, fazendo uma discreta careta um para o outro.

252

À tarde, como combinado, os dois saíram para dar uma volta pela cidade. Numa das ruas principais, estacionaram o carro e foram tomar um café num Starbucks. Não notaram que Arthur Callaway seguia os dois, porque ele dirigia justamente o carro de um amigo para não ser reconhecido pelo irmão.

Foi quando Gabriel atravessava a rua, seguro porque o sinal para pedestre estava verde, que um maluco avançou o sinal vermelho e se Hugo não tivesse sido rápido, puxando-o para o lado oposto, o moço certamente teria sido atropelado. O puxão foi tão rápido e tão violento que ambos foram ao chão. Caíram um em cima do outro. Num momento de total desespero, Hugo abraçou o amigo e, por pouco não o beijou.

– Está tudo bem, agora, Hugo. Tudo bem. Obrigado. Obrigado pelo que fez por mim.

Nisso eles foram cercados por alguns pedestres.

– Foi apenas um susto, já passou – disse Gabriel, levantando-se seguido de Hugo.

Só então Gabriel avistou Arthur, olhando-o com ar de vitória e maldade na sua direção. Ele agora sabia, com certeza, que havia algo de muito mais forte unindo o irmão e o famoso jogador de futebol, mesmo assim, Gabriel não esmoreceu. Puxou Hugo pelo braço e seguiram para o Café.

Ao voltarem para casa, Hugo se lembrou do avô, o que o fez ligar para ele, para saber como estava passando.

– O que foi? – perguntou Gabriel, assim que o namorado desligou o celular.

– Minha avó, ela não está nada bem. Tanto que foi internada às pressas. O vovô não queria me dizer nada, para não me deixar preocupado, ainda mais eu estando longe deles, mas... O caso é grave. Terei de ir vê-la, Gabriel.

– Sim, Hugo, certamente.

– Acha que conseguirei dispensa do time?

– Por uma questão familiar, com certeza!

Com permissão concedida, Hugo voou para a Austrália. Foi o próprio Gabriel quem fez questão de levá-lo ao aeroporto, prometendo apanhá-lo na volta.

Ao chegar ao hospital em Sidney, um dos melhores da cidade, o jovem encontrou o avô sentado numa poltrona, com um olhar triste voltado para a esposa estirada sobre o leito do quarto.

Ao ver o neto, Amadeu rapidamente reagiu. Abraçou o rapaz, apertado, derramando-se em lágrimas de tristeza e saudade. A seguir, contou-lhe sobre o estado precário de saúde da esposa, o que deixou Hugo ainda mais entristecido.

Ao perceber que o avô não havia se alimentado direito, até aquela hora, Hugo o forçou a ir até a lanchonete do hospital, fazer uma refeição, enquanto ele ficaria com Martha, para qualquer eventualidade. Exigiu que ele também tomasse um pouco de sol para se alegrar um pouco. Desde que a esposa havia sido internada, mesmo estando bem assessorada pela equipe médica e hospitalar, Amadeu não a deixava só, por nada desse mundo.

Não demorou muito e Amadeu reapareceu.

– Vovô?! Tão rápido?! O senhor poderia ter ficado bem mais tempo lá fora. Estou aqui com ela. Não me ausentaria enquanto o senhor não regressasse.

– Obrigado, meu neto. Mas já fiz tudo o que me pediu. Andei pelo sol e fiz uma boa refeição. No mais, não quero deixar Martha sozinha por muito tempo. Tenho receio, você sabe, de ela... Não quero que isso aconteça sem eu estar na sua presença.

Hugo se levantou e bateu de leve nas costas do avô, como quem faz para dar apoio ao próximo. Um minuto depois, Amadeu admitia:

– Essa é a pior parte da vida da gente. Ter de se separar de quem tanto se ama; com quem se passou uma vida toda, junto. É algo completamente oposto ao nascimento. Nele, só se veem alegrias e oportunidades; na morte, só se veem a saudade e a dor.

O neto novamente apoiou o avô, com um gesto carinhoso. E voltando a olhar para Martha, acamada, comentou:

– A morte é também uma libertação, vovô. Especialmente para um físico debilitado de uma pessoa.

– É sim, sem dúvida. Em todo caso, ninguém a deseja nem para si nem para aquele que se ama ou simplesmente se quer bem.

– Entendo...

Breve pausa e Hugo, revisitando o passado em sua mente, comentou:

– Quando criança, vovô, por muitas vezes eu via o papai e a mamãe no meu quarto. Para mim, eram eles mesmos quem estavam ali, apesar de estarem mortos. Isso me faz pensar, até hoje, que é mesmo verdade quando dizem que o espírito sobrevive à morte, caso contrário, como eu, uma criança, poderia ter tido uma visão tão nítida dos dois?

– Sim, Hugo, você certamente via seu pai e sua mãe. Inclusive, lembro-me, muito bem, de ouvi-lo conversando com os dois. Por muitas

254

vezes, eu ficava no corredor, junto à porta, ouvindo você falar com eles. Eu não os via, não, nunca consegui, mas sabia que você, de algum modo, podia vê-los e, até mesmo, comunicar-se com ambos.

– Se sobrevivemos à morte, vovô, poderemos também nos reencontrar com quem tanto amamos.

– Que seja assim, Hugo, porque isso conforta o nosso coração.

E novamente o neto abraçou o avô adorado.

Dias depois, Martha Martini desencarnava, tendo o marido ao seu lado, como tanto desejara.

– Agora não há mais dor, meu amor – murmurou Amadeu, entre lágrimas, enquanto beijava o dorso da mão da esposa morta. – Que Deus a acompanhe. Que Deus a ampare.

No funeral, estavam presentes apenas familiares e alguns amigos do casal.

De volta aos Estados Unidos, tanto Hugo quanto Gabriel tentaram colocar em palavras o que sentiram com a ausência um do outro.

– Você me fez falta, Gabriel. Muita falta.

– O importante é que estamos juntos novamente, Hugo.

– Sim.

E cansado de se fazer de forte, Hugo chorou novamente de tristeza por ter perdido a avó que fora para ele, também, uma mãe. Confortando-o em seus braços, Gabriel lhe foi sincero:

– Sua avó foi certamente uma grande mulher. Não a conheci, mas sei disso por tudo que você me falou dela e pelo caráter que você tem. Só mesmo uma grande mulher o teria criado tão bem, para deixá-lo com uma personalidade tão íntegra.

– Sim, Gabriel. Sou-lhe eternamente grato por tudo que fez por mim. Tanto ela quanto o meu avô foram sensacionais para mim. Ainda bem que você me impediu de cometer aquela besteira, naquele dia; caso contrário, eu os teria decepcionado muito. Algo pelo qual eles não mereciam passar, não depois de tudo de bom que me fizeram. A você também sou eternamente grato, Gabriel. Eternamente grato.

E o namorado abraçou fortemente o outro.

18
VIDA QUE
SEGUE

Nos dias que se seguiram, Hugo ainda se mantinha de luto, fingindo alegria quando na verdade continuava arrasado com a morte da avó. A melhor forma de ajudá-lo, naquele caso, percebeu Gabriel, era dar-lhe o tempo necessário para se recuperar daquilo, perceber que a vida continua, apesar da morte de entes queridos.

Quando o luto passou, o jovem voltou a ser o mesmo de antes. Assim sendo, ele e Gabriel voltaram a participar, como bons amigos, das festas e eventos mais importantes do mundo dos esportes.

Até então, ninguém parecia suspeitar que ambos eram namorados, apaixonados perdidamente um pelo outro. Mas é óbvio que havia sempre alguém achando esquisita a proximidade dos dois, especialmente por não terem namoradas.

Houve um dia então, em que a preocupação falou mais alto na mente de Hugo. Seu contrato com o time americano, um dia terminaria, e se não fosse renovado, ele não mais poderia continuar morando nos Estados Unidos por questões de visto. A preocupação o deixou inquieto, o que fez abordar o assunto com Gabriel:

— O que será de nós, Gabriel, quando meu contrato com o time americano terminar e eu tiver de voltar para a Austrália? Não quero me separar de você.

— Eu também não quero, Hugo. Se pudéssemos nos casar, seria perfeito, pois você ganharia a cidadania americana e tudo seria resolvido.

— Mas não podemos, Gabriel. Pelo menos, não agora.

— Eu sei, portanto, só nos resta uma escolha: caso seu contrato com o time americano não seja renovado, eu irei com você para a Austrália.

— Jura?!

— Sim!

Hugo vibrou. De tão radiante que ficou, num gesto rápido desfez o cabelo penteado de Gabriel.

– Você faz isso de propósito, não é? – questionou o moço, olhando atentamente para os olhos azuis do namorado. – Porque sabe o quanto eu detesto que mexam no meu cabelo.

– Não sabia que você não gostava, *mi amore*. Mas agora que sei... – E Hugo repetiu o gesto. – Adoro quando você faz essa cara de bravo.

– Ah, é?!

Gabriel saltou sobre ele e o levou ao chão, onde ficaram rolando de um lado para o outro, em meio a beijos e brincadeiras inofensivas de mão.

Naquele mesmo dia, os dois tomaram a decisão de irem visitar a costa da Califórnia, onde praias belíssimas, muitas delas desertas, eram verdadeiros colírios para os olhos.

No dia em que tomaram a estrada para fazer o passeio, Gabriel parou o carro no acostamento, voltou-se seriamente para Hugo e disse:

– Agora você dirige.

– Eu?!

– O *senhor,* sim! Se você deixar de dirigir em estradas por muito mais tempo, vai perder a prática.

– Está bem. Mas siga por sua conta e risco.

– Fechado.

Foi surpreendentemente difícil para Hugo se concentrar na estrada, ao sentir o olhar de Gabriel em seu perfil.

– Do jeito que me olha – disse com bom humor –, até parece um daqueles instrutores chatos que nos avaliam quando vamos tirar a carteira de motorista.

– Olho *pra* você, meu querido, porque só agora posso admirá-lo por esse ângulo.

– Sei...

Risos e Gabriel aumentou o som porque naquele instante, tocava *Believe* com a Cher, uma de suas canções favoritas. Juntos, cantaram o refrão da música até se esgoelarem.

Mais alguns quilômetros e Hugo avistou o que parecia ser uma praia deserta, perfeita para ele e Gabriel se curtirem ao ar livre, sem encanações.

– Este lugar é perfeito para nós! – exclamou, soltando um urro de euforia.

Imediatamente parou o carro no acostamento, pegou sua mochila e puxou o namorado até o lugar paradisíaco.

— Gabriel! — exclamou Hugo, assim que pisou na areia. — Isso aqui é o paraíso!

E era mesmo, concordou o americano totalmente contagiado pelo entusiasmo do companheiro.

Estando a praia deserta, Hugo não hesitou em arrancar toda roupa para se jogar ao mar. Diante do repentino constrangimento de Gabriel, enviesou o cenho:

— Qual é o problema? Venha! Se você tivesse um corpo fora de forma, até poderia se sentir constrangido em ficar nu, mas não é o seu caso, nem o meu, então...

Suas palavras e sua empolgação foram o suficiente para convencer o namorado a tomar parte daquilo. Nus, ambos se jogaram ao mar e se divertiram com a água refrescante e cristalina. Deslizaram sobre as ondas, mergulharam, riram e brincaram um com o outro.

Depois, correram pela praia, apostando corrida, até se cansarem e se deitarem na areia molhada, de frente para o sol. Nada poderia destruir o Éden, do qual agora tomavam parte. Gabriel, surpreso com sua própria liberação, comentou:

— Sabe quando eu conseguiria fazer uma coisa dessas, sozinho? Nunca! Sempre fui muito contido por causa da minha criação. Você é muito mais solto do que eu, porque também cresceu numa cidade praiana.

— Sem dúvida! A vida no litoral é muito mais despojada, especialmente para os garotos, o que me ajudou muito a ser descolado.

— Isso que é legal num relacionamento, Hugo. Essa troca de aprendizados com a vida, com um despertando algo diferente e positivo no outro, contribuindo para o seu crescimento pessoal e espiritual.

Hugo concordou plenamente e, olhando com carinho e admiração para o companheiro, fez-se sincero outra vez:

— Você foi uma grande surpresa na minha vida, Gabriel. Jamais pensei que pudesse encontrar um *cara,* novamente, que me empolgasse tanto com tudo, como me consegue fazer.

— Você também continua sendo uma grande surpresa em minha vida, Hugo. E esse tipo de surpresa é o que torna a vida e a relação a dois, algo infinitamente maravilhoso.

O comentário merecia um beijo e foi o que Hugo lhe deu. Então, olhando de um lado para o outro da praia, o australiano novamente comentou, com entusiasmo:

— Isso aqui é mesmo o paraíso, Gabriel. É de um lugar assim que a gente precisa para viver em paz, expressando o amor que sentimos um pelo outro, sem medo de sermos metralhados pelos preconceituosos. Se pudéssemos, nos casaríamos aqui, num daqueles casamentos submarinos, sabe?

– Casamento submarino?!

– É! Você nunca ouviu falar? Nem viu fotos?! Os noivos e o cerimonialista ou padre, usando equipamento de mergulho, realizam o casamento dentro d'água. Totalmente submersos.

Gabriel achou graça.

– Para mim, esse tipo de casamento seria um problema, pois sou uma negação para o mergulho.

Hugo, fazendo cara de deboche, respondeu:

– Isso prova que nenhum cônjuge é mesmo perfeito.

– Ah, é?

– Hum-hum.

– Mas a gente não precisa de tanto para se casar, Hugo. Na verdade, a gente não precisa de casamento algum. O que importa, é o que sentimos um pelo outro, e não um papel afirmando isso.

– Eu sei, mas no fundo... No fundinho, sabe? Eu gostaria de fazer uma grande festa para comemorar a nossa união. Pode ser *bichice* da minha parte, mas, sei lá... É um sonho que talvez nunca possa ser realizado, pois nessa vida, nunca se pode ter tudo, não é verdade?

Rindo de suas próprias palavras, Hugo acrescentou:

– Como você mesmo disse: o que importa é o que sentimos pelo outro.

Gabriel sorriu e comentou:

– Às vezes você me parece tão menino... Como se voltasse no tempo e fosse, novamente, o garoto que cresceu junto ao mar.

– É você quem me desperta essa alegria, Gabriel. Quem me faz voltar a ser criança. Me deixa bobo, bobo, bobo...

E se aproveitando da liberdade que o lugar lhes permitia ter, Hugo tocou-lhe o rosto e o beijou novamente. Depois, rolaram na areia daquele pedacinho lindo do litoral californiano.

Partiram dali, ouvindo "I'm yours" com Jason Mraz no som do carro.

Enquanto isso, em Mona Vale, Paul Summer Field estava novamente na frente do local onde Vanessa trabalhava, ansioso para falar com ela.

– Gostaria de saber sobre o Christopher, Vanessa.

A pergunta deixou a jovem de saia justa.

— Pelo visto, seu marido ainda não consultou o psiquiatra. Isso é mau.

Vanessa novamente tentou defender o marido:

— É que o Christopher está ótimo. Anda muito centrado e...

— Mesmo assim...

Os dois se detiveram pelo olhar.

— Você já almoçou? Não?! Poderíamos almoçar juntos, o que acha?

A resposta dela foi precisa:

— Não ficaria bem você e eu almoçando juntos, Paul. Sou uma mulher casada...

— Eu sei.

— Se sabe...

Dessa vez, foi ele quem a interrompeu:

— Façamos o seguinte. Vá até o meu consultório, como se fosse fazer uma consulta e lá, poderemos conversar mais tranquilamente. Gostaria de conhecê-la melhor. Gostaria também que me conhecesse melhor.

— Não irei, Paul. Eu sinto muito.

Ambos voltaram a se olhar cuidadosamente; o que deu coragem para o médico lhe dizer, alto e bom som:

— Você pode amar seu marido, Vanessa, mas ele não a ama, e você sabe muito bem disso. Percebo também que você anda carente de afeto e atenção, algo que Christopher Connell também lhe nega. Então eu lhe pergunto: até quando você vai continuar insistindo nesse relacionamento? Até quando vai continuar deixando seu marido tratá-la com tanta indiferença e falta de amor? Até quando? Reflita bem. Não quero vê-la no futuro, triste e arrependida por ter perdido os melhores anos de sua vida, ao lado de um *cara* que não está nem aí para você.

As palavras dele tocaram-na profundamente.

— Só lhe digo isso porque lhe quero muito bem. Na verdade, é bem mais do que querer. Estou apaixonado por você e só ouso me declarar porque sei que está carente de amor e merece ser amada por um homem verdadeiramente apaixonado, tal como estou.

Vanessa pasmou diante do médico. Nunca ninguém lhe fora tão direto quanto ele.

Sem mais, ele lhe fez um aceno e partiu, deixando a jovem com mil interrogações na cabeça. Por fim, ela voltou para o interior do local onde trabalhava e deu continuidade ao seu serviço, até do almoço naquele dia,

260

ela se esqueceu.

O simples fato de Vanessa Harper ter sido vista, novamente conversando com o médico bonitão da cidade, desencadeou o boato de que ambos estavam se engraçando um pelo outro. Quando a fofoca chegou aos ouvidos de Christopher, ele se irritou profundamente com aquilo.

– Você e aquele médico, Vanessa... Você e ele, por acaso? – Christopher não lhe deu tempo para responder. – Não quero ser mal falado pela cidade, por isso, tome juízo, Vanessa. Juízo!

– Eu nada tenho ou tive com o Dr. Paul, Christopher. Sou uma mulher direita, pode estar certo disso.

E o medo de virar chacota na boca das pessoas, novamente brilhou no olhar enfurecido de Christopher Connell.

Na sua próxima visita ao filho, Sonia também ficou sabendo da fofoca e foi tirar satisfações com a nora.

– O Dr. Paul me deseja, sim, Dona Sonia. Não vou mentir para a senhora. Mas apesar de Christopher sequer me olhar direito nos olhos, sequer me tocar ou me beijar; quando faz, faz com repulsa, eu ainda permaneço fiel a ele, por ser meu marido e pai do meu filho. Eu o amo, Dona Sonia. Amo-o muito, mas ele não me ama. Não adianta eu querer acreditar que sim porque não é verdade.

Sonia Mendoza achou melhor não dizer mais nada porque também não tinha argumentos para confrontar tão triste realidade.

No dia seguinte à partida da sogra da cidade, Vanessa Harper procurou Margareth Mitchell em sua casa, para ter uma palavrinha com ela, a respeito do que vinha acontecendo. Confiava nela, sempre a considerou amiga e confidente, por isso, seria a pessoa perfeita para desabafar.

– O Dr. Paul está realmente a fim de mim, Margareth. Mas eu nada tive com ele em respeito ao Christopher e ao nosso filho. Porém, o médico vem me conquistando aos poucos, não nego. Porque para ele, eu realmente importo, eu realmente significo algo de bom em sua vida. Quando me olha nos olhos, ele realmente me vê; diferente do Christopher que sequer me encara, pouco me dá bola, pouco me deseja. Você acha errado, eu querer ser amada? Amada e desejada?

A moça suspirou antes de completar:

– Eu não queria ter outro homem em minha vida, para poder receber um pouco de afeto e atenção, Margareth. Juro que não! Esse sujeito poderia continuar sendo o Christopher, mas para ele, como lhe disse, sou uma mulher invisível, além de um estorvo, como ele mesmo afirmou naquele dia em que surtou.

A amiga deu sua mais sincera opinião sobre o caso:

– Meu bem, suas conclusões são perfeitas. Você está certíssima em querer ser amada e desejada. Porém, não sei se realmente vai conseguir isso do Christopher. Se até hoje ele não mudou, duvido que mude. Cabe a você decidir esperar para ver ou... passar para outra.

– Eu sei, Margareth... Mas eu prefiro acreditar que o Christopher possa mudar. Continuando casada com ele, será muito mais saudável para o nosso filho. Por isso, vou continuar aguardando uma mudança positiva da sua parte.

E naquele instante, Margareth Mitchell sentiu novamente vontade de contar à jovem, o que realmente se passava com Christopher Connell. Achou que com o tempo, ela perceberia, o que não aconteceu, por causa da paixão imensa que ainda sentia por ele.

E novamente Margareth se perguntou se não deveria abrir seus olhos, para que Vanessa pudesse se entregar ao médico que realmente estava interessado nela como mulher e possível companheira. Estava verdadeiramente disposto a fazê-la feliz.

19
Durante a
Copa do Mundo

Com a chegada da décima nona Copa do Mundo, Hugo e Gabriel tiveram novamente de ficar longe um do outro, só que dessa vez, por um mês. Desde que se conheceram, essa seria a primeira vez em que ambos ficariam distantes, por tanto tempo. Antes de partir para a África do Sul, Hugo falou:

— Deseje-me sorte.

— Sim – afirmou Gabriel, já sentindo saudade. – Toda sorte do mundo.

E os dois se abraçaram fortemente.

De 11 de junho até 11 de julho de 2010, o mundo todo estaria focado no maior e mais popular campeonato de esportes do mundo. Com muito empenho, a seleção dos Estados Unidos conseguiu chegar às oitavas de final. Durante os três jogos em que saiu vencedora, Hugo Martini foi o grande destaque. Poderia se dizer que o mundo também estava atento a ele.

Era ainda muito cedo, quando Brian Meyers, treinador da seleção americana, bateu à porta do quarto de hotel em que Hugo estava hospedado, fazendo o rapaz saltar da cama, pensando ser alarme de incêndio. Ao ver o homem, bem diante do seu nariz, Hugo não acreditou.

— Brian, o que houve? – Hugo abriu um bocejo e se espreguiçou.

— O que houve?! – desenhou o treinador, olhando furioso para ele. – Você ainda não soube? Pelo visto, não! Fotos suas estão bombando na internet, Hugo! De você beijando outro *cara,* na boca.

— Fotos?!!! – Hugo realmente não fazia ideia do que o treinador estava falando.

— Acho melhor você ver com os próprios olhos.

E pelo seu tablet, Brian Meyers lhe mostrou. Eram fotos do dia em que ele e Gabriel haviam parado na praia deserta na Califórnia e, ficado muito à vontade um com o outro. Aquilo se tornou notícia no mundo todo. As manchetes diziam:

"Hugo Martini, um dos maiores jogadores dos últimos tempos, é flagrado em praia na Califórnia, ao lado de seu suposto namorado."

"Hugo Martini, o jogador sensação do momento, é pego aos beijos com um *cara!*"

"Hugo Martini, gay?"

A mídia estava atrás dele, para obter maiores informações sobre o escândalo sensação do momento.

Brian Meyers voltou a falar, furioso:

— Como é que você foi capaz de fazer uma coisa dessas, conosco, Hugo? O que deu em você nesse dia, pra sair por aí, às claras, beijando um *cara* na boca, *pra* qualquer um ver?! Só podia estar *chapado,* é isso? *Chapado* ou bêbado.

Hugo gelou.

— Você está apavorado, não está? Pois é *pra* ficar mesmo! Confesso que ainda custa-me acreditar que você e o Gabriel, dois homens másculos foram capazes de fazer uma nojeira dessas. Isso só pode ser uma brincadeira e, de muito mau gosto. Não tem outra explicação. Diga *pra* mim, Hugo. Vocês sabiam que seriam fotografados e, por isso, fizeram o que fizeram, não é mesmo? Só *pra causar*, como dizem os jovens atualmente.

O atleta mordeu os labios.

— Diga-me, Hugo, porque não sei como vou explicar isso para o meu filho e para os amigos dele, que o têm como um ídolo.

Hugo finalmente falou em sua defesa:

— Você lhes dirá a verdade, Brian.

— E qual é a verdade, Hugo?

— Que Hugo Martini estava mesmo beijando um *cara* numa praia deserta da Califórnia, porque Hugo Martini é gay. Se preferir pode se referir a mim como *viado, bicha,* pederasta, qualquer um desses nomes.

— Endoidou, né, Hugo? Perdeu de vez a noção do ridículo. Se você se assumir gay, perante o mundo, vai destruir sua carreira no futebol.

— Mesmo eu sendo um dos melhores jogadores da atualidade?

— Mesmo assim! Heterossexuais não aceitam os gays, ainda mais tomando parte de um esporte que é considerado o suprasumo da masculinidade. Por isso, ouça o meu conselho, para o seu próprio bem. Alegue, perante a midia, que você e o Gabriel fizeram o que fizeram, porque estavam bêbados e queriam *tirar uma* do *paparazzi* intrometido.

264

– Nesse momento, Brian, a minha maior preocupação é com o Gabriel. Ele foi tão exposto quanto eu, nisso tudo. E a família dele não aceita a homossexualidade em hipótese alguma, especialmente o pai.

Sem mais, Hugo passou a mão no celular e ligou para o namorado nos Estados Unidos.

– Gabriel – disse ele, assim que o moço atendeu a chamada. – Você já sabe?

– Sim. Um amigo meu acabou de me ligar, contando.

– A culpa foi minha. Toda minha! Eu jamais deveria ter ficado tão à vontade com você naquele lugar.

– O que está feito, está feito, Hugo.

– Você está chateado comigo, não está?

– Nada dissso aconteceu porque você quis.

– Eu sei, mas... Sua família já sabe? Conversou com algum deles?

– Ainda, não. Mas certamente saberão. As fotos estão sendo notícia em todos os meios de comunicação. Mas nós vamos enfrentar tudo isso, juntos, Hugo, não se preocupe.

– Acho melhor eu não assumir nada por enquanto, Gabriel. Até que você fale com seu pai a respeito. Vou dizer, por enquanto, que não tenho nada a declarar e... Assim ganhamos tempo.

– Você é quem sabe. Mas lhe digo uma coisa, Hugo, com toda sinceridade. Já estou cansado de ter de esconder meus sentimentos dos outros. O que aconteceu, talvez, seja a forma ideal para me libertar dessa prisão em que vivo.

E para encerrar a ligação, Hugo disse:

– Que Deus nos proteja.

– Amém! – completou Gabriel, como um bom cristão.

A seguir, Hugo voltou a encarar Brian Meyers que se mantinha desacorçoado com tudo aquilo.

O mesmo conselho que recebera de Brian, foi dado pelo diretor do time, do qual Hugo fazia parte. Era para ele dizer que estava bêbado, ou até mesmo, *chapado,* quando aquelas fotos foram tiradas. O diretor era tão homofobico quanto o treinador, sua preocupação, naquele instante, não era com os sentimentos de Hugo em relação a tudo aquilo, e, sim, com a imagem do seu time e o dinheiro que poderia perder com o escândalo.

– Você me entendeu, Hugo? Entendeu? – perguntou o homem, aos berros, cuspindo salivas de ódio sobre a sua face.

O rapaz achou melhor, por ora, aceitar sua sugestão. Assim, daria tempo para Gabriel se posicionar perante sua familia. Por issso, foi dito

265

para a mídia que Hugo Martini só fizera aquilo com seu amigo, em praia deserta na Califórnia, porque estava bêbado e, ao notar a presença de um fotógrafo, quis provocá-lo. Se a desculpa convenceu ou não o mundo, isso só o tempo revelaria. No mais, quando abordado sobre o tema, Hugo afirmou não ter mais nada a declarar sobre o episódio. Certamente que isso prejudicou sua performance durante os jogos finais da Copa, o que não poderia ter acontecido, ainda mais estando a seleção nas oitavas de finais.

Christopher Connell voltava para casa, do supermercado, quando encontrou a esposa concentrada na tela do computador.

– O que foi? – estranhou ele o interesse com que ela dispensava à internet.

– O Hugo, seu amigo... – respondeu Vanessa, ainda abobada com o que havia descoberto.

– Ex-amigo – corrigiu Christopher, enquanto colocava as compras que fizera sobre a mesa da cozinha.

– Sim, eu sei – confirmou ela, ainda em choque.

– O que tem ele? – indagou Christopher, estranhando ainda mais o jeito da esposa.

– Se eu lhe disser, você não vai me acreditar. É melhor ver com os próprios olhos.

Ela saiu da frente da tela para que o marido pudesse ver as fotos de Hugo, em momentos íntimos com Gabriel Callaway. Aquilo deixou Christopher temporariamente sem ação.

– Hugo, gay... – murmurou Vanessa, ainda custando-lhe acreditar. – Eu jamais poderia adivinhar. Você nunca suspeitou?

Christopher ficou tão chocado com o que viu, que levou tempo para ouvir a pergunta da esposa:

– O quê?! O que foi que você disse?

– Perguntei a você, se nunca suspeitou que o Hugo fosse gay.

– Eu?! Nunca! – A irritação dele tornou-se notável.

– Calma, foi só uma pergunta.

O marido estava visivelmente transtornado.

– Você deve estar tão chocado quanto eu e o resto do mundo, não é mesmo, Christopher? Ao mesmo tempo, deve estar se sentindo menos frustrado.

– Menos frustrado, ora, por quê?

– Porque o *cara* que conquistou tudo o que você tanto queria e podia, não é tão perfeito, entre aspas, como você e o mundo pensavam ser.

Christopher nada respondeu, apenas voltou a olhar com aflição para a manchete no topo da página da internet.

– Coitado – continuou Vanessa, verdadeiramente preocupada com Hugo. – Se ele realmente se assumir gay, a carreira dele como jogador de futebol acaba.

– Você acha?

– É lógico! Os homens não toleram os gays, ainda mais no esporte que é símbolo de machismo no mundo todo. Hugo será certamente dispensado do time que o contratou.

Christopher ficou mais uma vez pensativo e Vanessa concluiu:

– A direção do time que ele faz parte, alegou que ele estava embriagado no dia em que essas fotos foram tiradas. Ele próprio se recusa a falar mais sobre o assunto. Também porque precisa de concentração para o final da Copa.

– Sim, certamente – concordou Christopher, pensativo. – Mas o Hugo não vai se assumir gay, nunca!

Vanessa prontamente respondeu:

– No caso dele, é o mais sensato a se fazer. Ou melhor, no caso de muitos. Você sabia que há países que punem a homossexualidade com a pena de morte?

Christopher se arrepiou.

– Existe, sim! – enfatizou Vanessa, indignada. – A meu ver, isso é o mesmo que querer matar pessoas que nascem com deficiência física ou intelectual porque são diferentes dos demais. Pelo visto, o mundo padece mesmo por falta de tolerância. Padece e padecerá. Pudera, se já é difícil para muitos aceitar suas próprias diferenças, imagine aceitar a dos outros.

Christopher gostou do que ouviu e Vanessa lhe fez um carinho:

– Você ficou mexido com a notícia, hein? Não é pra menos. Acho que o país inteiro está sob o mesmo efeito que o seu.

Ela o beijou na nuca e completou:

– Esse deve estar sendo o pior momento na vida do Hugo. Não deve estar sendo nada fácil para ele, coitado... Tenho pena, sabe? Muita pena! Ainda mais, se o namorado dele tiver uma família homofóbica.

Nesse ínterim, Gabriel chegava à casa de seus pais, para falar sobre o escândalo. Entrou na morada, sem se fazer anunciar, pisando leve como um gato. Ao ver o filho, o Sr. Callaway ficou alarmado, perdeu a fala temporariamente, enquanto seus olhos avermelharam-se de desespero e vergonha.

– V-você... – murmurou ele, enojado –, você e aquele jogador... Eu não entendo o que está acontecendo com a humanidade. Juro que não! Um jogador de futebol, fazendo indecências com outro homem. Onde vocês estavam com a cabeça? Que bebida ou droga foi essa que vocês tomaram?

Gabriel, muito calmamente respondeu:

– Não houve nenhuma bebida ou droga, papai. Eu e o Hugo estávamos lúcidos. Extremamente, lúcidos. Como sempre.

– Então por que fizeram aquilo? – a pergunta soou alta e furiosa.

O silêncio do filho lhe respondeu mais do que mil palavras. O choque do Senhor Callaway era tremendo. Por mais que tentasse, não conseguia encontrar palavras para descrever sua indignação. Por fim, com muito custo, disse:

– Foi aquele maldito curso de psicologia que perverteu a sua cabeça, Gabriel. Não é à toa que eu sempre fui contra você cursar aquela maldita faculdade.

A resposta do filho demorou para ser dita, mas quando o fez, causou grande impacto:

– Não foi a faculdade, papai. Eu nasci gay. Ninguém se torna um, tampouco é questão de escolha. As pessoas já nascem gays!

– Isso, não! Porque você nasceu de mim que sou macho, como foi meu pai e o pai dele e todos os homens que honraram o nome da nossa família.

– Está bem, essa é sua opinião. Vou respeitá-la, como sempre fiz.

Breve pausa e o pai voltou a olhar para o filho que se mantinha calado, aguardando, talvez, por uma trégua.

– Agora me diz, Gabriel, olhando bem nos meus olhos, se você não sente vergonha de si mesmo por fazer o que faz, por se portar como se porta.

– Não, papai. Vergonha mesmo, eu sinto, por não ser realmente quem sou na alma.

– Na alma?! – O homem desdenhou sua resposta. – Alma do inferno, não é? Porque só quem tem pacto com o demônio é capaz de ser essa pouca vergonha.

O homem bufou. E mais uma vez, usou de sua intolerância para ferir o filho:

– Você é uma decepção para mim, Gabriel. Uma decepção em todos os sentidos. Eu tenho horror a sua pessoa e vergonha de mim, por ter posto no mundo uma aberração como você.

– Ainda assim, papai, sou seu filho.

– Infelizmente.

Foi então que o Senhor Callaway se lembrou de algo que o deixou ainda mais revoltado.

– Se você é mesmo essa aberração da natureza, como é que pôde ter me doado sangue quando precisei? – A pergunta saiu num berro.

– Doei porque o senhor estava necessitado de uma transfusão, o hospital estava sem o seu tipo sanguíneo, portanto, eu me prontifiquei a...

– Há uma lei neste país, que proíbe gente da sua espécie, de doar sangue.

– Mas, o senhor...

– O seu sangue é...

– É o mesmo que o seu, pai.

– Não! É o sangue de um pederasta! E todo pederasta é aidético! Tenho nojo só de pensar que...

– O senhor precisava da transfusão, poderia morrer sem ela.

– Antes eu tivesse morrido. Assim não estaria passando por essa vergonha, tampouco pelo que você pode ter me transmitido pela transfusão.

– Pai...

– Vou denunciá-lo às autoridades por ter mentido na hora de responder o questionário de doação de sangue. Você será processado e arcará com as consequências pelo que me fez.

Gabriel tentou, mais uma vez, defender-se:

– Enquanto eu me encaixava nos padrões de comportamento que o senhor elege como certo para se viver, eu era amado pelo senhor, bastou eu não me encaixar em uma ou duas categorias, apenas, e o amor que o senhor tinha por mim, pelo menos dizia ter, morreu. Incrível isso, não?

– Chega! – gritou o Senhor Callaway à beira de uma síncope. – Fora dessa casa!

Seu berro chamou a atenção da esposa que imediatamente correu para o escritório da casa. Ao ver o marido e o filho mais velho, a Senhora Callaway perdeu o rumo.

– Gabriel – ela tentou dizer.

– É melhor eu ir embora, mamãe – respondeu o moço, contendo-se para não desmoronar em lágrimas.

O berro do Senhor Callaway voltou a assustar os dois.

– A culpa é sua, mulher! Você mimou demais esse... esse... Se não tivesse, hoje ele seria um homem de verdade. Macho como eu, como o

Arthur.

A esposa tentou se defender:

– Eu criei meus filhos do mesmo jeito...

– Mentira! – tornou a berrar o homem. – O Gabriel foi sempre muito mais paparicado por você.

Arthur Callaway chegou a seguir. Ao ver o pai naquele estado, correu até ele e procurou acalmá-lo. Depois, virou-se como um raio para Gabriel e o arrastou para fora do escritório. Empunhando o dedo no seu nariz, fez-se claro e certeiro:

– Se o meu pai morrer por sua causa, eu acabo com você, seu *bicha* de merda. *Viado* do inferno.

Gabriel achou melhor não dizer nada, qualquer palavra da sua parte seria o mesmo que jogar pérolas aos porcos. Por isso, afastou-se e partiu da casa, estugando os passos, deixando lágrimas correrem ao vento.

Durante o voo de volta para os Estados Unidos, Hugo Martini não conseguia pensar noutra coisa, senão na necessidade de chegar até Gabriel, o quanto antes e, com ele, tentar apaziguar o caos que se tornara sua vida diante de tudo aquilo.

Havia inúmeros fotógrafos e repórteres aguardando pela sua chegada no aeroporto, tanto que Hugo precisou ser escoltado até o carro, que o levou direto para o prédio onde Gabriel morava. Ao revê-lo, os dois se abraçaram forte e calorosamente.

– Como foi com o seu pai? – quis saber Hugo, imediatamente.

– Péssimo. Ele não me perdoa, nunca me perdoará. Eu já previa isso. Não é nenhuma novidade para mim.

– E agora, Gabriel?

– E agora, Hugo? Eu tenho duas escolhas. Chorar sobre o leite derramado, ou arregaçar as mangas e prosseguir.

– É assim que se fala, Gabriel.

E novamente um deu força para o outro.

20
Suas verdades
O TEMPO NÃO APAGA

A manhã seguinte surgiu com um sol esplendoroso, que parecia ter o poder de acender algo de bom dentro das pessoas, fazendo-as brilhar tão intensamente quanto o astro-rei.

Hugo sentou-se no braço do sofá, enquanto bebia uma xícara de leite quente e encorpado com achocolatado. Sentia-se mais revitalizado. Ao ver Gabriel, um novo sorriso despontou em sua face.

– Bom dia.

– Bom dia!

– E aí, quais os planos para hoje?

– Eu estava aqui pensando, pensando...

– E?

– Já que você se assumiu para a sua família, se não se importar, eu gostaria de reunir a imprensa para uma coletiva onde vou assumir, pra todo mundo ouvir, o que realmente sou na alma. Vou dizer também o que se passa entre nós. O que acha? Devo?

– Claro que sim, Hugo. Se isso o fará se sentir melhor, faça! Por mim, tudo bem. Como você mesmo disse, minha familia ja sabe, não tenho mais nada a esconder.

E assim foi feito. A imprensa se reuniu em peso para ouvir o que Hugo Martini tinha a dizer sobre as fotos tiradas em momentos tão íntimos com Gabriel Callaway.

– Reuni vocês aqui, para finalmente falar a respeito daquelas fotos que causaram tanto buchicho pelo mundo todo. Vocês querem saber de uma coisa? Foi bom que elas tenham vindo à tona, porque elas me forçam, agora, a revelar quem sou de verdade. Eu já estava cansado de esconder quem sou, o que sinto e quem amo por causa de uns hipócritas que acham que detêm o poder de determinar quem ou o quê, deve ser amado nesse planeta. Agora, pelo menos, eu posso ser eu mesmo. Não preciso mais esconder quem sou, nem quem amo. Gabriel Callaway é de fato meu namorado.

Hugo foi além:

– Ninguém vai tirar de mim a minha essência, porque se eu permitir que o façam, já não serei mais eu mesmo. Podem me matar, jogar minha carniça aos urubus e eu ainda serei um *cara* que ama outro *cara* e ponto final.

Fotos e mais fotos foram tiradas e mil perguntas foram feitas a seguir. Em questão de segundos, as revelações de Hugo Martini eram manchetes em todos os meios de comunicação do planeta.

Assim que a direção do time americano em que Hugo jogava, soube da sua coletiva, reuniu-se no escritório central.

– Aquele tolo, imbecil! – explodiu o presidente do time. – Assumiu-se gay diante da imprensa. Perdeu totalmente a noção da realidade e do perigo. Ele não só destruiu sua carreira, como também sua vida. Se quer ser *viado* que seja, às escondidas, é o que eu sempre digo! *Pra* que escancarar para o mundo? *Pra* quê?

Enquanto a notícia corria solta pela internet, destacando-se nos principais jornais televisivos do mundo, a revolta por parte de muitos fãs do futebol, crescia desenfreadamente. Um jogador gay era inaceitável pela maioria. Estar bêbado ou drogado, tudo bem, isso era perdoável por todos, ser gay, não! Até mesmo se Hugo tivesse batido numa mulher, ele teria sido visto de forma mais branda do que se assumindo quem realmente era na alma.

Ao ser convidado para dar uma entrevista, num dos programas mais respeitados da televisão americana, Hugo aceitou o convite, porque não queria mais calar dentro de si, o que realmente ia fundo em seu coração

Encarando o entrevistador, Hugo respondeu abertamente a sua primeira pergunta:

– Todos me conhecem por eu ter me tornado um jogador de futebol de sucesso. E por eu ter ganhado tanta fama como jogador, tornou-se cada vez mais difícil para mim lidar com a minha homossexualidade. Sempre temi decepcionar meus fãs, se soubessem que eu era gay, ou desmoralizar o futebol pelo mesmo motivo. Levou tempo, muito tempo para eu aprender que, se alguém admira realmente outra pessoa, admira-a por inteira, não pela metade. Tampouco, deixa de significar o que sempre significou para ela, pelo simples fato de ela amar pessoas do mesmo sexo. Somente hoje, nos meus 25 anos de idade, é que tive coragem de encarar o mundo e dizer: sim, eu sou gay e tenho muito orgulho disso! Ser gay não me faz uma pessoa tóxica para a sociedade ou para o planeta; o que intoxica a sociedade é o preconceito, o racismo, a intolerância, a corrupção, a falta de caráter e respeito pelo próximo, incluindo os animais e a própria natureza. Eu só tenho amor para dar, inclusive, faço amor, não guerra!

Era um desabafo emocionado.

– Como reagiu sua família, ao saber que você é gay? – perguntou o entrevistador a seguir.

– Perdi meus pais muito cedo, por volta dos meus quatro, cinco anos de idade. Meus avós maternos então se tornaram meus pais substitutos e me ensinaram que na vida, nada importa mais do que ter caráter, respeito pelo próximo e honestidade. Posso dizer que sou um *cara* sortudo porque meus avós me amaram e se dedicaram a fazer de mim um sujeito que fosse motivo de orgulho para todos.

A pergunta seguinte do entrevistador obrigou Hugo a mentir para proteger terceiros.

– Esse foi o seu primeiro relacionamento homoafetivo?

– Foi.

– Quando foi que você se percebeu atraído por outros homens?

E a pergunta o fez novamente se lembrar de Christopher Connell. Dizer a verdade, exporia a vida dele totalmente, algo que não poderia fazer, pois Christopher não lhe dera esse direito. Por isso, Hugo se viu obrigado a mentir novamente para proteger o amigo de um escândalo, que ele certamente jamais perdoaria.

Diante da entrevista, transmitida ao vivo para os quatro cantos do planeta, por meio da TV a cabo, Christopher Connel se mantinha tenso e apreensivo. O receio de que Hugo contasse a todos, a respeito dos dois, no passado, chegava a latejar em suas têmporas.

– Que coragem a do Hugo, hein? – admirou-se Vanessa, diante do que assistia. – Tem que ser muito homem para se assumir gay, assim, diante do mundo todo. Porque esse programa é visto por milhares e milhares de pessoas em quase todos os cantos do planeta.

E voltando-se para o marido, ela perguntou, sem maldade alguma:

– Christopher, se você fosse gay, teria coragem de...

– Cale essa boca, Vanessa! – enfureceu-se o rapaz, saltando da poltrona como um corcel irritado.

– Foi só uma pergunta, Christopher. Se eu fosse lésbica, não sei se

273

teria coragem de me assumir perante todos. Deve estar sendo um baque e tanto para os fãs. Imagine só, Hugo Martini, exemplo de masculinidade e virilidade, símbolo sexual de mulheres e mais mulheres, gay! Tem gente agora, que deve estar amaldiçoando-o por isso.

Christopher continuava olhando fixo para a TV, para a imagem de Hugo, mais maduro, mais corajoso e mais bonito do que fora na adolescência.

Sonia Mendoza também ficara tensa durante a entrevista em que Hugo Martini se assumira gay, perante a mídia. David, percebendo seu estado, perguntou-lhe:

– O fato de Hugo Martini ser agora um gay declarado, deixou a senhora preocupada, não foi, Dona Sonia? Porque podem vir a pensar mal do seu filho, por ele ter sido amigo dele por tanto tempo, não é mesmo?

– Sim, David. Isso me deixou realmente preocupada.

– Mas seu filho é casado e tem filho, por isso, ninguém vai pensar mal dele. Se bem que ser casado e ter filhos não quer dizer nada. Há tantos gays por aí, vivendo nas mesmas condições...

– Você está insinuando, por acaso, que meu filho seja...

– Não, senhora! Estou apenas comentando um fato.

E o adolescente voltou a estranhar a inquietação exagerada de Sonia Mendoza em relação àquilo tudo.

A cidade de Mona Vale permanecia em choque com a notícia sobre Hugo. Os conservadores e, neste caso, a maioria dos habitantes do município, já não sabiam mais dizer se sentiam orgulho ou não de Hugo Martini, por ele ter crescido ali e se tornado uma celebridade mundial.

21
O INIGUALÁVEL
JOHN

No dia seguinte à entrevista, Hugo foi informado pelo interfone, que John Peters estava no saguão do flat em que ele morava, querendo muito falar com ele. John deveria estar fulo da vida com ele, por ter sido seu amigo durante um bom tempo, enquanto ele, Hugo, era um gay enrustido. Deveria estar com medo, também, do que poderiam vir a pensar dos dois nessa ocasião. John poderia até agredi-lo por isso. O melhor a se fazer, naquele caso, era inventar uma desculpa para não atendê-lo.

Nem bem pensou naquilo, bateram à porta do seu flat. Seria John? Tê-lo-iam deixado subir, mesmo sem a sua permissão? Sendo John também uma celebridade do esporte, com certeza não se importariam em consentir.

Com toda coragem de que dispunha, Hugo abriu a porta do quarto e enfrentou o que tinha de ser. Era John de fato. Olhava para ele seriamente, contorcendo os lábios num sorrisinho malicioso.

– Olá John – disse Hugo, ainda que temeroso do pior.

– Hugo... Hugo... Hugo... Está com medo de mim, Hugo?

– Bem... Confesso que sim.

– *Cara,* desde quando você é...

– Desde sempre, John.

– Quer dizer então que você é mesmo *viado*, é isso?

– É.

– *Viado, viado,* mesmo?

– Hum-hum.

– *Bichona,* gay, pederasta*?*

– Como você queira chamar, John.

– Não tem mesmo jeito de deixar de ser?

– Acho que não. Já tentei, eu juro!

– *Pô,* com tanta coisa para você ser, Hugo, tinha de ser justamente *viado?!*

– O que mais eu poderia ser, John?

– Homem, *pô!* Simplesmente homem!

– É, mas...

– Se é questão de opção, por que não optou por ser macho, Hugo?

– Aí, é que está, John. Não é questão de opção. Se fosse...

– É verdade. Se fosse, diante de tanto preconceito, ninguém escolheria ser *viado.*

– Pois é.

– Com tanta mulher linda espalhada pelo mundo, como é que um sujeito vai se interessar por um homem? Não consigo entender.

Hugo fez uma careta e John completou:

– Acontece que eu gosto de você, Hugo. Não para levá-lo para a cama, pelo amor de Deus, isso não! Mas como amigo, como ser humano. Por isso, e por tudo mais que você representa para o esporte que eu tanto amo, eu o aceito do jeito que você é. Desde que você não dê em cima de mim ou fique me espiando, discretamente quando estivermos no mesmo vestiário.

– Pode deixar.

– Promete?

– Prometo.

– Mesmo estando embriagado.

– Hum-hum.

– Vai me respeitar?

– Juro, por tudo que há de mais sagrado.

– Mesmo?

– Sim.

– Sei... – Olhando de soslaio para o amigo, engrossando a voz, John lhe perguntou:

– Mas se eu fosse gay, você daria em cima de mim?

Hugo, rindo, respondeu, negando com a cabeça:

– Acho que nem assim, John.

– Como não?! Eu mesmo daria em cima de mim se fosse *bicha.* Acho-me gostoso *pra* caramba.

Ambos gargalharam. Breve pausa e John admitiu:

– As pessoas vão me chamar de *viado* por eu continuar sendo seu amigo, sabia?

– Poderão chamá-lo também de *bichona, bichola,* pederasta, *boio-*

la...

– Eu sei, Hugo. Mas você é meu amigo. Um dos meus melhores amigos e, *cara,* uma coisa eu posso dizer, sem sombra de dúvida: poucos têm uma alma tão boa quanto a sua.

– Obrigado.

Espiando o interior do flat, por sobre o ombro do amigo, John quis saber:

– Você está sozinho? Onde está o dito cujo?

– Enfrentando a família dele, mais uma vez.

– Não o aceitam?

– Não.

– Que barra!

– Se é. – Só então Hugo *se tocou* de algo muito importante. – Agora me diga, John. O que você está fazendo na América?

– Ah, sim! De férias! Depois da Copa, férias, meu caro. Que tal se a gente for tomar umas agora? Deve ter algum bar aqui perto, não?

– Tem sim, um bom do outro lado da rua.

– Então venha!

Em meio à bebedeira, John voltou a falar sobre gays.

– Mas, Hugo, é totalmente verdade o que você falou. Não é mesmo uma questão de escolha. Lembro-me de quando eu era garoto e conheci um priminho que veio de longe, passar o Natal com a gente. O menino era muito efeminado, todos percebiam, mas ninguém tinha coragem de dizer. Eu olhava para ele e dizia, para mim mesmo: olha só, só falta pôr um vestidinho. Com um lacinho, então, fica perfeito, uma boneca total.

Hugo não aguentou, riu, acompanhado da gargalhada escrachada e escancarada de John que foi além:

– Pô, *cara,* que vontade que eu tinha de perguntar *pra* minha tia: "Oh tia, esse menino é *viado,* não é?". Quando fui perguntar *pra* minha mãe, ela quase teve um treco. Tapou a minha boca com a mão e só faltou me lavar a boca com sabão. Meu pai, então, só faltou me dar uma *voadora.* "Quieto, menino, não se fala assim de um primo seu!". "Mas mãe, pai!", tentei falar e tudo o que ouvi, foi um sonoro: "Shhhh!!!". Hugo, *cara,* qualquer um que via o garoto sacava que ele era *viado!* Meu tormento só passou quando meus primos partiram e minha irmã se voltou para a minha mãe, durante o jantar, e disse: "Ô, mãe, o John Boy é *viadinho,* né?". Nessa hora eu me exaltei de felicidade: "Tá vendo mãe, tá vendo pai, a Cinthia também acha!". Emerson, meu irmão, se voltou para nós e seriamente falou: "É óbvio que John Boy é *viado!* Qualquer um pode notar!". E meu pai respon-

277

deu: "É *viado,* sim, mas não se deve falar!". E minha mãe o repreendeu, no mesmo instante: "Não se fala *viado,* Marcus, se diz homossexual!". E o pior é que o nome do garoto era John tal qual o meu!

Hugo chegou a se curvar de tanto que riu. Outros fregueses do restaurante, sentados nas proximidades, também gargalhavam. John falava tão alto e tão despachadamente, que era impossível não ser ouvido por todos. O *barman* riu tanto que chegou a errar dois drinques na hora de prepará-los.

– Mas Hugo, me diga, se você souber. Por que chamam os gays de gays? São mesmo alegres? Eu, por exemplo, sou alegre e nem por isso sou gay!

– Não sei não! – brincou um freguês com ele, que estava sentado numa mesa próxima.

– É ruim, hein? – retrucou John, avermelhando-se feito um pimentão.

Naquele *happy hour*, Hugo, mais uma vez, ficou certo de que John Peters era realmente um palhaço. Não havia um dia em que ele não o fizesse rir.

Os dois deixaram o lugar, quase que trançando as pernas.

– Já imaginou se o treinador nos visse agora? – indagou Hugo, mole feito Maria Mole.

– Bate na madeira! Isola! – John por pouco não urinou na calça.

– É melhor tomarmos um táxi, antes que eu me deite na calçada e tire uma pestana.

– John, o meu flat é do outro lado da rua.

– Ah, sim! Mas quero que você vá comigo até o hotel em que estou hospedado. Quero apresentá-lo a Sally.

– Está bem – Hugo fez sinal para o próximo táxi disponível que avistou.

Assim que entraram no veículo, o taxista, percebendo o estado dos dois, comentou:

– Só não vão vomitar aqui, hein? Por favor.

John, *bebaço* respondeu:

– Fica tranquilo, meu chapa. Se acontecer, eu pago pela limpeza.

Ao perceber que se tratava de John Peters, o famoso jogador australiano, o taxista desmanchou-se em elogios. Ao reconhecer Hugo Martini, sentiu-se honrado.

– Nossa, que honra ter dois grandes craques do futebol em meu veículo.

278

– Obrigado.

– Ei, não é um de vocês que se assumiu gay, recentemente? – perguntou o motorista, estudando atentamente pelo espelho retrovisor, o semblante dos dois passageiros.

– Foi meu amigo aqui! – adiantou-se John com grande satisfação. – Hugo Martini. O inimitável nos campos.

– *Poxa, cara,* quem diria que você fosse gay, hein? – argumentou o taxista. – Não parece. Juro que não parece!

– Mas ele é *bicha,* sim! – afirmou John e com certo orgulho. – É ou não é, Hugo?

Hugo não conseguiu responder, apenas riu mais uma vez das palavras de John que a seguir, soltou mais uma de suas pérolas:

– Esse mundo está mesmo perdido, meu senhor. Ser gay agora é moda. Quem diria que isso um dia aconteceria? É tanto *viado* por aí que...

O taxista interrompeu John, perguntando numa boa:

– Vocês dois, por acaso, são namorados?

John se inflamou:

– Eu, *bicha?* Nunca! Tenho namorada! Uma mulher linda e atraente.

– É, mas isso não quer dizer nada – arrematou o taxista, seriamente. – Dizem que muitos *caras* por aí, mesmo namorando ou casados com lindas mulheres, *mordem a fronha.*

– Não é meu caso, meu querido. Não, mesmo! Eu gosto mesmo é de mulher. M-u-l-h-e-r!!! Com M maiúsculo.

O homem divertiu-se um bocado, tanto quanto Hugo que, ao lado de John, pelo menos, podia esquecer-se de seus problemas. Ao chegarem ao hotel, John apresentou a Hugo a namorada da vez, com grande satisfação.

– Hugo esta é a Sally, minha atual namorada. Sally esse é o Hugo, o amigo bicha de quem lhe falei.

– Ah, é assim que ele se refere a mim? – brincou Hugo.

– Fica mais fácil.

A moça, bastante sem graça, estendeu-lhe a mão.

– Muito prazer, o John fala muito de você.

– Pode beijá-lo, Sally. Desse aí, eu não tenho ciúmes.

Nova gargalhada e Sally perguntou a Hugo:

– Você aguenta isso?

– Amigos são *pra* essas coisas, não é o que dizem? – respondeu

Hugo, realmente sem se importar.

Sally arqueou as sobrancelhas como quem diz "Será?". John voltou a falar:

– Sally, minha querida, o Hugo é mesmo um herói.

– Herói?

– Sim, para suportar a má sorte que teve na vida.

– Má sorte? Mas ele é tão bem-sucedido como jogador de futebol.

– Agora, né? Mas perdeu os pais quando criança, foi criado pelos avós que não eram ricos, e ainda é *viado*. Pô, alguém lá de cima não foi mesmo com a cara dele, concorda?

– John! – inflamou-se Sally com o namorado.

– Falei mentira?

– Ora, John, isso não é coisa que se diga. Do jeito que você fala, até parece que ser gay, é a pior coisa do mundo...

Bem nesse instante, o celular de John tocou.

– *Ooops!* – exclamou ele, corando. – Salvo pelo gongo!

Assim que ele se foi, Sally se desculpou pela grosseria do namorado:

– Perdoe ao John, ele é muito bronco, você sabe.

– Já estou acostumado. Mas ele está certo, para muita gente, ser gay é uma coisa muito ruim. Durante muito tempo pensei isso também. Foi por causa do preconceito que minha vida afetiva foi um fracasso. Tornou-se quase um drama sem fim.

– Eu sinto muito. Você me parece ser um *cara* e tanto, merece ser feliz.

– Obrigado.

A noite terminou num restaurante italiano, onde os três beberam um bom vinho Barbera D'Asti e degustaram um delicioso fuzile ao molho quatro queijos.

Ao rever Gabriel, Hugo envolveu-o em seus braços, abrigando-o protetoramente.

– Como foi lá? – perguntou, esperançoso de que o pai houvesse feito as pazes com o filho, algo que no íntimo, era muito importante para o moço, apesar de ele nunca falar a respeito.

– Péssimo – respondeu Gabriel com nítido pesar. – Dez mil vezes pior do que da última vez.

– Eu sinto muito.

– O que se há de fazer, Hugo? – A voz de Gabriel tremeu e ele lutou para controlá-la. – Pelo menos tentei uma trégua.

Hugo o encarou com seus olhos lindos e disse, numa voz tranquilizadora:

– Impossível que seu pai não veja o colosso de rapaz que você é, Gabriel. Ele há de acordar para isso, cedo ou tarde.

– Turrão como é? Duvido. Tenho mais pena da minha mãe do que dele. Pois sei que ela está sofrendo horrores. Não pelo fato de eu ser gay, mas por meu pai não querer mais que eu frequente a nossa casa. Mamãe sempre gostou de manter a família unida, para ela, os laços familiares são eternos.

– Eu imagino.

E para alegrar o companheiro, Hugo o ergueu nos braços com uma facilidade impressionante, como se ele fosse leve como um balão e o balançou como se fosse uma criança crescida.

Nos dias que se seguiram, convites para entrevistas continuavam a pingar para Hugo Martini que se tornou o assunto número um do país e do mundo, por ser uma celebridade do mundo esportivo com coragem para se assumir gay perante todos.

22
COMING OUT
STORIES

Desde que Hugo se assumiu, Vanessa Harper passou a acompanhar seus passos pela internet. Foi assim que ela descobriu depoimentos de muitos jovens e adultos a respeito do dia em que também se assumiram gays perante seus amigos e familiares.

Quando me descobri gay, para despistar qualquer suspeita a meu respeito, eu me tornei um esportista nato, pois isso me faria mais masculino. Por não me aceitar, eu quis também ter esposa, filhos, cachorros e tudo mais que uma família heterossexual tradicional tivesse por direito. Se eu fizesse tudo isso, pensava, na ocasião, me tornaria heterossexual e minha vida seria perfeita e feliz.

Por eu viver contendo dentro de mim, 24 horas por dia, quem eu realmente era, quais eram os meus verdadeiros sentimentos, eu vivia sempre muito estressado. No fundo, o que eu mais queria era tirar esse peso das minhas costas, ainda que não tivesse forças para isso.

Um dia, voltando de uma festa com uma amiga, uma das pessoas mais importantes da minha vida, eu disse, repentinamente para ela:

"Debbie, eu sou gay!"

Ela simplesmente respondeu com a maior naturalidade do mundo: "Ok!"

Depois, conversamos a respeito por quase três horas; foi a primeira vez que consegui me sentir eu mesmo. Finalmente, eu poderia ser eu mesmo. Aí, contei para outra garota que também significava muito para mim e a reação dela foi a mesma, o que me deixou ainda mais estimulado para me mostrar a todos como eu realmente era.

Chegou a vez, então, de eu contar para a minha mãe, foi no Natal, *cheguei* nela e disse:

282

"Mãe, eu tenho algo para lhe dizer: sou gay".

Para meu espanto, ela respondeu:

"Levou tempo para você admitir isso, hein, Patrick? O que você quer para o jantar?".

Mediante sua resposta, exaltei-me:

"É só isso?"

E ela pacientemente me respondeu, com a maior naturalidade do mundo:

"Sim. Sou sua mãe. Eu o amo sob qualquer circunstância. E se seu pai estivesse vivo, saiba que ele lhe diria o mesmo."

Fiquei confiante desde então. Não mais temia quem eu era no íntimo. Hoje, sinto orgulho em ser quem sou, confortável em dizer que sou gay. Se não posso aceitar a mim mesmo como sou, ninguém pode, essa é a maior lição que aprendi.

Sei, porém, que para muitos, aceitar-se leva tempo, não acontece da noite para o dia. Mas quando se aceita a si mesmo, não há nada na vida que possa nos fazer novamente nos sentir inferiores ou irritados com piadinhas a respeito dos gays. É como uma garota de nariz grande, que quando aceita seu nariz como é, deixa de se importar com qualquer piada a respeito dele e as próprias piadas acabam por causa disso.

Vanessa Harper gostou tanto do depoimento de Patrick Burtka, Cardiff, England, que quis assistir a outro. O próximo foi de Kelvin Stuart, um rapaz de Tampa, Florida.

Na escola, desde os meus oito, nove anos de idade, eu me tornei alvo de piadas por ser um CDF. Quando percebi que era gay, pensei: se eles descobrirem que sou gay, as provocações serão ainda piores. Por isso, desde então, fiz de tudo para não ter a palavra gay associada a minha pessoa.

Isso se tornou um peso em minha vida e quando não suportei mais, desmoronei em frente a uma grande amiga. Entre lágrimas, desabafei:

"Angelina, eu sou gay!".

Ela riu de mim e disse:

"É só isso? Pensei que fosse algo grave. Que alguém da sua família houvesse morrido. Que você tivesse sido preso e precisasse de mim, para contar aos seus pais."

Comecei a rir em meio às lágrimas.

Ainda que sua reação tivesse sido positiva, permaneci dentro do *armário*. Cheguei até a espalhar a notícia de que eu e Angelina estávamos *ficando*. Um dia, então, ela, muito sabiamente me disse:

"Se ao saberem que você é gay, as pessoas não reagirem positivamente ao fato, Kelvin, penso que elas, sinceramente, não merecem fazer parte da sua vida."

Ao me abrir com minha irmã, ela começou a chorar, deixando-me arrependido por ter me aberto com ela. Ela então me explicou o porquê da sua reação:

"Choro por medo do que você possa vir a passar nas mãos dos preconceituosos. Não quero vê-lo sofrendo por isso, Kelvin. Quero vê-lo sendo o que é sem ser massacrado pelos intolerantes."

Ela então me abraçou e me beijou.

O próximo a saber foi meu irmão. Estávamos assistindo Netflix e eu lhe disse, ao que ele simplesmente me respondeu:

"Isso não vai mudar nada entre nós, Kelvin. Continuarei amando você do mesmo modo, meu irmão."

Ao revelar para minha mãe, ela me perguntou:

"Como você sabe que é gay, se ainda não teve uma experiência gay? Como sabe que não é heterossexual, se ainda não teve uma experiência heterossexual?".

A pergunta dela me fez questioná-la:

"Pergunto o mesmo a você, mamãe: como você sabe que não é lésbica, se nunca teve uma experiência lésbica?".

Logo, ela me abraçou e me disse, o quanto me amava.

Meu pai, pareceu-me lidar melhor com a situação:

"Estarei sempre apoiando você, Kelvin. Não importa se você é homo, bi, trans ou marciano. Ainda sou seu pai, continue contando comigo, sempre!".

E ele me abraçou. Naquele momento, eu percebi que as pessoas que realmente amam a gente, compreendem que ser gay não define a sua pessoa, é apenas uma parte do que você é. E minha família me ajudou a compreender isso.

Quando contei a minha avó, ela também me apoiou de imediato, o que muito me surpreendeu, afinal, ela vem de uma geração que cresceu, ouvindo que ser gay, era errado, imoral e demoníaco.

Ao reencontrar meus amigos de colegial, contei a todos e tive a sorte também de me apoiarem plenamente.

Gravei este vídeo no Youtube, para ajudar qualquer outro que viva o mesmo conflito que vivi, a dar esse passo importante na sua vida e para que possa ser quem realmente é na alma.

Este depoimento deixou Vanessa ainda mais emocionada. Nunca pensou no quanto era difícil para muitos lidarem com sua homossexualidade. O próximo depoimento dizia:

Apaixonei-me pelo meu melhor amigo de escola, com o qual comecei a ter um romance secreto. Uma amiga minha, que era baby-sitter na casa da melhor amiga de minha mãe, soube de tudo e contou para a patroa que imediatamente ligou para minha mãe que, no mesmo instante, ligou para mim, no celular e perguntou:

"Daniel, você é gay?".

Diante do meu silêncio, ela repetiu a pergunta e eu acabei respondendo que sim, pois era verdade. Ela suspirou e disse:

"Não quero mais você em casa, Daniel."

Foi um choque para mim, jamais pensei que mamãe reagiria dessa forma comigo.

Sem ter para onde ir, acabei indo para a casa do meu namorado que vivia com os pais e ali, ninguém também sabia nada sobre ele. Foi um momento muito difícil para nós dois. Se eu tivesse com quem conversar a respeito, talvez eu tivesse me sentido melhor, mas também, não me sentia preparado para me abrir com alguém.

Cinco dias depois, minha mãe me ligou, dizendo que precisava conversar comigo, pessoalmente. Voltei para casa e ela me disse, que fez o que fez, porque ficara em choque com a notícia. Admitiu que fora precipitada e imatura e me pediu desculpas.

"Eu amo você, Daniel. Desde que você se sinta feliz assim, eu me sinto feliz por você", disse-me ela, muito emocionada.

Abraçamo-nos e choramos um no ombro do outro.

Desse dia em diante, minha mãe me apoia totalmente e eu faço o mesmo por ela. Ela me ama e ama o meu namorado também. Não foi dessa forma que eu gostaria de ter *saído do armário*. Eu preferia ter me sentado diante dela e falado, com calma, a respeito da minha sexualidade, sem ter sido exposto, como fui, por uma linguaruda.

E para encerrar esse depoimento, aqui vai um conselho:

Quando você quiser se assumir para os seus pais e eles não reagirem como você espera, lembre-se do quanto foi difícil para você mesmo aceitar que era gay. Ou seja, eles também carecem de tempo para aceitar a ideia.

Daniel Gonzales, Novo México, USA

Sim, aquilo era um fato irrefutável, admitiu Vanessa Harper com seus botões. Sem saber ao certo o porquê, ela quis rever o início do depoimento. "Apaixonei-me pelo meu melhor amigo de escola, com o qual comecei a ter um romance secreto". Isso a fez pensar nos seus amigos de escola, se dois deles não teriam vivido o mesmo? O próximo depoimento a que assistiu dizia:

Eu, Roger Kidman, sabia que era gay desde garoto. Depois de muito refletir, decidi contar para o meu melhor amigo durante a passagem de ano novo. Faltavam poucos minutos para a meia-noite e eu disse para mim mesmo:

"Não posso começar outro ano me sentindo sufocado por isso. Vou assumir quem sou e ponto final."

Meu melhor amigo reagiu normal à notícia e prometeu-me ajudar a contar para os meus pais. No dia combinado, eu estava elétrico de tanta ansiedade. Os minutos passavam e nada do meu amigo chegar, para me ajudar naquela tão difícil tarefa. Minha mãe, percebendo meu estado, perguntou-me, qual era o problema? Acabei dizendo:

"Mãe, eu tenho algo para dizer a você."

Ela pôs de lado a revista que lia, olhou bem para mim que lhe disse:

"Sou gay."

Diante do seu silêncio, perguntei, aflito:

"Mãe, você não vai me dizer nada?"

E ela me respondeu:

"Isso o faz diferente, Roger? Não! Eu ainda o amo? Sim! Você ainda é o mesmo jovem com quem eu convivo há anos? É. Nada muda! Continuarei amando você, incondicionalmente, e sempre o amarei."

Eu me senti aliviado.

Ao contar para a minha irmã e o meu irmão, ambos também reagiram positivamente. Quanto ao meu pai, por ter origem mulçumana, eu sabia que não seria nada fácil para ele aceitar o fato, todavia, ele me surpreendeu com um sorriso e um abraço. Desde então, tornamo-nos muito mais próximos do que antes. Hoje somos muito mais amigos.

Se eu soubesse que teria sido algo tranquilo, não teria sofrido tanto por antecipação.

A minha decisão de ano novo: querer ser o que eu realmente era, diante de tudo e de todos, foi, sem dúvida, a melhor decisão de todos os tempos.

Mas aqui vai um conselho. Se você suspeita que alguém seja gay, a melhor coisa que você pode fazer por essa pessoa, é deixá-la em paz. Não pergunte: você é gay? Se for, ela mesma lhe dirá quando se sentir segura para fazer.

Roger Kidman, Sidney, Austrália.

Vanessa quis ouvir o finalzinho do depoimento novamente:

"Mas aqui vai um conselho. Se você suspeita que alguém seja gay, a melhor coisa que você pode fazer por essa pessoa, é deixá-la em paz. Não pergunte: você é gay? Se for, ela mesma lhe dirá quando se sentir segura para fazer."

Algo se agitava em seu cérebro. Algo que começou a deixá-la inquieta. O próximo depoimento dizia:

Houve uma época em que eu quis me encarar no espelho e dizer: eu sou gay! Mas não tive coragem, nem eu, nem aquele que se tornou o grande amor da minha vida.

Tornamo-nos namorados na faculdade. Ele era do sul e eu do leste. Apesar de toda paixão, mantivemos o nosso relacionamento em segredo, porque nenhum de nós se sentia seguro, o suficiente, para assumi-lo diante de todos. Formamo-nos e cada um voltou para sua cidade. Falávamo-nos todas as noites, e fazíamos planos de nos encontrar, toda vez que possível. Sempre que ele viajava a trabalho, eu ia me encontrar com ele na cidade em que estava. Fizemos isso por pelo menos dois anos. Cansados de viver em segredo, decidimos expor a todos a nossa relação. Quando eu estava prestes a tomar um voo para sua cidade, para juntos contarmos aos pais dele sobre nós, ele me ligou dizendo que havia sido internado num hospital, com pneumonia e que não poderia concluir, pelo menos por hora, o que havíamos planejado. Quis ir visitá-lo, mas ele se opôs a ideia, terminantemente.

"Meus pais estranharão sua presença, por favor, não venha. Com eles aqui, não poderemos conversar abertamente, portanto...", disse-me ele com aflição. Fiquei muito decepcionado com a sua reação, afinal, havíamos combinado de revelar tudo a todos, de qualquer modo.

Ao final da ligação, ele me disse que me amava muito e que eu rezasse por sua melhora. Foi a última vez em que nos falamos. Ele morreu dias depois, minutos antes de completar seu vigésimo quarto aniversário. Soube disso, porque ao ligar para o seu celular, seu pai o atendeu e me contou.

Diante do meu desespero, contei aos meus pais toda verdade:

"Pai, mãe, o Toddy não era meu amigo. Toddy e eu éramos namorados. Ele foi meu namorado por quase sete anos."

Papai me abraçou e choramos juntos. Minha mãe também me foi muito amorosa e solidária. Decidi não contar para a família do Toddy que ele era gay, para preservar a imagem que eles tinham do filho e a que o próprio Toddy parecia fazer questão de manter.

Os metafísicos dizem que o emocional abala o físico, que muitas doenças surgem por causa dos nossos abalos emocionais, raiva contida, medo e inseguranças. Isso me fez pensar se o Toddy não adoeceu, porque no íntimo, temia imensamente contar a verdade a todos, especialmente a seus pais. Só então me *toquei* que fora ele, sempre ele, quem nunca quis revelar nada a ninguém, deixando sempre para depois tal possibilidade. De tão apaixonado que eu estava, não percebia o seu desespero, o quanto lhe era perturbador assumir sua homossexualidade perante todos.

Seu medo se dava, indubitavelmente, porque ele crescera numa sociedade que julga o relacionamento homoafetivo um erro, um equívoco, uma aberração, uma indecência. Se vivêssemos numa sociedade mais tolerante, com todos aceitando as pessoas simplesmente como elas são, isso certamente não teria acontecido.

Muito progresso já se fez pela comunidade LGBT, entretanto, muitos gays ainda vivem o mesmo drama do Toddy que, a meu ver, levou-o à morte. Jovens lésbicas, gays e bissexuais são quatro vezes mais propensos a cometer suicídio. É fato. Portanto, seja você um gay, jovem ou adulto, você não está sozinho. Há muitas pessoas que podem apoiá-lo diante disso. Procure saber quem são.

Espero um dia viver num mundo onde não importa quem você ama, desde que esteja feliz.

Eduard Rush, Toronto, Canadá.

Este depoimento tocou Vanessa ainda mais forte. Jamais imaginou, o quanto era difícil para um gay, viver em sociedade e se assumir diante dos seus.E novamente algo se agitou em seu cérebro.

23
HORA DA
VERDADE

E Vanessa se lembrou do que um dos rapazes dissera, num dos depoimentos a que assistira há pouco:

"Apaixonei-me pelo meu melhor amigo de escola, com o qual comecei a ter um romance secreto."

Surgiu então a imagem de Christopher e Hugo, juntos na sala de aula. Christopher e Hugo sempre juntos em qualquer lugar. Christopher e Hugo, inseparáveis. Quando deu por si, Vanessa olhava para o marido, como se o visse agora por um novo ângulo.

– O que foi? – assustou-se Christopher, diante do olhar pensativo da esposa, voltado para ele.

Vanessa não lhe respondeu de imediato, o que só serviu para deixá-lo ainda mais irritado.

– No que está pensando, Vanessa? Por que me olha assim?

Os olhos dela responderam muito antes do que suas próprias palavras. Ao perceber o que diziam, Christopher estremeceu e recuou o rosto. Então, ela finalmente, transformou em palavras, o que se passava por sua mente:

– Aquele dia, Christopher... O dia em que você surtou. Não foi porque o nosso casamento atrapalhou seus planos de se tornar um grande jogador de futebol, que você tentou me matar, não é mesmo?

Os olhos dele tremeram. Houve uma pausa antes de ela prosseguir, uma pausa onde o desconforto se espalhou pelo ar.

– Então é isso... – continuou ela, surpresa com suas próprias conclusões. – É lógico! Por isso você estava com tanto ódio de mim, da vida e do Hugo.

Christopher resolveu reagir, negar, impedir a todo custo que a verdade viesse à tona.

– Pare de imaginar coisas, Vanessa.

– Não é imaginação alguma e você sabe bem disso!

– Bobagem.

– Você e o Hugo... Vocês se amavam, não é mesmo? É isso, sim! Como não percebi isso antes?

– Cale a boca!

– Calo, não! – Vanessa estava transformada. – Tudo agora faz sentido. Você só se casou comigo para esconder de todos a sua homossexualidade. Por isso quis se casar tão rápido. Nunca gostou de mim. Por isso está sempre descontente, nunca me toca, nunca me quer como mulher. Fui tão tola. Era com o Hugo que você gostaria de ter ficado. Era ao lado dele que você gostaria de ter passado os dias, meses e anos. Ao lado dele que pretendia ser feliz...

O rapaz abaixou a cabeça, já sem forças para lutar contra tudo aquilo. Desmoronou.

– Por que, Christopher? Por que você jogou tudo para o alto? Se Hugo o amava e você a ele, por que não levou adiante esse amor?

– Chega! – berrou ele, explodindo em lágrimas.

– Agora entendo por que há tanta tristeza em seu olhar, por que por mais que tenhamos feito conquistas, ao longo desses anos, casados, a tristeza permanece.

Christopher parecia agora definhar diante dela.

– Não estou aqui para julgá-lo, Christopher. Estou aqui para ajudá-lo a ser feliz, porque ainda há tempo.

Já que não havia mais como remediar a situação, Christopher se rendeu as fortes emoções. Deixou seu corpo cair novamente no sofá e apoiou a cabeça entre as mãos. Quando voltou a encarar a esposa, ambos tinham os olhos vermelhos e lacrimejantes. Ela então se sentou ao lado dele e procurou lhe transmitir alguma paz.

– Você se submeteu a tudo isso, só para agradar seu pai e sua mãe, não foi? Que loucura e, ao mesmo tempo, que coragem abrir mão de um sentimento tão profundo, por alguém que tanto amava, para poder ficar bem diante dos seus pais. Deve ter sido muito difícil para você. Ainda é, não é? Por isso que naquele dia você surtou. Eu também surtaria se estivesse no seu lugar.

Ela tomou ar, enxugou as lágrimas e completou:

– Para poupar seus pais, para se poupar, você acabou detonando a sua felicidade. Isso tudo é muito triste, Christopher.

Ele voltou a encará-la, aflito e ansioso. Com muita coragem, admitiu:

– Eu quis, sim, alegrar meus pais sendo hetero. Pelo menos, fingindo ser um. Mas o motivo real que me levou a me afastar de Hugo, bem... – ele mordeu os lábios, ainda receoso de admitir.

– Diga.

Ele tomou ar e disse:

– Quando meu pai nos pegou juntos, no trailer... Ele jurou que se nos pegasse novamente lado a lado, mataria nós dois. Eu tinha de proteger o Hugo, só mesmo me afastando dele, poderia deixá-lo em segurança.

– O trailer... – murmurou Vanessa. – Foi por isso que você...

– Sim! Porque era onde nos encontrávamos. Era tão difícil olhar para lá e me lembrar de tudo que vivemos ali.

Breve pausa e Vanessa perguntou, penalizada:

– Mas por que você abandonou o futebol? Por que desistiu de assinar o contrato?

– Porque isso me reaproximaria de Hugo. Ao saber que iríamos morar no mesmo local em Sidney, desisti, eu estava decidido a fazer minha mãe e meu pai felizes e faria.

– Mesmo que isso lhe custasse a própria felicidade?

– Sim! Porque o sonho da minha mãe era ter netos e me ver casado como todo jovem heterossexual. E meu pai queria um filho que continuasse honrando a memória dele, do seu pai e antepassados.

Vanessa pegou sua mão, entrelaçou seus dedos aos dele e foi sincera, mais uma vez:

– Saiba que você pode contar comigo, Christopher.

Ela o abraçou e os dois choraram, convulsivamente.

– Não conte nada a ninguém, Vanessa, por favor! – implorou ele, em meio ao pranto. – Não quero ser uma vergonha ainda maior do que já sou, para o meu filho, no futuro.

– Confie em mim.

– Promete?

– Prometo.

Christopher sentia agora um profundo alívio. Como se um peso tremendo houvesse sido tirado de suas costas. E havia mesmo. No minuto seguinte, ele e Vanessa conversaram, trocando ideias, com muito mais sinceridade e alegria por parte de Christopher, do que em todos aqueles anos de convívio. Por fim, ele lhe fez um pedido muito sério.

– Não me abandone, Vanessa, por favor! Se me abandonar, agora que o Hugo se assumiu gay, todos vão pensar mal de mim por eu ter sido amigo dele por tanto tempo. Não faça isso comigo, eu lhe imploro!

– Mas, Christopher, não é justo que você continue me usando para encobrir seus sentimentos. Apesar de amá-lo, eu também mereço ser feliz.

– Me dê um tempo, Vanessa, por favor. Até que eu arranje outra garota para...

– Para se esconder atrás dela, como fez comigo nesse tempo todo?! Você acha mesmo certo, fazer isso com outra mulher? Que também quer ser feliz ao lado de um *cara* que realmente a deseje e a ame como mulher? Não, não é mesmo?

E novamente ele se encolheu todo, sentindo-se completamente sem norte.

– Peço-lhe calma, Christopher. Como lhe disse há pouco, quero ajudá-lo e vou! Acharemos juntos uma solução perfeita para o nosso caso. Não se preocupe.

E os olhos dele, minando água sem parar, voltaram a olhar suplicantes para ela.

Dias depois, Vanessa chegava de surpresa ao consultório do Dr. Paul Summer Field.

– Vanessa! – exclamou o sujeito, feliz por revê-la. – Que surpresa mais agradável. Algum problema?

– De saúde, não! – respondeu ela, rapidamente.

– Você está diferente – comentou ele, admirando seu aspecto.

– É porque resolvi dar um novo rumo à minha vida, Paul.

Ele enviesou o cenho, querendo entender.

– Meu casamento acabou. Eu e meu marido percebemos que, com o passar do tempo, tornamo-nos muito mais amigos do que marido e mulher.

– Por isso está feliz?

– Sim! Porque agora posso seguir por uma nova trilha, em busca da felicidade.

O médico parou em frente a ela, tirou uma mecha solta de seu cabelo que caía sobre um de seus olhos, prendeu-a atrás de sua orelha e à meia voz, admitiu:

– Ainda continuo muito a fim de você, Vanessa...

– Eu...

– Não diga mais nada...

E ela não poderia, porque ele a beijou, feliz e apaixonado.

Assim que Paul e Vanessa decidirem ficar juntos, Vanessa precisou

292

pedir o divórcio a Christopher.

– Não faça isso comigo, Vanessa. Você me prometeu! – desesperou-se Christopher a olhos vistos.

– Sim, mas, como posso ser feliz ao lado de outro *cara,* continuando casada com você, Christopher? As pessoas falariam, julgar-me-iam mal... Portanto, o divórcio para mim; para nós, na verdade, é a melhor solução. Assim, tanto eu quanto você, teremos a chance de ser felizes realmente. O que eu e você vivemos, não foi um casamento; não aquele que sonhamos.

– Mas se eu ficar sozinho...

– Você é o pai do meu filho. Quero vê-lo bem e, quem sabe, feliz. Para isso, logicamente, você terá de se ajudar, Christopher. Felicidade alguma chega, sem que haja colaboração da parte de uma pessoa para que isso aconteça. Lembre-se disso.

Assim que soube do divórcio entre Christopher e Vanessa, Sonia Mendoza tomou uma condução para Mona Vale. Diante da nora, fez-se clara e direta:

– Não faça isso com o Christopher, Vanessa. Por favor, não faça! Ele pode não ser o melhor marido do mundo, mas ele gosta de você.

– Eu também gosto dele, Dona Sonia. Na verdade, o amo! Só mesmo por amor eu teria permanecido ao lado dele, que sempre me tratou com tanta indiferença e desamor. O que vivemos nunca foi um casamento feliz. Não aquele que sonhei para mim e o Christopher, no íntimo, sonhou para ele. A senhora mesma sabe que, quando um casamento não vai bem, o casal se separa. Aconteceu com a senhora e, pelo que sei, foi a senhora mesma quem pediu a separação ao pai do Christopher.

– Neste caso é diferente.

– Diferente por que, Dona Sonia? Diferente em quê?

A mulher não soube o que responder, simplesmente partiu sem sequer dizer adeus a Vanessa.

Diante do filho, Sonia lhe deu inúmeros conselhos.

– Você vai sair dessa, filho. Bonito como é, vai encontrar outra moça, rapidinho. Uma até mais bonita do que a Vanessa. Você vai ver! Por falar em Vanessa, só agora percebo que ela nem era tão bonita assim. Para lhe dizer a verdade, sempre a achei muito parada e sem graça. Não lhe disse isso antes, para eu não parecer uma daquelas sogras implicantes, mas verdade seja dita.

Christopher, como sempre, ouviu tudo submisso a mãe.

293

– Que bom, filho, que bom você ter se afastado de Hugo Martini. Depois da pouca vergonha que se tornou a vida dele, se continuassem amigos, você também seria mal falado pelas pessoas. Eu só não entendo uma coisa, juro que não! Como Deus pode permitir que um mau exemplo como ele, ganhe tanta fama e prosperidade na vida? Como? Mas certamente a carreira dele como jogador acabou, se não acabou, está prestes.

E Christopher ouviu tudo novamente em silêncio, submisso aos valores da mãe, sem protestar.

Sonia Mendoza voltou para sua casa em Sidney, visivelmente preocupada com os rumos que a vida do filho havia tomado. David, querendo muito ajudar, sugeriu:

– Traga seu filho para cá, Dona Sonia. Onde ele possa levar uma vida diferente. Prosperar! Não mais viver mergulhado naquele lugar sem futuro e solitário.

– Trazê-lo para cá?!...

– Sim! Faça com que ele, pelo menos, passe uma temporada aqui. Sidney é uma cidade muito bonita, com muito para se entreter.

– Não sei se ele aceitará.

– Dona Sonia, a senhora mesma me disse que ele, quando criança, sentia muita falta da senhora. E a senhora dele. Portanto, agora, a senhora pode reparar esse distanciamento.

Ao saber da sugestão de David, George Romero concordou plenamente:

– O David está certo, Sonia. Também acho uma excelente ideia você trazer o Christopher para passar um tempo aqui em Sidney, conosco, onde ele poderá se distrair com a cidade; quem sabe até, arranjar um emprego melhor e ser mais feliz nesse recomeço de vida.

Sonia, fuzilando o marido com os olhos, respondeu, secamente:

– Não, George, não, mesmo!

– Não?! Como assim?!

– Não sou louca de trazer o meu menino para essa cidade infestada de *viados* por tudo quanto é canto. *Viados* que podem fazer a cabeça dele, levá-lo para o mau caminho. Não, não, mesmo! O Christopher deve permanecer onde está. Lá, é muito mais seguro para ele.

– Mas, Sonia...

– Nem mas nem meio mas, George. Assim será e não se fala mais nisso. Além do mais, com o David morando nesta casa, seria uma péssima influência para o Christopher.

Nisso, David bateu à porta do quarto do casal.

– Entre! – falou ela, irritada.

– Dona Sonia, Seu George, a válvula da descarga do banheiro quebrou. Eu poderia usar o banheiro de vocês?

– Claro! – respondeu George rapidamente. E visto que o rapaz permaneceu parado, o dono da casa, acrescentou: – Vá lá, David fique à vontade.

– É que... – gaguejou David, relanceando os olhos para Sonia.

– O que há? Qual o problema?

O adolescente nem precisou responder, Sonia fez por ele:

– É que não gosto que outros usem o nosso banheiro, George. Por isso o deixo trancado e só abro quando volto para casa.

– Você, o quê?!

– Vai me dizer que você nunca deu conta do fato, George?

– Já o encontrei algumas vezes fechado, mas... Afinal, por que faz isso, Sonia?

– Já disse: não gosto que outros usem o nosso banheiro.

– Você quer dizer que não gosta que o David use o nosso banheiro, é isso?

– É isso, sim! Não sei com quem ele anda, se já contraiu alguma doença contagiosa, portanto...

George estava mais uma vez perplexo diante da esposa.

– Ok, Sonia, mas de qualquer modo, o David agora precisa de um banheiro.

– Ele pode usar por ora. Depois desinfeto tudo.

– Sonia!

– O que é, George? Virou tolice agora da minha parte, querer me proteger, preservar a minha saúde?

E novamente o sujeito ficou sem fala. Um minuto a mais e Sonia explodiu:

– Quer saber de uma coisa, David? Para mim chega! Você já ficou nessa casa por tempo demais. Procure outro lugar para morar e rápido.

O adolescente muito calmamente respondeu:

– A senhora tem toda razão, Dona Sonia. Permaneci nessa casa por tempo demais. Ainda hoje vou *pra* casa de um amigo meu. Ele também está precisando de alguém para dividir o *loft* em que mora.

– Vá mesmo!

Ao perceber que o jovem trançava as pernas, George exigiu que Sonia lhe desse a chave, para que David pudesse fazer uso do banheiro.

– Erga a tampa! – gritou ela sem nenhum tato. – E não mije fora da privada.

George estava novamente inconformado com a reação da esposa. Naquele mesmo dia, David juntou suas coisas e se mudou para a casa do amigo, ali mesmo no bairro, como havia decidido. Sonia sequer se comoveu com os agradecimentos que ele fez ao casal, por terem-no acolhido, naquele momento tão difícil de sua vida.

24
CASA COMIGO?

Outra notícia bomba que tomou as manchetes dos jornais, nas semanas que se seguiram, foi a decisão do time americano em rescindir o contrato com Hugo Martini. Hugo ficou arrasado, era chocante demais saber que nada do que ele havia feito de bom para o time em questão, tivera peso positivo diante do fato de ele ser gay.

Gabriel tentou consolá-lo e muitos fãs que Hugo conquistara ao se assumir gay, também, por meio de inúmeros e-mails. Muitos daqueles que já eram fãs de Hugo como jogador de futebol, e continuarm sendo porque não se importaram com o fato de ele ser gay, também lhe enviaram mensagens de solidariedade. Havia, certamente, os chamados *haters* que concordaram com a atitude do time, afirmando que é assim mesmo que todo homossexual deve ser tratado. Para esses, Hugo não deu trela. A vida era muito curta para se perder tempo, lendo quem só está disposto a disseminar o ódio, a intolerância e preconceito.

Diante dos últimos acontecimentos, Hugo comentou com Gabriel:

– Eu estava aqui pensando... Já que tudo veio à tona, Gabriel, que o mundo inteiro já sabe que sou gay e você, também, especialmente a sua família, não vejo por que a gente não dar um passo mais ousado em relação ao nosso futuro, a partir de agora.

– Um passo mais ousado?! – estranhou Gabriel, a combinação das palavras.

– É, meu caro! Um passo mais ousado!

– Em outras palavras...

– A gente deveria se casar.

Gabriel o olhou com alegria.

– Falo sério! – afirmou Hugo, confiante.

– Mesmo?!

– Sim! A maioria dos estados americanos já aprova o casamento entre dois homens, portanto... Gostou ou não gostou da ideia?

– É obvio que gostei, Hugo! Na verdade, adorei!

E outro sorriso bonito voltou a brilhar na face de Hugo que disse, romanticamente a seguir:

– Então, como nos velhos tempos, só me resta pedir a sua mão em casamento. Como não poderei pedi-la ao seu pai, nem a sua mãe, pedirei a você mesmo. Mas aviso, de antemão, que não quero somente sua mão, quero seu corpo todo. Pode ser?

E Gabriel também sorriu, lindamente.

Sem mais, ajoelhando-se aos pés do moço, Hugo tomou-lhe a mão direita e, encarando o namorado, perguntou:

– Gabriel Callaway, você aceita se casar comigo? Para vivermos na alegria e na tristeza, na saúde e na doença e, até mesmo, além da morte.

A resposta de Gabriel soou com uma convicção tremenda:

– É claro que aceito, Hugo. Porque o amo, muito!

Agarrando firmemente o punho do rapaz, Gabriel o forçou a se levantar, para que pudessem ficar, cara a cara, olhos nos olhos, boca a boca.

– Não há nada no mundo, nem nunca haverá, que possa fazer eu deixar de amá-lo, Hugo. Nada, absolutamente nada!

Naquela noite, ambos dormiram o sono dos deuses. No dia seguinte, Hugo foi o primeiro a se levantar. Foi até a janela, abriu e respirou o ar revigorante da manhã. O céu estava lindo, tão azul quanto os seus olhos. Não havia uma nuvem sequer que pudesse derramar chuvas inesperadas. Como era bom estar vivo, pensou, feliz por se ver ali, amado e também por poder amar.

Ele preparava o café da manhã, quando Gabriel chegou à cozinha. Seu estado de espírito era contagiante.

– Bom dia! Lindo dia, hein?

– Sem dúvida – concordou Hugo, indo até ele e lhe dando um selinho com gosto de pasta de dente.

Ao se sentarem à mesa, Hugo confessou:

– Estou tão feliz, tão feliz, que se você não se importar, quero contar para o mundo inteiro que a gente vai se casar.

– Mesmo que você não conte, cedo ou tarde a mídia descobre e será notícia em todos os meios de comunicação.

– Você tem razão.

– Mas se você quer contar a novidade a todos, faça, dou-lhe todo o meu apoio.

– Mesmo?

– Mesmo.

Decidido, Hugo novamente reuniu a imprensa para anunciar seu casamento com Gabriel Callaway. Foi durante a coletiva que ele, por meros segundos, enxergou na mão de um dos repórteres, um revólver ao invés de um microfone. Estremeceu diante da visão, chamando a atenção de Gabriel que estava ao seu lado.

– Está tudo bem?

– Sim... Sim...

E novamente Hugo voltou os olhos para o repórter, sentindo um inesperado calafrio. Teria sido aquilo um mau presságio? Ele não podia se esquecer que no meio da sociedade, permaneciam aqueles que abominavam os gays, a ponto de querer vê-los mortos. No minuto seguinte, ele tentou se acalmar, afinal, o que estivera o tempo todo na mão do repórter fora mesmo um microfone, nada mais.

Enquanto Hugo vivia mais uma grande realização, Christopher Connell experimentava novamente sua amarga realidade. Quando Vanessa apareceu em sua casa, levando o filho para o pai ver, este, pela primeira vez, abraçou o menino com vontade. Estava realmente com saudade dele.

– E você, Christopher, como está? – perguntou a moça, chocada com a aparência do ex-marido e o descuido total para consigo e a casa onde vivia.

– Indo... – respondeu ele, com uma ponta de ressentimento na voz.

– Você soube que o Hugo vai se casar? É uma das fofocas mais quentes da mídia no momento.

– Eu sei...

– Então, Christopher... Penso que você deveria fazer o mesmo. Encontrar um *cara* e, junto dele, recomeçar a vida.

– Para encher meu filho de vergonha no futuro, Vanessa? Nunca! Além do mais, não me considero gay totalmente. O único *cara* por quem eu realmente me senti atraído foi o Hugo, outros, nunca existiram.

Ao notar a quantidade de garrafinhas de cerveja, vazias, largadas num canto da cozinha, Vanessa lançou-lhe um olhar reprovador:

– Pelo visto, você anda bebendo muito, novamente. Se continuar assim, Christopher...

Ele fingiu não ouvi-la, falou com Luka, propositadamente para não ter de ouvi-la. Mas ela ainda estava ali, aguardando por sua atenção:

– Antes de fazer qualquer loucura, Christopher, pense no seu filho. Ter um pai que morreu de tanto beber, será vergonhoso para ele, além de mau exemplo.

E novamente ele voltou à atenção para o garoto, para fugir de Vanessa.

Somente quando se viu só, largado na varanda de sua casa, é que Christopher Connell voltou a pensar em Hugo se casando. E, novamente, ele se viu chegando a mesma conclusão que chegara antes:

Hugo, feliz. Hugo, bem-sucedido. Hugo, realizando seus sonhos. Hugo, uma celebridade, e Hugo agora, feliz no amor. E ele, Christopher, infeliz, preso a uma vida besta, onde seus sonhos foram massacrados pelo pai que nem teve tempo de apreciar todo o sacrifício que ele fizera por ele. Nem sua mãe, que morava longe, e o abandonara sozinho, para realizar o que tanto sonhou para si. Restavam somente ele, Christopher e a infelicidade, Christopher e a frustração, Christopher e a morte em vida... Christopher, abandonado pela esposa, Christopher, cada vez mais solitário, Christopher, um alcoólatra.

E ele então se lembrou, da arma que o pai tinha e havia guardado em algum lugar da casa. Ainda que zonzo, de tanto beber, foi procurá-la.

25
O CASAMENTO

Semanas depois, num lindo dia primaveril, Hugo e Gabriel estavam elegantemente vestidos, trajando um belíssimo terno de fino tecido italiano, prontos para se casarem, como tanto desejavam.

O local escolhido para a cerimônia foi um ao ar livre, cercado por lindas árvores e com um altar sob o céu aberto, cercado de belíssimas flores ornamentais. Não havia muitos convidados por parte de Gabriel, a maioria dos presentes eram mesmo os poucos amigos que Hugo fizera no futebol americano e que não tiveram preconceito por ele ser gay.

John Peters, o único padrinho de Hugo, estava também vestido impecavelmente, sentindo-se o tal por ser padrinho numa cerimônia tão inusitada como aquela. Sally o acompanhava. Amadeu Martini também estava presente, muito orgulhoso por ver o neto se realizando no amor, como sempre mereceu.

O casamento teve início com a canção "I got lost in your arms" interpretada por uma cantora maravilhosa da noite americana. Pelo tapete vermelho, que levava até o altar florido, Hugo e Gabriel seguiram de mãos dadas, sorrindo um para o outro, para os presentes e para a vida. Diante da cerimonialista, os dois pararam e ela então deu início a cerimônia.

– Só quem está pronto para o amor, está pronto para uma vida a dois. Só mesmo quem fica pleno de amor, é capaz de estar pleno para uma vida a dois.

Na hora de ambos porem a aliança um no outro, Gabriel, pegando na mão de Hugo disse, muito emocionado:

– Hugo Martini, quero ser seu, na alegria e na tristeza, na saúde e na doença...

E sob os olhos atentos do companheiro, Gabriel lhe colocou a aliança em seu dedo anelar esquerdo. Hugo fez o mesmo, entre lágrimas de pura emoção.

Nesse ínterim, o Senhor Callaway chegava ao local onde se realizava a cerimônia de casamento de seu filho mais velho, acompanhado do filho mais novo. Estava também bem vestido, o que ajudava a suavizar sua expressão severa e amargurada. A passos lentos, ele seguiu em direção ao local onde se realizava o casamento. Na posição em que Hugo se encontrava no altar, ele pôde avistar o homem, chegando, e sua reação fez com que Gabriel olhasse na mesma direção. Ao ver o pai, Gabriel ficou evidentemente surpreso e maravilhado ao mesmo tempo.

– Papai – murmurou ele, emocionado.

É obvio que Gabriel estava feliz por ver que o pai, pelo menos ele, havia comparecido àquele momento tão marcante de sua vida. E abrindo um sorriso para o *velho,* ele quis mostrar ao Senhor Callaway, o quanto sua presença o realizava.

O homem, suando em profusão, fechou os olhos até espremê-los, enquanto o suor parecia arder-lhe a pele como se fosse um ácido. Então, do bolso do paletó, retirou a arma que havia levado com ele, para fazer o que achava ser o certo, diante de tudo aquilo. Sem hesitação, atirou à queima roupa, três vezes no filho voltado na sua direção. O choque em todos ali foi total, e se John Peters não tivesse sido rápido, segurado o velho pela mão, ele certamente teria acertado Hugo com uma bala.

Enquanto era chamado uma ambulância, Hugo se curvou sobre Gabriel, olhando para ele com seus olhos tomados de aflição.

– Você vai sair dessa, meu amor. Resista!

O moço baleado tentou falar, com grande esforço, mas não foi forte o suficiente para dizer o que tanto desejava.

– Não precisa me dizer nada, Gabriel. Seus olhos já me dizem tudo, meu amor. – atalhou Hugo, procurando se fazer de forte diante de tão delicada situação. – Eu também o amo, infinitamente. Por você, sou capaz de dar a minha vida. Porque você é a minha vida.

E os olhos de Gabriel se fecharam, enquanto lágrimas vazavam pelos cantos. A cena era muito triste de se ver. Só mesmo quando ele foi levado para o hospital mais próximo, é que todos ali respiraram um pouco mais aliviados.

Enquanto isso, John Peters detinha o Senhor Callaway até a polícia chegar ao local. Nesse momento, Arthur Callaway aproximou-se dos dois e John lhe contou tudo o que havia acabado de acontecer. A reação opaca de Arthur foi o que mais impressionou John, foi como se o sujeito tivesse amado o que aconteceu.

O triste acontecimento foi manchete em todos os meios de comu-

302

nicação do mundo inteiro. Por mais desumano que tivesse sido, muitos ainda acreditavam que o pai agira corretamente ao atirar no filho, por ele ser gay. Provando mais uma vez que boa parte da humanidade, estacionou mesmo na ignorância e na crueldade que há milênios causa dor, guerra e brutalidade no mundo.

Enquanto isso, médicos tentavam salvar a vida de Gabriel Callaway. Hugo aguardava por notícias dele, na sala de espera do hospital. Seu avô estava com ele, andando de um lado para o outro, orando em silêncio. Então Hugo sentiu um aperto no estômago, uma falta de ar, um desespero ignóbil. Quando caiu em si novamente, o avô estava ao seu lado. Seus olhos também estavam vermelhos e lacrimejantes.

– Ele morreu, não morreu? – indagou Hugo, quase sem voz. – Deram a notícia, não foi?

Amadeu não teve coragem de dizer que sim, também não era preciso. Hugo fechou os olhos e lágrimas vieram à tona. Restava-lhe agora apenas a lembrança dos bons momentos que viveu ao lado daquele que tanto lhe ensinou. Seu rosto bonito, seu bom humor, sua crescente coragem de ser feliz e amar, quem seu coração escolhesse para amar.

– Que Deus o tenha, vovô – foi tudo que o rapaz conseguiu dizer, antes de romper num choro agonizante.

Amadeu enlaçou o neto e com ele chorou a sua dor.

– Perder quem se ama, não é facil, Hugo. Sei muito bem como está se sentindo. É como se um tsunami tivesse nos atingido. Mas não se esqueça nunca, meu neto, que você não está só. Eu continuou aqui, por você. E se sua avó ainda estivesse viva, ela também estaria aqui o apoiando.

– Eu sei, vovô. E mais uma vez, muito obrigado por tudo. Pelo apoio, pelo carinho.

– Eu o amo muito, Hugo.

– Eu também o amo, vovô.

E os dois novamente se abraçaram.

– Quero vê-lo, vovô. Quero vê-lo, agora.

– Está bem, eu o acompanho.

Diante do corpo de Gabriel, estendido sobre o leito, Hugo fechou os olhos, como se aquilo pudesse despertá-lo daquele pesadelo horrível. Então, abraçou e o beijou demorado, querendo sentir o que ainda restava de calor em seu corpo.

– Vá com Deus, meu amor. Um dia a gente se encontra.

E novamente ele chorou, convulsivamente, até o avô tocar seu ombro e, num gesto carinhoso, conduzi-lo para fora do local.

E novamente o acontecimento tornou-se manchete na mídia.

Visto que a família de Gabriel, por momento algum, manifestou interesse em sepultá-lo no jazigo da família, Hugo tomou a iniciativa de sepultá-lo ali mesmo, num dos cemitérios mais bonitos da cidade. Foi tudo providenciado por John e Sally que se mantiveram ao seu lado, prestando-lhe todo auxílio possível durante aquela travessia árdua de sua vida.

No cemitério, o caixão foi posto na cova sob os olhos atentos e lacrimejantes dos poucos presentes. Para ajudar Hugo, naquele momento tão difícil, Sally Ledger aproximou-se dele e disse:

– Ele agora está com Deus, Hugo. Deus o acolherá e o abençoará.

O rapaz voltou os olhos para o céu, depois para ela e disse:

– Sim. Ele agora está com Deus. Porque Deus é misericordioso, tolerante e compreensivo. Além do quê, Gabriel só soube fazer o bem enquanto vivo. Só o bem.

E nesse momento, uma leve brisa passou por eles, balançando as flores que ali estavam e espalhando o seu perfume pelo ar.

Gabriel não foi o único ser humano a ser morto por amar alguém do mesmo sexo, muitos outros morreram assassinados ao longo da história da humanidade. E o que é pior, continuam sendo assassinados, apesar de todo avanço intelectual do homem.

26
CORAÇÕES
DE PEDRA

Tão chocante quanto tudo foi o depoimento do Senhor Callaway a respeito do que fez:

"Encarei a morte do meu filho com grande alívio. Não suportava mais saber que ele desmoralizava o meu nome e o da minha família. Todo pai deveria agir assim, com um filho que não honra a sua masculinidade e faz dela uma vergonha para todos, especialmente para seu pai e antepassados."

Diante do depoimento do homem, George Romero comentou com Sonia:

– Inacreditável esse Senhor Callaway, hein? Mata o filho à queima roupa, e ainda acredita que serviu de exemplo para os inúmeros pais, diante dos filhos que optam, entre aspas, ser homossexuais. Desde quando, assassinar alguém é sinal de exemplo e dignidade? É somente sinal de maldade e covardia.

Breve pausa e George completou:

– Sabe qual é a verdade sobre tudo isso, Sonia? É que não é somente dessa forma que um pai mata seu filho, por ele ser o que é. Ao expulsá-lo de casa, tornando-se indiferente a ele, negando-lhe amor, palavras de conforto e um ombro amigo, ele também o está matando de certo modo. Privando-o do direito de conviver com sua família, ele atinge sua alma como uma bala atinge um físico.

Diante do silêncio da esposa, o marido quis saber qual era a sua opinião sobre o que havia acontecido. Ante sua intolerância, a resposta de Sonia não poderia ter sido outra:

– Esse homem agiu certo, sim, George. Essa vergonha tem de parar. Homem é homem, mulher é mulher. Homem nasceu para se casar com mulher e vice-versa, ponto final. Qualquer inversão de ação é coisa do demônio. Do demo!

George, horrorizado com o que ouviu, respondeu, trêmulo:

– Quer dizer que você concorda com um pai que chega ao ponto de matar o próprio filho por ele ser gay? Você ainda acredita que é espancando um filho ou até mesmo tirando-lhe a vida que se educa?

Sonia não precisou dizer nada, a resposta estava estampada em sua expressão taciturna.

– Estou mais uma vez decepcionado com você, Sonia. Seus valores são desumanos. Você julga esse pai, certo em sua atitude, mas teria você coragem de fazer o mesmo com seu filho, sendo ele gay?

Olhando bem para o marido, Sonia Mendoza lhe foi novamente precisa nas palavras:

– A gente não dá mais certo, juntos, George.

Ele mal podia acreditar no que estava ouvindo.

– É isso mesmo o que você ouviu, George. Eu penso uma coisa, você pensa outra. Não dá pra conviver assim.

– Não acredito que você esteja me dizendo tal coisa.

– Digo-lhe, porque é verdade.

O homem se enfezou:

– Vou lhe dizer algo também, de extrema verdade, Sonia. As nossas verdades, o tempo não apaga. Por mais que tentemos fugir delas, elas seguem a nossa sombra. Cedo ou tarde, teremos de encará-las. Tentar encobri-las, é o mesmo que tentar tapar o sol com a peneira.

– A sua verdade, George – retrucou ela, furiosa. – É coisa do satanás. As Escrituras Sagradas condenam a homossexualidade.

– Condenam também matar o próximo, sob qualquer circunstância, Sonia.

– Eu não o entendo, George. Por que defende tanto essa *gente?* Você é *boiola,* não é?

– Não sou, não! Talvez por isso, eu consiga compreender melhor os gays e aceitá-los. A mim, eles não me ameaçam em nada. Estou muito seguro da minha heterossexualidade. Por sinal, quem está seguro, não tem por que temer o convívio com um gay.

– Chega! – berrou ela, ensandecida. – Acabou! Arrume suas coisas e...

Ele rapidamente a interrompeu:

– Arrume você, as suas coisas, Sonia! Esta casa é minha, quando nos juntamos já era minha.

Os olhos dela brilharam de ódio diante do fato. Sem demora, ela

306

seguiu para o quarto e começou a juntar suas coisas. George, arrependido de lhe ter sido tão severo, foi atrás dela e lhe pediu desculpas.

– Não precisa se desesperar por isso, Sonia. Permaneça aqui, até que tenha um lugar para onde ir.

Mas ela não lhe deu ouvidos, continuou, desenfreadamente a arrumar tudo que era seu, enquanto lágrimas quentes, de puro ódio, escorriam por sua face em brasa.

Ao perceber que ela não mudaria de ideia, George ligou para David, no celular do rapaz e explicou o que estava ocorrendo. O jovem na mesma hora pediu dispensa do serviço, explicando que tinha algo urgente para resolver; um imprevisto, e partiu rumo à casa que o acolheu por um bom tempo. Chegando lá, encontrou Sonia já com tudo ajeitado para partir.

– Dona Sonia, a senhora vem pra minha casa – disse ele sem floreios. – É pequena, mas acolherá a senhora até que...

Fulminando o jovem com seus olhos tomados de raiva, ela respondeu-lhe, com repulsa:

– Pra sua casa, eu não vou! La só tem *viado,* pecado, doença... Não vou! Já liguei para uma amiga minha da igreja e ficarei lá, até que eu encontre um Studio para alugar.

– Dona Sonia – David tentou novamente lhe ser gentil.

Ela simplesmente o ignorou, pegou um táxi e partiu.

George e David se entreolharam, inconformados novamente com a reação da mulher.

27
O REGRESSO

Ao se ver só no flat, Hugo novamente encontrou o vazio e a infelicidade que tanto o acompanharam por anos. Visto que seu contrato com o time americano havia sido rescindido, não havia mais por que continuar morando nos Estados Unidos. Assim, ele arrumou as malas e partiu de volta à Austrália, seu país natal. Iria morar com o avô, que agora também precisava de companhia.

Ao vê-lo triste e desacorçoado pelo que havia acontecido, Amadeu Martini tomou meia hora para falar com o neto, a respeito de superação:

– Eu sei o quanto ainda lhe dói o que aconteceu, Hugo. Talvez doa eternamente. Sei que isso pode levá-lo ao desespero, revolta e desencanto pela vida, mas os bons como você, têm de sobreviver para dar exemplo à humanidade, mostrar que todo amor é sagrado e merece respeito, que amor é amor, não é guerra. Que mais vale um ser humano fazer amor do que guerra.

Hugo assentiu, com lágrimas nos olhos.

Dias depois, a fim de alegrar o amigo, John Peters teve uma ideia:

– Já sei o que eu e a Sally vamos fazer, pra levantar a sua bola, meu *chapa*! Vamos montar um perfil seu num aplicativo desses de *boiola* e...

– O quê?!

– Fique tranquilo. Não precisa pôr foto de rosto. E se não quiser responder, eu mesmo respondo por você ou a Sally. Você só tem de comparecer ao encontro.

– Encontro? Nunca!

– Largue de bobagem, Hugo! A vida continua. Se você ficar só, pior será. Se o homem precisa de companhia, as *bichas* também, ou não?

Hugo novamente riu de John que parecia ter sempre o poder de alegrá-lo, com seu jeito espontâneo e simples de ser. No fim de semana seguinte, John e Sally levaram Hugo com eles, para se descontrair com a família Peters.

Em Mona Vale, enquanto isso, Christopher Connell estava, como sempre, largado na varanda da sua casa, há pelo menos dois dias sem tomar banho ou escovar os dentes. Tudo o que fazia era beber e beber até apagar de sono. Quando Vanessa apareceu ali, a reação dele foi de total indiferença.

– Vim aqui lhe dizer algo muito importante, Christopher. Na verdade, vim lhe dar uma sugestão. Procure o Hugo, Christopher. Ele precisa de você, agora mais do que nunca. O que ele passou, ou melhor, o que ainda está passando, não é fácil. Você foi sempre seu melhor amigo e, nada melhor do que um ombro amigo, numa hora tão difícil como essa.

Christopher Connell riu, um daquelas risinhos embriagados e disse:

– Você quer que eu procure o Hugo Martini?

– Sim, soube que ele está de volta à Austrália. Deve certamente estar morando em Sidney. Ainda tenho o endereço do avô dele e...

– Você quer mesmo que eu o procure, Vanessa? Pra quê? Pro meu filho um dia sentir vergonha de mim? Ser chacota da escola em que estudar, por seu pai ter amizade com um *viado* como o Hugo? Você acha mesmo justo eu fazer isso com o nosso filho?

– Os tempos são outros, Christopher...

– O preconceito ainda é o mesmo, apenas disfarçado, mas o mesmo! Tanto que o pai daquele sujeito que ia se casar com o Hugo, matou o próprio filho e o meu teria nos matado, se nos pegasse novamente juntos.

– Pense bem, Christopher, pense muito bem. A vida pode estar lhe dando uma segunda chance para você viver ao lado do *cara* que ama.

– Amei!

– Ainda o ama!

Ele amarrou o cenho e ela continuou, seriamente:

– Um dia, Christopher, seu filho, o nosso filho, há de seguir o caminho dele, e você será apenas o pai que ele vai ligar, de vez em quando, e visitar, vez ou outra, porque estará ocupado com sua própria vida. A síndrome do ninho vazio é real. Os filhos partem, seguem seus rumos, os pais ficam.

– Aonde você quer chegar, Vanessa?

– Preciso mesmo explicar? Digo-lhe tudo isso porque quero o seu bem, Christopher. Quero também que meu filho, um dia, se inspire na felicidade de seu pai, não na tristeza que o está levando à morte prematura.

Veja você, as condições em que se encontra.

Ela girou o pescoço ao redor e prosseguiu:

– De repente, você e o Hugo se acertam e podem, finalmente, viver o amor que um dia os uniu e se destruiu, por preconceito e intolerância.

– Destruiu-se porque nenhum relacionamento gay é feliz. Só sabe trazer dor e tristeza. E é assim porque é um erro. Uma afronta às leis de Deus.

Vanessa foi rápida na resposta:

– Quem nessa vida já não sofreu por amor, Christopher? Todos! Heterossexuais, bissexuais, gays... Todos em geral já sofreram por amor, em algum lugar do tempo e espaço. Ilusão pensar que só porque uma pessoa é gay, ela tem muito mais propensão para ser infeliz no amor, como se esse sofrimento fosse uma punição dos céus por ela amar alguém do mesmo sexo. Se isso fosse verdade, não haveria razão para os heterossexuais sofrerem do mesmo mal. Pense nisso.

E novamente ele olhou assustado para ela.

Semanas depois, conversando com o avô sobre a vida que tiveram em Mona Vale, Hugo voltou a pensar na cidade com carinho. Há anos que não punha os pés lá, e talvez não fosse má ideia dar um pulinho até o local. Ao comentar com o avô, tudo que Amadeu disse, foi:

– Se você acha que isso vai lhe fazer bem, vá!

Havia preocupação na voz de Amadeu, algo que Hugo notou, mas preferiu ignorar.

Num belo dia de sol, Hugo tomou o carro e partiu, rumo à velha cidade onde passou boa parte de sua infância e adolescência. Pelo caminho, perguntou-se mais uma vez se deveria mesmo seguir adiante. Sim, por que não? Depois de ter sido exposto ao mundo como fora, de ter tido de encarar tudo e todos, por que haveria de sentir medo de pisar em Mona Vale? É que sempre ouvira dizer que o passado deve ser esquecido e não preservado, em todo caso... Após o breve momento de hesitação ele seguiu confiante pela auto-estrada.

Para relaxar, colocou um CD de Josh Groban para tocar e imerso nas suas belas canções, seguiu caminho.

Passava um pouco das três horas quando ele chegou às imediações da cidade, de onde já podia avistar, com grande clareza, o azul profundo do oceano, as ondas a ir e vir, as palmeiras balançando à brisa. Lembrou-se da sensação refrescante da água, depois de um banho de sol, deitado na praia e o cheiro inesquecível dos verões que passou ali. Mona Vale! Ele estava

310

de volta àquele lugar que um dia significou tudo para ele, simplesmente tudo, o paraíso em si.

Logo se viu invadido por uma onda de nostalgia, uma onda inesperada de paz atingiu-lhe o peito. Jamais pensou que poderia vir a se sentir em paz ali, não depois de tantas tristezas vividas. Só agora ele entendia por que muitos diziam que a vida está sempre disposta a surpreender todos.

Quando avistou a tímida morada onde vivera com os avós, o choro foi inevitável. Foi como se o tempo não tivesse passado, como se jamais ele tivesse se ausentado dali. A forte sensação de que ainda era um garoto tomou-o por completo. Podia se ver correndo pela casa, ainda menino, cheio de energia e entusiasmo.

Minutos depois, ele pegou o caminho para a praia, seguindo a pé, de chinelos, como um bom e legítimo praiano. Logo, parava junto as suas margens seixosas, onde havia um tronco com raízes à mostra que lhe serviu de banco para se sentar e apreciar a vista do mar.

Agora ele olhava para as ondas com um sorriso, pairando nas extremidades dos lábios. O voo rasante de uma gaivota o fez mudar seu foco para o lugar favorito dele e de Christopher brincarem quando crianças.

Se não fosse Gabriel, ele não estaria ali, jamais poderia estar revivendo tudo aquilo de bom. Ainda bem que ele o havia impedido de cometer aquela loucura. Ao se lembrar do rapaz, lágrimas vieram aos seus olhos, mas logo as reprimiu. Nada de tristeza, não mais. Na tristeza nem ele nem ninguém poderia ter êxito na vida.

Ao chegar ao centro da cidade, em busca de um lugar para almoçar, Hugo sabia que, cedo ou tarde, seria reconhecido. As moças que passavam por ele eram as primeiras a reconhecê-lo, perguntando-se, muitas vezes, se ele era, realmente, Hugo Martini, o famoso jogador de futebol. As que tinham certeza, olhavam-no de cima a baixo, trocando olhares venenosos umas com as outras. As desprovidas de preconceito, deslumbradas com sua beleza, sorriam com simpatia, enquanto ele retribuía com o mesmo sorriso. Em todo lugar que fosse, Hugo sabia que haveria sempre preconceituosos e não preconceituosos, pessoas venenosas e aquelas que não estariam nem aí para o fato de ele ser gay.

Uma quadra a mais e ele chegava ao bar-restaurante onde, Margareth Mitchell trabalhava há um bom tempo.

Ao vê-lo chegando, a mulher o reconheceu de imediato.

– Hugo! – exclamou, largando o que fazia para ir saudá-lo. – Que bom revê-lo!

Os dois se abraçaram, derramando algumas lágrimas.

– O bom filho a casa torna! – arrematou Margareth, afastando-se para vê-lo melhor, da cabeça aos pés. – Meu Deus, como você está bonito! O tempo só lhe fez bem, meu querido.

– Você também está ótima, Margareth.

– Que nada! Gentileza sua.

Mais um minuto de admiração e o tom dela mudou:

– Eu sinto muito pelo que aconteceu ao seu noivo. Isso prova, mais uma vez, o quanto o mundo rejeita o que é diferente da maioria. É lamentável. É cruel.

Ele assentiu com pesar e ela tentou alegrá-lo:

– Já sabem que você está na cidade? Digo, a população.

– Não, mas logo saberão. Vim a pé até aqui e pelo caminho, já fui reconhecido. Especialmente pelas garotas.

– Pudera! Lindo como é.

E o abraço se repetiu.

– Veio almoçar, aposto!

– Sim. O que sugere?

– Hum!!! Temos lasanha à bolonhesa, batata *souté* com almôndegas e....

– Traga-me tudo o que for bom. Estou faminto.

Margareth riu e passou o pedido para o cozinheiro.

– Estou tão feliz por revê-lo, meu querido – declarou Margareth, mais uma vez. – Até quando você fica na cidade?

– Até amanhã. Vim mesmo só para refrescar a cabeça. E rever pessoas queridas como você.

Os pratos foram servidos e Hugo se fartou deles. Quando outros clientes do restaurante notaram que era ele, a cidade toda logo ficou sabendo de sua presença ali.

Naquela tarde, Margareth deixou o serviço mais cedo, para poder sair com Hugo, trocarem ideias e matar mais um pouco a saudade que sentiam um do outro. Caminhando pela praia, ela lhe foi sincera:

– Admiro-o tanto, sua coragem por ter enfrentado tudo, de cabeça erguida.

– Não foi fácil, Margareth. Pensei que não conseguiria...

– Você se tornou exemplo para muita gente. Você sabe disso, não sabe?

– Um exemplo à base de tanto sofrimento, será que devo me sentir honrado por isso?

Breve pausa e ela perguntou:

312

– Você o amava muito, não?

– Sim. Gabriel foi o meu segundo grande amor. Mas aconteceu de forma completamente diferente do primeiro. Eu estava carente, em busca de um sentido maior para a minha vida e ele me deu esse sentido.

– Deve ter sido muito difícil para você, tê-lo perdido e de forma tão brutal.

– Foi. Mas perder parece que é mesmo o meu destino. Desde que nasci, vivo perdendo as pessoas que amo, não é mesmo?

Margareth foi novamente sincera em sua opinião:

– Não se consegue viver totalmente sem sofrimentos, Hugo. Por mais otimistas que sejamos e, por mais fé que tenhamos, passaremos por momentos amargos. Porque a vida não é só feita de primavera e verão, é também feita de outono e inverno. E a gente só percebe mesmo, o quão intenso e maravilhoso pode ser o verão e a primavera, depois de um bom tempo imersos num outono e inverno.

Hugo riu. Margareth também. Mais uns passos e ela lhe fez a pergunta inevitável:

– Vocês já se viram?

– Vocês...

– Você e o Christopher. Já se viram?

– Ele ainda mora aqui?

– Sim, no mesmo lugar.

– Pensei que, talvez, tivesse se mudado...

– Não, ele ainda está lá. Na mesma casa, no mesmo canto...

– Como vai ele?

– Um trapo do que foi e do que poderia ter sido.

– Foi escolha dele abandonar o futebol, Margareth. Foi também escolha dele, se casar e ter filhos.

– Sim, mas Christopher só fez isso, por causa do pai e da mãe e de toda sociedade careta e preconceituosa. Não foi uma escolha feita pelo coração.

– Ainda assim, uma escolha.

Breve silêncio e Hugo quis saber:

– Christopher e Vanessa, eles são felizes?

– Eles se divorciaram já faz algum tempo. Vanessa já está até namorando outro sujeito. Um médico que veio trabalhar na cidade. Ela é uma boa moça. Soube compreender o Christopher em todos os sentidos. Em respeito a ele, guarda segredo do que ele realmente sente na alma.

Nova pausa e Margareth quis saber:

– Você vai procurá-lo, não vai?

– Eu?! Procurar o Christopher?!

– Sim!

– Acho melhor, não.

– É isso mesmo o que você quer? É isso mesmo o que dita o seu coração?

– Já sofri demais por ele, Margareth. Sofri por amá-lo, e por ter sido rejeitado por ele, em nome da sociedade hipócrita e medíocre em que vivemos.

– Mesmo assim, Hugo... Você deveria vê-lo. Ainda que ele saiba que você está na cidade, ele não virá até você. O ego dele não permitirá. Ele também anda precisando de ajuda. Depois do divórcio, tornou-se um alcoólatra. Vá vê-lo e não se arrependerá.

Hugo permaneceu em dúvida se realmente deveria.

28
O REENCONTRO

Depois de muito se martirizar entre o sim e o não, Hugo decidiu finalmente ir procurar Christopher em sua casa. Pensou que ainda encontraria o trailer do Senhor Taylor, onde tanto se amaram, mas o veículo já não mais se encontrava no lugar hábitual. Certamente deveria ter sido vendido pelo próprio proprietário que, àquelas alturas, já poderia ter morrido.

A passos bem concentrados, Hugo se aproximou da casa de Christopher. O local estava em petição de miséria, totalmente judiado pelo tempo. A pintura gasta e muitos reparos por fazer; dava pena de se ver. Hugo permaneceu em frente a casa, ainda em dúvida se deveria ou não chamar pelo morador. Estava tudo tão silencioso que, talvez, nem estivesse ali àquela hora. Apesar de receoso, se deveria ou não ir adiante, Hugo aproximou-se da varanda, recordando-se das inúmeras vezes em que estivera ali para encontrar o amigo querido, divertir-se com ele, brincando ou vivendo intensamente a paixão que nascera entre os dois.

Ouviu-se então a voz de Christopher soar atrás dele.

– O que quer?

Por estar de costas para ele, Christopher não o reconheceu de imediato. Só mesmo quando Hugo se voltou na sua direção, é que soube que era ele.

– Olá... – disse Hugo, simplesmente, porque lhe faltou voz para dizer algo mais.

Christopher franzia a testa, duvidando do que seus olhos viam.

– Olá, Christopher. Como vai?

Seu olhar ainda era frio para ele. Frio e amargurado. Hugo, por sua vez, continuava fitando-o, procurando sorrir.

– Eu... – ele tentou dizer, mas Christopher o interrompeu, secamente:

– O que veio fazer aqui, Hugo?

Os olhos azuis do rapaz, azuis e lacrimejantes arregalaram-se de espanto, o mesmo estampado em sua voz, ao perguntar:

— É assim que você me recebe, depois de tantos anos sem nos vermos?

Christopher continuou frio como aço:

— Não foram tantos anos assim.

— Ora, Christopher...

— Diga logo o que quer, vai! Tenho mais o que fazer.

— Eu sabia que não iria gostar de me ver, mas Margareth insistiu tanto para que eu o procurasse. Foi mesmo uma tolice da minha parte, ter ouvido o seu conselho.

— Foi.

Hugo bufou:

— Então é isso. Eu já vou indo. — E já que o outro não reagiu a sua decisão, simplesmente acrescentou: — Adeus!

Ao passar por ele, Hugo parou, voltou-se novamente na sua direção e falou, com todas as letras:

— Pensei que a gente pudesse ser pelo menos amigos. Como nos velhos tempos.

Com sinceridade, Christopher lhe respondeu:

— Como posso voltar a ser seu amigo, depois que você se assumiu gay diante de todos? Tem fotos suas na internet, beijando outro homem, abraçando outro homem. O que as pessoas iriam pensar de mim?

— Que se lasquem as pessoas, Christopher! Que se lasque o mundo! Mas se o que significamos um para o outro, no passado, não foi o suficiente para fazê-lo querer ser meu amigo novamente, sob qualquer circunstância, então, você não merece mesmo a minha amizade. — Hugo engoliu a emoção, enquanto a decepção o dominava por completo. — Devo ir embora, realmente. Adeus!

— Vá! — Christopher o incentivou com arrogância. — Vá mesmo! Você não pertence mais a este mundo, Hugo. Foi total perda de tempo, da sua parte, voltar para cá... Para este fim de mundo. Este inferno!

Hugo deu dois passos e novamente parou, voltando a encarar o rapaz:

— Você é mesmo muito estúpido, Christopher. Estúpido e ignorante. Será que não percebe que voltei para cá, somente para revê-lo, seu bobo? Porque estava com saudades. Porque estou precisando de um ombro amigo. O seu ombro amigo. Deve saber pela mídia, o que me aconteceu nos Estados Unidos e...

Hugo mordeu os lábios, na tentativa de conter a emoção, mas ela

316

foi mais forte do que ele.

– Pensei, seriamente, que pudesse contar com você. Que apesar de tudo, eu ainda poderia contar com você. Que pena que você se transformou nesse *cara* amargo e insensível. Onde foi parar aquele *cara* bacana, que era como um irmão para mim? O *cara* que eu um dia amei e que também me amou?

– Cale a boca, Hugo!

– Não! Eu não preciso mais me calar, Christopher. Não há mais o que esconder. Não há mais nada do que eu possa me envergonhar.

Ele hesitou antes de completar:

– Ainda assim, eu o amo. Ora veja, eu ainda o amo. Por tudo o que significou na minha vida, desde o primeiro instante em que nos conhecemos. Porém, aquele Christopher não existe mais. Este que agora vejo bem diante dos meus olhos, é uma pessoa muito diferente da qual eu conheci. Desse Christopher, eu não gosto. Por esse, eu não guardo nada de bom em meu coração.

Nunca, em toda a vida, palavras haviam saído dos lábios de Hugo, com tão completa veracidade e emoção. Sem mais, ele partiu, definitivamente, apertando o passo, como das últimas vezes em que estivera ali.

Ao ver-se sozinho, naquela casa desbotada e apagada, caindo aos pedaços, como sua alma num todo, Christopher Connell readquiriu sua real personalidade. As declarações de Hugo, feitas há pouco, pontuavam forte em sua lembrança. Aquilo o fez ser invadido por uma força demoníaca de revolta e ódio. Num rompante, começou a quebrar tudo, jogando ao chão tudo o que via pela frente e, logo, não restava mais nada de inteiro pelo local. Ele agora estava só, em meios aos estilhaços das louças, objetos, móveis, tudo enfim...

Ao reencontrar Margareth, pelos olhos entristecidos e avermelhados de Hugo, ela soube que o encontro dele com Christopher não havia sido nada bom. Por isso, nada lhe perguntou a respeito, apenas o abraçou, deixando-o chorar em seus braços.

– O pior é que eu ainda o amo – desabafou o rapaz, minutos depois.

– E isso não é bom? – questionou ela, olhando-o com ternura.

– É péssimo.

– Por quê?

– Porque me faz perceber o quão tolo sou eu, pois só os tolos amariam um tolo como ele.

317

– Não se culpe, Hugo. Você se esforçou... Fez de tudo em nome desse amor. Disso, sou testemunha.

– É verdade. Incrível, né, como nem sempre o amor é suficiente para unir duas pessoas que realmente se amam.

– Pois é. Vá entender!

Breve pausa e ele disse:

– Margareth, você é formidável, sabia? Sempre gostei de você.

– Obrigada. Eu também lhe quis sempre muito bem, Hugo.

– E por falar em amor, depois da morte do Charles, você...

– Se arranjei um novo amor? Claro que sim! O nome dele é James, trabalha no posto de gasolina. Um *cara* e tanto. Um dia fui encher o tanque e o cupido nos flechou. Eu amei muito o Charles, você sabe. Fiquei muito triste com sua morte tão prematura, ele era tão moço... Mas a vida continua, devemos seguir em frente, porque de nada adianta se manter num vale de lágrimas que não trarão a pessoa amada de volta para nós. Portanto...

– Você tem razão, Margareth. Gabriel também era dessa mesma opinião.

– Você o amou muito, não foi?

– Sim. Foi um amor diferente do qual senti pelo Christopher. E poderíamos ter sido felizes até o fim da vida se... Não gosto nem de falar a respeito.

– *Bola pra frente,* meu amigo! Diante de perdas irreparáveis, só nos resta prosseguir.

Nova pausa e o rapaz admitiu:

– Ainda assim, preocupo-me com o Christopher. Sem pai, sem esposa, sem o filho ao seu lado... Ele me pareceu tão triste e tão infeliz...

– Ele é mesmo triste e infeliz, Hugo. E só ele pode se libertar disso. Lembra-se daquela canção da Madonna, em que ela diz que a felicidade está em suas próprias mãos? É a mais pura verdade. A chave da felicidade está realmente em nosso poder.

E para alegrá-lo, ela sugeriu:

– Vamos tomar um sundae? Que tal?

– Muito calórico, mas... Sim, vamos! Um só não fará mal. Depois vou pra casa, pegar minhas coisas e ir embora. Já matei a saudade daqui, só me resta agora partir. Estão me convidando para tantas coisas... Se minha presença e minhas palavras podem realmente ajudar tantos como eu, devo mesmo participar, não acha?

– Deve!

E os dois novamente se abraçaram.

Liberto do transe de horas, Christopher se levantou do chão, movido por uma ideia fixa. Atravessou a porta da frente de sua casa e seguiu na direção dos penhascos, rente ao mar, de onde uma queda daria fim à vida de qualquer um que se atrevesse a pular dali. Ele buscava a morte, a morte física, porque por dentro, já havia morrido há muito, muito tempo.

O desfiladeiro se aproximava, mais uns passos e ele estaria ali, pronto para saltar. Nem uma lembrança do que foi bom em sua vida conseguia destruir sua ânsia pelo fim da vida. Um salto e fim. As pedras o matariam, não a água, propriamente dita.

Lágrimas escorriam de seus olhos e não iriam parar tão cedo, só mesmo ao se confundirem com a água salgada do mar. Christopher estufou o peito, tomou ar, jogou a cabeça para cima, fechou os olhos e se sentiu pronto. Pronto para saltar, pronto para a morte.

Ouviu então uma voz que lhe fora muito familiar, dizer:

– Pare Christopher.

As palavras o fizeram estremecer. Era a voz de Charles, o pai que o criou com tanto sacrifício; o pai, por quem ele suprimiu sua própria felicidade, para poupá-lo de uma vergonha; o pai que morrera tão cedo, mesmo depois de todo o sacrifício que fizera em seu nome.

– Pai... – murmurou o rapaz com voz embargada.

– Não faça isso, Christopher. Por favor!

– O senhor está morto, pai... Morto!

– Ouça-me.

– Não quero ouvir.

– Ouça-me, por favor.

– Quero apenas o silêncio. O silêncio que só a morte pode me dar.

– Vá atrás dele, Christopher, enquanto é tempo. E diga-lhe a verdade.

– Que verdade, pai? Que verdade?

– A verdade, Christopher! Você sabe muito bem do que estou falando.

O rapaz fechou os olhos até arder e, com a mesma tristeza na voz, admitiu:

– De que vale a verdade, agora, pai?

– Ele merece saber...

– Não, pai...

– Ele precisa saber.

O rapaz pareceu refletir por alguns segundos até voltar a insistir naquela insensatez:

— Deixe-me pular, pai...

— Não, Christopher. Porque você não é covarde. Eu o fiz covarde. Sua mãe o fez covarde. A sociedade o fez covarde. Você é corajoso, tanto que se entregou a um grande amor, como poucos ousariam fazer. Você pensa que só o Hugo foi forte, não é? Mas você também foi. Renunciou ao seu amor por ele, ao futebol que tanto amava, para não permanecer ao seu lado e ser tentado pela atração que sentia por ele. Foi forte o bastante para desejar uma mulher e se casar com ela. Ter um filho. Levar uma vida completamente oposta a que tanto sonhou, ao que tanto sua alma desejou. Só mesmo uma pessoa muito forte para se submeter a tudo isso.

E Christopher novamente espremeu os olhos até arder. O fim aguardava por ele, aos pés do penhasco. Ele estava ali, para chegar até lá, bastava um pulo e fim. E, então, ele reviu Hugo em pensamento, com seus lindos olhos azuis voltados para ele, imerso em lágrimas como os seus. E procurando firmar a voz, para que soasse clara e objetiva, ele lhe disse:

"Foi meu pai, Hugo... Foi por ele, entende? No dia em que nos pegou no trailer, ele me disse, com todas as letras, que se nos pegasse juntos novamente, nos mataria. A ambos! Foi por isso que me afastei de você, para protegê-lo da ira do meu pai. Só de imaginar que ele pudesse cumprir o que me prometeu, eu tremia por dentro, tamanho o desespero."

"Quer dizer então que foi...", na sua mente, Hugo não conseguia concluir seu raciocínio.

"Sim, para protegê-lo da ira do meu pai, eu me afastei de você. Foi isso o que mais pesou em tudo que vivemos."

E os olhos de Hugo, na mente de Christopher, avermelharam-se ainda mais, apagando o azul tão lindo que havia ali.

"Então meu pai morreu e eu já estava casado e a Vanessa grávida... E depois você se tornou famoso e eu um *nada*...".

E Christopher novamente espremeu os olhos até doer, com a mesma força que usou para admitir em voz alta, jogada ao vento:

"Mas eu sempre o amei. Jamais deixei de amá-lo por um minuto sequer da minha vida."

E, no minuto seguinte, Christopher reabiu os olhos, despertando novamente para a realidade à sua volta. Ouviu então a voz do pai ecoar novamente em sua mente, dizendo:

— Volta, filho! Desista dessa ideia.

Mas o pai não estava ali em espírito, sua voz era apenas uma projeção da mente de Christopher, dizendo-lhe, tudo aquilo que tanto gostaria de ter ouvido de seu pai. Dando-lhe o apoio que tanto sonhou receber dele, em relação aos rumos que sua vida tomou.

Sendo Charles um espírito fraco, ele jamais conseguiria suprimir seu preconceito e intolerância, para chegar ao filho e dizer, o que ele tanto precisava ouvir, para se libertar daquele caos interior.

Christopher também não sabia, até aquele momento, que não se deve esperar por compreensão, apoio e amor das pessoas, para ficar de bem consigo, cem por cento, pois muitas pessoas não têm evolução espiritual para isso.

Por estar tão atordoado, naquele instante, ele não pôde ouvir seu guia espiritual lhe dizer, o que tanto ele e muitos outros precisavam aprender. Que na vida, em qualquer lugar do universo, todo amor é sagrado. Deve ser respeitado, deve ser vivido.

Naquele instante, dirigindo pela estrada de volta a Sidney, Hugo sentiu uma dor estranha atingir-lhe a boca do estômago. E aquilo, sem saber ao certo por que, o fez se lembrar de Christopher Connell.

Do dia em que os dois se conheceram à beira mar e construíram castelos de areia. De quando brincavam com as ondas, fazendo daquilo a aventura mais interessante da face da Terra. Do dia em que trocaram o primeiro beijo, as primeiras carícias, as primeiras palavras de amor; e rolavam pela areia, rindo e jogando conversa ao vento. E quando participavam das festinhas e se namoravam pelos olhos com discrição e, ao mesmo tempo, ousadia. E de quando pulavam um no outro ao marcarem gol, porque isso era tido como natural por todos os jogadores. Recordou-se com clareza a seguir, do verão inesquecível que passaram juntos. E as loucuras que aprontaram dentro do trailer. Quantas e quantas não fizeram ali, de tão embriagados de paixão que estavam um pelo outro.

Em tudo na sua vida estivera Christopher Connell... Ele havia se tornado sua sombra, sua meta, sua melhor parte. Ainda que o tivesse feito se sentir um tolo por ter se apaixonado e se entregado totalmente àquele amor que para Hugo significou tanto, ainda assim ele o amava.

As lembranças fizeram-no sentir novamente seu estômago gelar. Foi então que ouviu uma voz lhe dizendo:

"Volta, Hugo. Volta!"

E era, sem dúvida, o que ele mais gostaria de fazer. Por isso, diminuiu a velocidade e deu seta para parar no acostamento e poder tomar a direção contrária, de volta para Mona Vale.

Ao voltar os olhos na direção contrária, para poder fazer a manobra

321

com segurança, a luz dourada do fim de tarde, raiando num céu sem nuvens, feriu seus olhos. Ao baixar as pálpebras para se proteger, as imagens do que ele viveu com Christopher voltaram a se projetar com demasiada e insuportável nitidez em sua mente, como slides por trás de suas pálpebras.

E novamente ele se lembrou do que Christopher havia lhe dito no último encontro:

"Como posso voltar a ser seu amigo, depois que você se assumiu gay diante de todos? Tem fotos suas na internet, beijando outro homem, abraçando outro homem. O que as pessoas iriam pensar de mim?"

"Você não pertence mais a este mundo, Hugo. Foi total perda de tempo, da sua parte, voltar para cá... Para este fim de mundo. Este inferno!"

"Você é mesmo muito estúpido, Christopher. Estúpido e ignorante. Será que não percebe que voltei para cá, somente para revê-lo, seu bobo? Porque estava com saudades. Porque estou precisando de um ombro amigo. O seu ombro amigo. Deve saber pela mídia, o que me aconteceu nos Estados Unidos e... Pensei, seriamente, que pudesse contar com você. Que apesar de tudo, eu ainda poderia contar com você. Que pena que você se transformou nesse *cara* amargo e insensível. Onde foi parar aquele *cara* bacana, que era como um irmão para mim? O *cara* que eu um dia amei e que também me amou?

"Cale a boca, Hugo!"

"Não! Eu não preciso mais me calar, Christopher. Não há mais o que esconder. Não há mais nada do que eu possa me envergonhar."

A expressão magoada de Christopher, a agressividade estampada em sua voz e, seu olhar cheio de ressentimento voltado para ele, continuavam a ferir Hugo, sem dó nem piedade.

Emergindo de suas lembranças, ele percebeu que se voltasse para Christopher após tudo o que lhe disse e fez, ele estaria novamente se prestando ao papel de tolo. Que o rapaz tomasse a decisão de procurá-lo, quando melhor lhe conviesse. Assim sendo, Hugo deu novamente sinal para voltar à estrada, retomando seu rumo de volta a Sidney. Com ele, seguiram as lembranças do que nunca mais poderia ser vivido.

O corpo de Christopher Connell foi encontrado no dia seguinte, por um dos barcos de pesca. E o que se deve aprender com esse triste fim, é que pessoas queridas e importantes na nossa vida nem sempre serão maduras o suficiente para reconhecer seus próprios preconceitos e os danos que podem causar ao próximo por causa deles. É você quem tem de perceber suas limitações e evitar destruir-se por isso.

FINAL

Sonia Mendoza nunca mais foi a mesma depois da morte do filho. Os que eram mais próximos dela chegaram a acreditar que, no íntimo, ela achou que a morte do filho fora mesmo a melhor saída para ele, em relação ao que lhe ia à alma. Semanas depois, ela teve um AVC e foi deixada numa clínica de repouso para inválidos como ela se tornou.

George Romero se juntou com outra mulher com a qual recomeçou a vida e foi muito feliz.

David, nas suas horas de folga, era quem sempre visitava Sonia e procurava alegrá-la com palavras e gestos carinhosos. Nesse ínterim, o jovem foi descoberto por um diretor de cinema, ao visitar a lanchonete onde trabalhava. Logo no seu primeiro filme, ele ganhou destaque e elogio total da crítica. Isso lhe deu fama, dinheiro e uma guinada surpreendente em sua vida. Quando seu pai perdeu quase tudo na bolsa de valores, procurou-o para lhe pedir um empréstimo. David ficou sem ação diante do pai que não via há anos, e jamais pensou que ele, que o expulsara de casa, fosse capaz de procurá-lo por dinheiro. Mesmo sem pedir perdão pelo que lhe havia feito – não que para David isso fosse necessário – o jovem o ajudou. Isso fez com que David procurasse sua família no Natal seguinte, mesmo sem ter sido convidado, para lhes fazer uma surpresa. Ao ver-se diante da casa em que um dia morou, forte emoção sentiu por estar ali novamente.

Ele já ouvira dizer que só há dois tipos de heterossexuais: os que recriminam os gays pelas costas, e os que os recriminam pela frente, mas jamais pensou que haveria pais capazes de repudiar um filho por ser apenas o que lhe ia na alma.

– Você?!!

– Olá, papai. Estou na cidade e achei que seria uma boa dar uma passada aqui para vê-los.

O homem rapidamente demonstrou desagrado com a ideia:

– Não é o melhor momento para isso, David. A casa está cheia, também de amigos e...

– Eu entendo... Bem, eu volto outra hora.

– Sim, sim...

– Feliz Natal.

Mas o pai sequer ouviu suas felicitações, já havia fechado a porta na sua cara, sem qualquer remorso. David permaneceu ali, por alguns minutos, perguntando-se, mais uma vez, se merecia continuar passando por tudo aquilo, somente por amar alguém do mesmo sexo. Voltou para casa abatido, lembrando-se da importância dos amigos, a família que cada um escolhe. Pensando neles, foi procurá-los para compartilhar tão agradável data. Lá, foi bem recebido, querido e animado.

Tempos depois, David conheceu um ator famoso de TV e, com ele, começou um relacionamento sério, como tanto queria viver. Casaram-se devidamente e se tornaram um dos casais gays mais influentes da atualidade. Adotaram uma criança e mostraram ao mundo que um lar é sempre um lar para um indivíduo, especialmente quando nele encontra amor e respeito.

Olhando para o passado, David Norton jamais pensou que chegaria a tanto e que tudo aquilo só se tornou possível, porque Sonia Mendoza o salvou naquela noite fatídica. Apesar de ela odiar os gays, por seu intermédio acabou ajudando um que pode inspirar em muitos outros, coragem para viver, superar obstáculos, tornar-se, enfim, um indivíduo de caráter, digno e bom exemplo no meio homoafetivo.

Dias antes de ir para a prisão, o Senhor Callaway teve uma parada cardíaca que o matou, fulminantemente. A Senhora Callaway, nunca mais se recuperou da morte do filho, com a perda do marido, então, definhou. Arthur Callaway, o irmão de Gabriel, por ter se tornado o único herdeiro dos Callaway, ficou com toda empresa, bens e soma de dinheiro como tanto almejava. Com tanto dinheiro em seu poder, financiou inúmeras campanhas contra os gays, usando da tragédia que envolvera seu pai e seu irmão, como exemplo da desgraça que eles podem trazer para uma família.

Vanessa Harper e Paul Summer Field também se casaram nesse período. Continuaram morando em Mona Vale, onde tiveram um filho, o irmão que o pequeno Luka adorou ter na sua companhia. Sempre que podia, Vanessa visitava o cemitério onde Christopher havia sido sepultado. Ainda se ressentia do que ele havia feito de sua vida, um possível mau exemplo para o filho no futuro.

John Peters e Sally Ledger também se casaram e, dessa vez, Hugo Martini foi seu padrinho. A simplicidade de John impediu que ele novamente medisse suas palavras, pouco antes de a cerimônia de seu casamento ter início, ele se voltou para Hugo e disse:

– Que ninguém morra dessa vez, hein?! – E gargalhou.

Hugo já estava tão acostumado ao amigo que pouco se importou com a piada.

Quanto a Hugo, ele voltou para o futebol australiano e depois se tornou treinador do time. Também dava inúmeras palestras ao redor do mundo, sobre os horrores do preconceito e da intolerância em relação àqueles que se mostram diferentes do que é tido como normal pela sociedade.

Desta vez, ele estava na universidade de Oxford, Inglaterra, dando uma palestra para inúmeros alunos. Dizia:

– A verdade é que nunca podemos nos odiar por sermos diferentes. Somos o que somos: altos ou baixos, cabeludos ou carecas, narigudos ou barrigudos, claros ou morenos, diferentes, enfim, como a natureza nos fez. Tão diferentes que não existe uma digital igual a outra no mundo todo. Julgar alguém errado só porque ela é diferente de você ou da maioria, é o mesmo que dizer que Deus errou, pois somos sua criação, além de sua imagem e semelhança. Deus nunca erra. Se fosse para todos serem iguais, o mundo não seria feito de diferenças, inclusive são elas que tornam a vida mais interessante. Já pensou se todos gostassem somente do vermelho e o mundo fosse pintado somente de amarelo? Que chato! Aceitar o outro com suas diferenças, a si mesmo e procurar ser a melhor pessoa do mundo, é o que verdadeiramente importa para Deus! Tornar-se um indivíduo que eleva a paz e não a guerra é o que realmente Ele espera de cada um de seus filhos. Tornar-se um ser digno, de caráter, tolerante e amoroso para com seu semelhante e para consigo mesmo, é espelhar Deus em todos os sentidos, pois Deus é exatamente o que há de mais bondoso, tolerante, amoroso e digno no universo.

Se o espelho não reflete o físico que sua vaidade gostaria de ter, lembre-se de que a beleza tem muitas faces. Você não precisa de outro corpo para ser amado, a capacidade de amar vem da alma, é ela que une as pessoas, é ela que deve ser aprimorada. Você também não precisa de outro corpo para ser pleno e feliz, a plenitude e a felicidade brotam da aceitação do que se tem e do que se é na alma.

Você pode até melhorar seu físico por meio da malhação que é necessária para o equilíbrio físico e mental, mudar a cor do cabelo ou diminuir o nariz, caso o ache grandinho, porém, nenhuma mudança externa é tão bem-vinda quanto uma mudança interna que amplia o nosso poder de aceitação, tolerância, generosidade, gratidão, e capacidade de amar.

As palavras de Hugo novamente impressionaram os alunos presentes.

– Todo gay deveria ter com quem se abrir durante o processo de descoberta da sua sexualidade. Infelizmente, por medo do preconceito, poucos conseguem ter com quem conversar a respeito. O ideal, neste caso, é procurar grupos de apoio ou a ajuda de um psicólogo sensato e confiar na ética profissional dessa gente.

Todo gay deve lembrar, também, que o importante não é o que as pessoas possam vir a pensar dele e sim, o que as pessoas pensam de si mesmas.

Ainda que haja pais espalhados pelo mundo que prefiram ter seu filho diagnosticado com câncer ou viciado em drogas a ele ser gay, mentalizem amor para esses pais, não ódio, porque ódio dentro deles já existe, amor pleno e sereno é o que lhes falta no momento, caso contrário, teriam outra reação diante desse filho.

Ainda que muitos prefiram ver dois homens armados do que se dando as mãos e um soldado seja condecorado por ter matado dois homens, mas expulso do exército por ser gay, continuemos do lado do amor, pois amor vale e valerá sempre muito mais do que qualquer preconceito ou intolerância. Porque o amor verdadeiro é Deus.

E mais uma vez Hugo Martini foi aplaudido por todos.

Depois de dar alguns autógrafos, ele estava pronto para partir. Seu companheiro atual mantinha-se ali, aguardando pelo término da tarefa do dia. Então, quando já não havia mais ninguém presente no anfiteatro, Hugo pousou seus olhos, com grande interesse, numa das cadeiras do local. Um leve sorriso se insinuou na sua face bonita. Sinal de que reconhecera alguém ali presente, invisível aos olhos dos demais.

Quando ele e o companheiro seguiam para o estacionamento, o sujeito perguntou a Hugo:

– Você o viu novamente, não o viu?

A pergunta deixou Hugo rapidamente emocionado.

– Sim. Mais uma vez. Sinal de que ele me acompanha, aonde quer que eu vá. Como um anjo da guarda. E eu o vejo sempre tão bonito, tão em paz...

– Arrepio-me só de ouvi-lo falar, Hugo.

Hugo também se arrepiou.

326

– Gabriel foi realmente um cara muito marcante na sua vida, não foi?

– Sim. Um grande amor. Vou amá-lo eternamente.

Lágrimas vieram aos seus olhos ao falar. Breve pausa e o companheiro perguntou:

– E o outro? Você nunca viu seu espírito?

A pergunta causou grande impacto em Hugo. Foi como se nunca esperasse por ela. Então, ele parou de andar e com grande tristeza respondeu:

– Não, nunca o vi.

– Você acha que é porque ele se...

A pergunta novamente impressionou Hugo.

– Talvez... – respondeu ele trêmulo e arrepiado. – Toda vez que me lembro dele, só penso no quanto tudo poderia ter sido diferente entre nós. Que pena que não foi.

E novamente Hugo reviu a imagem de Christopher Connell, sorrindo-lhe lindamente quando eram jovens e corriam pela praia e desejavam amor eterno, nada além de amor eterno um para o outro. Com lágrimas nos olhos, ele encerrou o assunto, dizendo:

– Esteja ele onde estiver, eu ainda lhe desejo amor, o mesmo que um dia nos uniu.

E voltando os olhos para o céu, em silêncio, Hugo desejou novamente aquilo ao grande amigo.

Palavras de respeito,
TOLERÂNCIA E AMOR

"Pais que amam e apoiam, e quando me refiro a eles incluo aqui todos os tipos de pais: os que o são de criação, os avós e as famílias alargadas, os pais heterossexuais ou homossexuais são a coisa mais importante. O que faz um homem não é a possibilidade de gerar um filho, é a coragem de criar um!

Não importa quem você é ou quem você ama, América é um lugar onde você pode escrever seu próprio destino."

Barack Obama
Ex-presidente dos Estados Unidos

"Se uma pessoa é gay, busca Deus e tem boa vontade, quem sou eu para julgá-la?" *Papa Francisco*

"A homossexualidade se impõe. A gente não escolhe. Aqueles que acham que a homossexualidade é um desvio, uma aberração da natureza, dizem isso por ignorância. Que diferença faz para você, para a sua vida pessoal, se o seu vizinho dorme com outro homem, se a sua vizinha é apaixonada pela colega de escritório? Que diferença faz para você? Se faz diferença, procura um psiquiatra. Você não tá legal."

Dráuzio Varella,
Confira no Youtube o vídeo em que ele fala sobre a homossexualidade

"Não se deve só ajudar homossexuais a "se aceitarem", mas a superar as sequelas deixadas pela homofobia." *Freud*

"O mais importante não é o objeto do desejo mas o sentimento em si" *Gore Vidal*

"Quem assume sua verdade age de acordo com os valores da vida, mesmo enfrentando o preconceito e pagando o preço de ser diferente, passa credibilidade, obtém respeito e se realiza."

Luiz Gasparetto

"O homossexualismo, tanto quanto a bissexualidade ou a assexualidade são condições da alma humana. Não devem ser interpretados como fenômenos espantosos, como fenômenos atacáveis pelo ridículo da humanidade."

Chico Xavier pelo espírito *Emmanuel*

Eu acredito que cada um antes de nascer escolheu nosso país, nossa cor, nossa sexualidade e o conjunto perfeito de pais para combinar os padrões que escolhemos para trabalhar nesta vida. A cada vida, eu pareço escolher uma sexualidade diferente. Às vezes eu sou um homem, às vezes eu sou uma mulher. Às vezes sou heterossexual, às vezes sou homossexual. Cada forma de sexualidade tem suas próprias áreas de realização e desafios. Às vezes, a sociedade aprova minha sexualidade e às vezes não. No entanto, em todos os momentos, eu sou perfeito e completo... Amo e aprecio cada parte do meu corpo... Estou em paz com a minha sexualidade.

A ciência agora está reconhecendo que a orientação sexual é algo com o qual nascemos e não algo que nós escolhemos.

Louise L. Hay

"Não sabemos porque somos gays, deixe que os cientistas descubram a respeito. Tudo o que eu posso dizer é que nasci desse jeito."

Matt Dallas e Blue Hamilton

"Não importa o que as pessoas pensam de você, o que importa é o que elas pensam de si mesmas." *Dr. Spencer Johnson*

"O fato de alguém amar outrem do mesmo sexo não significa distúrbio ou desequilíbrio da personalidade, mas uma opção que merece respeito, podendo também ser considerada como certa predisposição fisiológica. O amor é amor, sob qualquer faceta que se manifeste. Se o indivíduo tem um comportamento homossexual e encontra alguém que compartilhe a sua ternura e afetividade, essa união é tão digna quanto a do heterossexual."

Divaldo Franco pelo espírito *Joanna Angelis*

"A Doutrina Espírita é libertadora por excelência. Ela não tem o caráter tacanho de impor seus postulados às criaturas, tornando-as infelizes e deprimidas. A energia sexual pede equilíbrio no uso e não abuso ou repressão. A Doutrina Espírita não condena a homossexualidade; ao contrário, recomenda-nos o respeito e fraterna compreensão para com os que têm preferências homoafetivas."

Jorge Hessen

OS AUTORES

Inspirados a princípio pelo clipe de Troye Sivan, eu e meus amigos espirituais decidimos escrever um romance que pudesse ajudar todos que se descobrem gays a lidar melhor com a descoberta. E que pudesse também ajudar seus pais diante da revelação. Cada espírito amigo colaborou com uma parte para enriquecer a obra por meio do ponto de vista do mundo espiritual. Agradecemos também o apoio daqueles que contaram suas histórias para servir de base para o conteúdo da obra e aos psicólogos, metafísicos e médiuns que também nos auxiliaram, mediunicamente, durante o processo de escrita.

Mesmo sendo uma obra que relata fatos ocorridos em algum lugar do espaço e tempo do nosso planeta, os personagens são fictícios.

Américo, Clara, Francisco, Kardec, Joshua e Barbara.

Outros livros do autor que abordam preconceito, intolerância e racismo.

QUANDO O CORAÇÃO ESCOLHE

Para esconder de todos sua homossexualidade, Ettore Guiarone decide ser padre. Assim também pouparia seu pai, um político em ascensão, de um escândalo.

A seguir, um trecho da obra:

Chegando às margens do rio, Caio estacionou a moto e os dois caminharam por entre as árvores, contando amenidades. Ettore ria das observações que Caio fazia a respeito das pessoas e das situações do cotidiano. Para ele, as observações do rapaz eram sempre muito engraçadas e pertinentes. Depois de darem uma volta, retornaram à margem do rio e sentaram-se ali. Caio voltou-se para o amigo e disse seriamente:

– Quero falar com você. Aliás, querer não é bem o termo. Preciso. Eu o amo.

– Você está louco!

– Louco, por que? – defendeu-se Caio, a toda voz. – Porque amo você?

– Dois homens não se amam, Caio!

– Nós somos "homens" entre aspas, Ettore, e você sabe disso!

Caio arrependeu-se do que falou no mesmo instante. Teve receio de que suas palavras ofendessem o amigo, o que de fato aconteceu. Ettore começou a chorar e correu para a margem do lago. Caio levantou-se e correu atrás do amigo.

– Eu tenho ódio de você – berrou Ettore, ao perceber sua aproximação. – Odeio você quando diz essas besteiras.

– Você sabe que não são besteiras, Ettore. O que nós sentimos um pelo outro é real. É amor.

– Tudo o que sei é que dois homens não podem sentir o que sentimos.

– Eu não pedi para sentir o que sinto por você, Ettore! Aconteceu. Simplesmente aconteceu! Não sei quem governa o amor, mas seja quem for, não vê sexo, nem cor, nem classe social, nem religião... Se fosse uma questão de escolha pode ter certeza de que eu não escolheria amá-lo como o amo, mas é coisa do coração. E quando o coração escolhe...

– Eu vou me afastar de você, Caio, deixar de ser seu amigo se você não parar com esse papo, com essa ideia fixa, estapafúrdia e imoral.

– Se você se afastar de mim, estará se afastando de você também, Ettore. E você sabe disso. Você também me ama da mesma forma que eu o amo, eu sei, eu sinto. E saiba que eu não vou desistir tão fácil do nosso amor.

– Leve-me embora daqui, Caio, agora, por favor.

Caio achou por bem atender ao pedido do amigo.

QUANDO O CORAÇÃO ESCOLHE fala da lei da semeadura. Plantou o bem, colherá o bem. Se plantar o mal não terá como colher coisas boas. Aborda também os danos nocivos do preconceito, racismo e intolerância para com o outro e consigo mesmo.

FALSO BRILHANTE, DIAMANTE VERDADEIRO

Marina está feliz por ter ganhado no concurso de Miss Brasil, o que certamente lhe abrirá muitas oportunidades. O inesperado acontece quando Marina e Luciano, seu namorado, sofrem um acidente e a moça fica com o rosto ferido, impossibilitando-a de participar do concurso de Miss Universo. Sem condições financeiras para fazer uma cirurgia plástica, Marina parte para os Estados Unidos na esperança de recomeçar a vida. É lá que ela conhece Tom, um americano que lhe faz uma proposta muito interessante.

Leia um trecho do romance:

Dias depois, resolvi fazer um agrado para o meu patrão. Entrei no aposento dele sem bater e devagarzinho para não acordá-lo. Porém, quando o avistei deitado ao lado daquele que pensava ser, até então, apenas seu melhor amigo, a bandeja caiu de minhas mãos tamanho o choque. O estardalhaço despertou os dois moços com um tremendo susto. Eu, tomada de desespero, corri para fora do quarto sem dizer uma palavra sequer.

Assim que Enzo se vestiu foi me procurar na cozinha:

– Deve ter sido um choque para você, desculpe. Mas eu pensei que você já tivesse percebido.

– Percebido?! – exclamei, chocada. – Como poderia se vocês dois são tão...

– Homens?

– Sim.

– É, eu sei, ainda se pensa que gays são todos efeminados. Mas isso não é verdade.

– Agora sei que não é. Onde foi que você e o Tom se conheceram? Como surgiu essa paixão entre vocês?

– Está bem, vou lhe contar tudinho.

De fato me contou. Foi num cruzeiro para as Bahamas em que os dois se conheceram. Foi, se é que é possível realmente isso acontecer entre dois homens, amor à primeira vista. Já estavam juntos há cinco anos.

– E como a família de vocês reagiu a... isso? – perguntei, quando ele me pareceu terminar sua história.

– Com muito drama, logicamente. Meus pais aceitaram, os de Tom, não.

Nisso o Tom se juntou a nós. Houve certo constrangimento da minha parte, mas Enzo, readquirindo seu tom alegre de sempre falou:

– Que tal nós três, juntos, prepararmos o café da manhã?

Tom urrou:

– Legal!

E assim fizemos e logo me descontraí outra vez e me senti ótima na companhia deles. Enzo então me fez uma proposta:

– Eu e o Tom queremos muito criar um filho. Poderíamos adotar um ou, encontrar uma mulher para fazer uma inseminação artificial, ou seja, juntar os espermatozoides do Tom com o óvulo dela por meio de uma inseminação artificial e... penso que você poderia ser essa mulher, Marina.

– Ser uma barriga de aluguel, é isso?

– É. Em troca desse favor, o Tom está disposto a pagar para você a cirurgia plástica na sua face e num dos melhores cirurgiões plásticos do país. Daríamos também a você uma quantia para poder voltar para o Brasil e recomeçar sua vida por lá.

Eu fiquei simplesmente surpresa diante da proposta.

– Está bem, eu aceito.

Ele me deu um sorriso breve e num tom sério me fez um alerta:

– Só que você perderá o direito sobre a criança, Marina. Abrirá mão dela. Esquecerá que a teve. Para que eu e o Tom nos tornemos realmente seus pais. Únicos pais.

– Não se preocupe. Pretendo voltar para o Brasil após a cirurgia plástica, estou morta de saudade de minha família e... tenho algo a acertar por lá. Não pretendo nunca mais voltar para os Estados Unidos.

– Nesse caso – disse Enzo levantando-se rapidamente –, não temos nem um minuto a perder.

Desde o trato com Enzo e Tom, minha depressão desapareceu, eu passei a andar perambulando pelas ruas do bairro onde morávamos como se eu vagasse em um mundo de sonhos. Eu estava feliz, surpreendentemente feliz por saber que agora teria finalmente condições de ter meu rosto de volta. E também dinheiro suficiente para localizar Luciano no Brasil e me vingar dele e de sua família, por todo mal que me causaram.

Este é apenas um trecho desse romance comovente cujo final tem muito a nos fazer refletir sobre a vaidade, a intolerância, o preconceito e o desejo de vingança que muitas vezes apunhala a alma de todos nós.

O AMANTE CIGANO

Voltando-se para Rico, Ivan intensificou seu agradecimento:

– Obrigado mesmo pelo presente. Amei! Desculpe a pressa. É que combinei de levar Paloma ao cinema esta noite.

Rico permaneceu ali, estático, sentindo seus pulmões se comprimirem e as palmas das mãos umedecerem de decepção e ódio. Por que Paloma atraía tanto Ivan? Não era a mais bonita de sua geração. Nem sequer era bonita.

Por estar na saleta, trabalhando num caso, Diego Ramirez pôde ouvir o que se passara entre Rico e Ivan há pouco. Por isso, decidiu ter uma palavra com o jovem.

– Rico, meu filho, sempre fomos amigos e confidentes, não é mesmo? Por isso, tomo a liberdade de lhe falar. Não é dando presentes para o Ivan que você o fará dedicar todo o seu tempo livre para você. Não precisa comprar sua atenção com presentes, ele já o ama. É o irmão que ele sonhou ter e a vida acabou lhe dando diante das circunstâncias.

– O problema é ela, papai. Paloma! Antes de ela entrar na vida dele, éramos somente eu e o Ivan. Somente eu e ele e tudo mais bastava. Então ela veio e, sem pedir licença, intrometeu-se nas nossas vidas, quis a atenção dele só para ela.

– Ele permitiu a entrada dela na vida dele, Rico. Porque ela é jovem, linda, carismática.

– Ivan é ainda muito garoto para amar uma mulher.

– Não mais, Rico. Vocês já estão na idade de se apaixonarem pelas garotas. É normal que isso aconteça. Você só me entenderá, realmente, quando se apaixonar por uma. Aí, sim, vai compreender perfeitamente por que Ivan vem preferindo a companhia de Paloma à sua.

As palavras do pai deixaram Rico ainda mais contrariado. Para suavizar o clima, Diego adotou um tom mais leve para perguntar:

– Agora diga-me, com franqueza. Você já deve ter uma garota, pelo menos uma, por quem anda interessado, não? Vamos lá, confesse pra mim!

Visivelmente corado, o adolescente respondeu:

– Há muitas bonitas, sim, mas não acho que se interessem por mim, papai. Não sou tão bonito quanto o Ivan, o senhor sabe. Ivan é alto, imponente, fala bonito... Eu sou baixinho, franzino.

– Rico, você é tão bonitão quanto o Ivan. Apenas mais baixo do que ele, só isso. Neste mundo há gosto para todos. Fique atento e logo descobrirá uma ou mais garotas interessadas por você. Depois me conte!

Mas a única garota que Rico conseguia manter em sua mente era Paloma Gutierrez, mais pelo ódio que sentia dela do que propriamente por ser mulher.

O AMANTE CIGANO fará o leitor refletir:

Até onde iria por causa de uma inesperada e surpreendente paixão?

Até onde suportaria o ciúme que ela, porventura, possa lhe provocar? Uma história forte e surpreendente do começo ao fim, com um final arrebatador.

SE NÃO AMÁSSEMOS TANTO ASSIM

No Egito antigo, 3400 anos antes de Cristo, o jovem Kameni se torna alvo do desejo de Ma-Krut, o maior mercador de escravos da época. Pelo o jovem escravo, o impiedoso mercador é capaz de fazer qualquer coisa. No entanto, as coisas se complicam para o rapaz quando ele se apaixona por Kadima, uma jovem que conheceu às margens do rio Nilo.

Abaixo, um trecho da obra:

Disposto a fazer seu dono perder qualquer suspeita a respeito dele e de Kadima, Kameni procurou ser ainda mais solícito para com Ma-Krut. Nada como presenteá-lo com sorrisos, palavras bonitas ditas num tom sedutor para abrandar sua desconfiança e amainar sua fúria.

– Tu pareces tão diferente, Kameni. Trata-me tão diferente ultimamente... por quê?

– Porque gosto do senhor... é como um pai para mim...

– Sempre achei que me odiasse...

– Sem o senhor eu não seria nada, nada. Nem eu, nem nenhum de nós.

Verdade, graças a Ma-Krut é que todos eles conseguiam sobreviver, apesar de seus maus-tratos, seu mau humor e suas libidinosidades.

– O senhor é um grande homem. Um grande homem... – acrescentou o rapaz com simpatia.

– E tu Kameni, tu também podes tornar-te um grande homem, rico e poderoso como eu...

O pomo de adão do jovem escravo moveu-se ao engolir em seco.

– Gosto de ti, Kameni, tu bem sabes... – acrescentou o homem, olhando com malícia para o rapaz.

– Meu senhor...

– Eu te darei tudo o que quiseres na vida se fores meu... Pensa nisso, Kameni, pensa nisso...

Sentindo-se compelido a dizer alguma coisa, Kameni disse:

– Não terá de me forçar a nada, serei seu no momento certo.

Kameni sentiu repugnância de suas próprias palavras, mas achou por bem dizê-las para proteger a si próprio e Kadima de qualquer ato ostensivo contra ambos.

SE NÃO AMÁSSEMOS TANTO ASSIM vai deixá-lo intrigado a cada página e surpreendido com seu final avassalador. Indicado pelos leitores.

A SOLIDÃO DO ESPINHO

Fadrique Lê Blanc foi preso, acusado de um crime hediondo. Alegou inocência, mas as evidências o incriminaram. Veredicto: culpado! Sentença: prisão perpétua! Na prisão, ele conhece Virgínia Accetti, irmã de um dos carcereiros, que se apaixona por ele e acredita na sua inocência. Visto que não há como prová-la, ela decide ajudá-lo a fugir dali para que possam construir uma vida juntos, uma família linda, num lugar bem longe das injustiças do passado. O plano é posto em ação, mas não sai como esperado. Virgínia então se vê obrigada a se casar com Evangelo Felician que sempre foi apaixonado por ela, mas ela nunca por ele.

Só que com o tempo, Evangelo ganha fama com sua arte e o casal acaba se mudando para Paris, onde Virgínia terá novas surpresas que mudarão radicalmente os rumos de sua vida e de seu coração.

A solidão do espinho é um romance cheio de suspense, com um final surpreendente e arrepiante.

SÓ O CORAÇÃO PODE ENTENDER

Só o coração pode entender é um daqueles romances para se ler sempre que se está de baixo astral. Porque é divertido e altamente verdadeiro, além de transportar o leitor para a doçura da vida no campo que é tão saudável para a mente e para o corpo. Fala também de preconceito em relação a classe social e a aparência das pessoas. Altamente elogiado e recomendado pelos leitores.

SOBRE O AUTOR

Américo Simões, sob orientação de seus amigos espirituais, já escreveu mais de quarenta romances espíritas e espiritualistas. Suas obras fortalecem o ser para a superação dos obstáculos durante sua jornada espiritual.

OBRAS DO AUTOR

1. A ETERNIDADE DAS PAIXÕES
2. AMANDO EM SILÊNCIO
3. AS APARÊNCIAS ENGANAM
4. A OUTRA FACE DO AMOR
5. A VIDA SEMPRE CONTINUA
6. A SOLIDÃO DO ESPINHO
7. A LÁGRIMA NÃO É SÓ DE QUEM CHORA
8. AS PAZES COMIGO FAREI
9. DÍVIDAS DE AMOR
10. DEUS NUNCA NOS DEIXA SÓS
11. DEPOIS DE TUDO, SER FELIZ
12. E O AMOR RESISTIU AO TEMPO
13. ENTRE O MEDO E O DESEJO
14. FALSO BRILHANTE, DIAMANTE VERDADEIRO
15. HORA DE RECOMEÇAR
16. MULHERES FÊNIX
17. NENHUM AMOR É EM VÃO
18. NEM QUE O MUNDO CAIA SOBRE MIM
19. NINGUÉM DESVIA O DESTINO
20. O QUE RESTOU DE NÓS DOIS
21. O AMIGO QUE VEIO DAS ESTRELAS
22. O DOCE AMARGO DA INVEJA
23. O AMOR TUDO SUPORTA?
24. O LADO OCULTO DAS PAIXÕES
25. PAIXÃO NÃO SE APAGA COM A DOR
26. POR ENTRE AS FLORES DO PERDÃO
27. POR UM BEIJO ETERNO
28. POR AMOR, SOMOS MAIS FORTES
29. PAIXÕES QUE FEREM
30. QUANDO É INVERNO EM NOSSO CORAÇÃO
31. QUANDO O CORAÇÃO ESCOLHE
32. QUEM EU TANTO AMEI
33. SE NÃO AMÁSSEMOS TANTO ASSIM
34. SEM VOCÊ, É SÓ SAUDADE
35. SEM AMOR EU NADA SERIA
36. SÓ O CORAÇÃO PODE ENTENDER
37. SUAS VERDADES O TEMPO NÃO APAGA
38. SOLIDÃO, NUNCA MAIS
39. VIDAS QUE NOS COMPLETAM
40. CASTELOS DE AREIA
41. O AMANTE CIGANO
42. SEGREDOS
43. DEPOIS DE TER VOCÊ
44. GATOS MUITO GATOS
45. AMOR INCONDICIONAL

Mais infomações pelo site
www.barbaraeditora.com.br